ADVANCED CONCEPTS IN

A SURVIVAL GUIDE FOR LAW ENFORCEMENT

DEFENSIVE TACTICS:

美国警务人员
实用防身技巧

【美】查克·乔伊纳(Chuck Joyner)/著

姚长红/译

中华工商联合出版社

图书在版编目(CIP)数据

美国警务人员实用防身技巧／(美)查克·乔伊纳著；

姚长红译. --2版. --北京：中华工商联合出版社，

2017.5

书名原文: Advanced concepts in defensive tactics

ISBN 978-7-5158-1987-7

Ⅰ.①美… Ⅱ.①查… ②姚… Ⅲ.①防身术－基本

知识 Ⅳ.①G852.4

中国版本图书馆CIP数据核字 (2017) 第 081979 号

美国警务人员实用防身技巧

Advanced Concepts in Defensive Tactics: A Survival Guide For Law Enforcement

作　　者：[美] 查克·乔伊纳 (Chuck Joyner)
译　　者：姚长红
责任编辑：李　瑛　袁一鸣
封面设计：周　源
版式设计：水晶方设计室
责任审读：李　征
责任印制：迈致红
出版发行：中华工商联合出版社有限责任公司
印　　刷：廊坊市印艺阁数字科技有限公司
版　　次：2017年5月第2版
印　　次：2022年6月第2次印刷
开　　本：710mm×1020mm　1/16
字　　数：170千字
印　　张：17
书　　号：ISBN 978-7-5158-1987-7
定　　价：58.00元

服务热线：010-58301130
销售热线：010-58302813
地址邮编：北京市西城区西环广场A座
　　　　　19-20层，100044
http://www.chgslcbs.cn
E-mail: cicap1202@sina.com(营销中心)
E-mail: gslzbs@sina.com(总编室)

工商联版图书
版权所有　侵权必究

凡本社图书出现印装质量问题，请与印务部联系。
联系电话：010-58302915

谨以此书纪念兰迪·乔伊纳——

我的职业教练、人生导师、生活榜样，我的父亲，

一位永远把家庭放在第一位的男人。

目　录
CONTENTS

目 录

前 言
PREFACE

写作本书的目的，是为了保证每位警务人员的安全，将他们受伤的可能性降到最低。在本书中，作者将为警务人员详细讲解如何避免与罪犯短兵相接，以及在面对危险时如何依靠自己的力量存活下来，而不是寄希望于罪犯的仁慈。无论是那些渴望提高自身生存技能的警务人员，还是开展普通格斗实战培训项目的教学人员，抑或是那些对于保证下属警员人身安全孜孜以求的警务领导者来说，本书都将带来极大的帮助。

本书所要呈现的不仅仅是简单的防身技巧，还包括最先进的防身理念，这些都可以被广泛应用于增强警务人员人身安全的实践中。本书的主要内容在于介绍各种防身的基本原则和战术，对于多数警务人员来说简单易学，容易理解和记忆。这些原则和战术都经过大量科学研究和实战的检验。为了获得它们，我们运用科学的风险控制方法，深入研究了警务人员遇袭的各种真实案例，力图对警务人员执勤过程中遭遇频率最高、最危险的袭击种类进行识别和鉴定，从而得出应对这些袭击的最佳方案。作为本书核心内容的"科学逃生与自卫策略（SSDT）"的根本目的，就是致力于研究如何帮助警务人员有效应对可能出现的各种恶劣情况，包括受伤、被起诉，甚至被杀害等等。

各类执法培训机构开设防御策略课程的目的，无非是为学员提供必要的知识和能力，从而保证他们在执勤过程中的人身安全。然而令人遗憾的是，几乎所有尝试的最终效果都不尽如人意。究其原因，就在于此类防御策略课程过多强调纯粹的格斗技术训练，而且往往受教官个人的专业背景影响较大，缺乏普遍的、稳定的教学大纲，因此显得随意性很强。举个例子来说，如果教官恰好是位空手道高手，那么学员的课程内容很可能就要以学习搏击术为主；如果教官碰巧是练摔跤的，那么学员也就很可能跟着他练习摔打技术；如果再赶上教官根本不具备警务专业背景，只是拥有一副强壮体格的猛男，那么学员就很可能不得不跟着他做大量的跑步和健身等基础训练。如果忽略培训课程的时间限制，那么以上这些所谓的"缺点"也就不再是缺点，反而成为因人而异、因材施教的优点。然而实际情况却是学员们的时间并不多。在有限的学习时间里，如果不能为他们安排最有帮助的课程内容，那么这门课程的教学无疑会是失败的。

由此可见，多数培训课程存在的问题就在于教官总是把自己当作武术表演队、摔跤队或者拳击队的教练，因而只教给学员们一些好看却不实用的"花架子"。平心而论，在具备足够的个人防御经验，以及教学时间的前提下，教官当然可以按照自己喜欢的方式来训练学员，并且也会起到很好的教学效果。但实际情况却是，多数培训课程的目的似乎都致力于培养可以参加体育竞赛的运动员，而非在未来的实战中可以有效保护自己人身安全的警务人员。毫无疑问，即便是在这样一种培养模式之下，只要假以时日，刻苦训练，学员们照样可以成为散打高手或者拳击高手，具备一定的自卫能力。但是我还有一个疑问，那就是学员们究竟需要为这些课程耗费多少时间呢？在FBI，新人入门一般只接受90小时的防御策略课程培训。顺利结业之后，还要接受每年4小时的强化训练。这还是比较好的情况，据我了解，在美国其他具备此类课程培训资质的执法部门里，培训时间大体都在2～6小时。而且很多部门在学员通过入职培训之后，便再也不会安排这样的训练。这种状况无疑将是一个灾难。你可以想象一下，一支专业篮球队或者足球队在一年只训练4个小时的情况下，能达到什么样的水平？他们能赢得几场比赛？我想大概一场也赢不了。然而我们的警务人员却必须在他所面对的任何一场"比赛"中都取得胜利，因为失败很可能就会付出生命的代价。

专业运动员会告诉你，一年训练数小时，就跟没训练一样，根本掌握不了专业技术。有的时候，这样的训练甚至还会适得其反。警务人员需要掌握的防御技巧复杂多样，而且难学难练。这些技巧如果被一名经验丰富的老手使用，往往会十分有效，但是如果被一名新手使用，就可能毫无用处，因为他们还没有形成足够的肌肉记忆。

我曾在FBI防御策略课程中进行过一次比较特殊的教学实验，以此检验此类课程的有效性。为了达到这种目的，我把参训的FBI探员分为两组，指定一组扮演自身从事的角色，另一组则扮演FBI需要面对的各种人。后者根据预案营造出各种逼真的执法环境，扮演FBI探员的一组则根据我喊出的命令做出反应。虽然这种模拟实战训练方法对于某些受训人员来说压力很大，但他们所感受到的压力却仍不及现实生活中警匪对抗的九牛一毛。

在确定所有学员对教学意图充分领悟之后，我的教学实验随即展开。大家轮流扮演执法者和执法对象，每名学员要想顺利结业，都必须通过这样一个压力之下的快速反应测试。除此之外，所有学员还必须在这个过程中接受对于自己已经掌握的防御技巧的年度复查。复查的测试项目往往看上去非常简单，然而事实却并非如此。这个实验得出的最终结果是：大约有10%的FBI探员在有一个好搭档的配合下，能够成功完成技术动作；另有50%的FBI探员在设定情景中表现得非常犹豫，但最终还是能够在教官的协助下完成技术动作；剩下的40%则根本听不明白我想让他们做什么。通过这次实验，我非常怀疑这里的每一名FBI探员——个别优秀探员除外——能够在有阻力、无人配合的情况下有效完成必需的技术动作。为了检验试验方法和数据的可靠性，我还在其他一些警务部门做了同样的实验，结果大体相同。

事实非常明显，在仅仅接受数小时的防御策略训练课程之后，绝大多数警务人员仍然无法做到在执勤过程中很好地保护自己。培训部门花费在这些课程上的时间似乎是白费了，我们没能为学员提供必需的、有用的、能够救命的训练内容。究竟为什么会出现这种情况呢？

由于我有幸担任了FBI洛杉矶分局防御策略课程的总教官职务，手中握有可以邀请国际上一些享有盛名的搏击大师为学员提供培训的权力，因此我也非常幸运地获得了观摩这些世界上水平最高、口碑最好的搏击大师对学员进行培训的机会。凭借在搏击领域取得的个人成就，他们的出场往往是令人敬畏和鼓舞人心的。一般来说，一场典型的培训课时长大概为两个小时，内容包括：示范环节、练习环节，以及为数不多的几个复杂但让人印象深刻的防御技巧传授。学员们一般都非常享受这样的培训课，并为自己能够学到最新的技巧而感到兴奋。但是此类培训课到底可以对学员们起到什么样的效果呢？实际的情况是，大部分学员即便是在上课的过程中都很难掌握搏击大师传授的技术动作，下课之后就更是忘得一干二净。甚至一些教官在参加此类培训之后，也都不能很准确地掌握所学的东西。事实证明，在经历过类似这样"大师级"的培训课之后，几乎没有人能够把学到的内容真正变成自己可以在实战中运用的技能。除了在精神上起到一些鼓舞作用之外，这样的培训根本就是在浪费时间。

初见良昭博士是世界排名第34位的忍术搏击大师，也是日本武神馆道场的创建者。他是我所见过的最富有才华的搏击艺术家和武术导师。初见良昭博士在倾心自身专业的同时，也极为支持警务执法和军事部门的日常工作，认为他们是维护现代社会安全的最后屏障。在一次与黑带高手的会面中，初见良昭博士说："现在的很多黑带高手已经变成了'技巧控'，因而不再重视搏击的一些基本原则。"他强调这种思想是不正确的，并且坚信：离开搏击的基本原则，所有技巧都是空谈。

正如初见良昭博士所言，把全部精力投入到学习搏击技巧的做法是一个严重误区，甚至可以说是舍本逐末。然而我们的很多培训教练却一直在犯同样的错误，典型的例子就是一些教练花费数年时间精进技术动作，并且非常热情地与警务学员分享自己的进步，几乎把他们当成专业运动员一样进行培养，反而忽略了学员在实战方面的需要。这些教练往往精通数百种搏击技巧，而且充满热情，总想着要把自己掌握的全部知识都传授给学员。可是他们却忽略了一点，那就是如何才能够在两小时的课程时间里把自己10年、20年、30年乃至更长时间积累的知识灌输给学员呢？目前来看，这显然是不现实的。

作为一名防御策略教练，眼睁睁看着很多警务人员在执法过程中面对袭击却无法保护自己，我深感沮丧，并由此下决心想要找到应对这个问题的方法，开创一种更为有效的防御策略课程。我清楚地意识到，在有限的时间里，想要教会

前　言

那些缺乏防御技能的警务人员此种能力，就必须要有更好的方法。想要找到这种方法，首先就要确定以前的课程中哪些教学内容是多余的。经过认真研究，我惊异地发现以前的培训课程所秉承的根据各种袭击类型（数量相当庞大），针锋相对地向学员教授各种反制技术的教学理念是极其低效且不实际的，他们显然需要一种更加简便快捷，可以一劳永逸的课程设置。我提出这种观点并非认为以前那种以传授各种复杂技术动作为主要内容的教学方式是不好的，而是认为在非死即生的严酷考验面前，让警务人员准确使用那些课堂上学到的复杂技术实在是一种苛求。作为一名搏击教练，我的一生都在学习、研究，并给学员传授搏击艺术，这是我的事业。对于那些与我有着同样追求的同仁们，我向你们深表敬意，并且欣赏你们的奉献精神。尽管如此，我依然对你们在教学过程中白白耗费的大量精力深表惋惜。你们应该懂得这个道理，大多数人（当然也包括大多数警务执法人员）都不会像你们所期望的那样，花费如此多的时间去提高自己的防御技能。因为对于他们来说，生活中总还有其他更需要优先考虑的事情。我指出这一点并非想说明他们都是些不负责任的人，更不想说明他们是不合格的警务人员，而是想让你们明白，警务人员其实也只是一些普通人，对于他们，我们不可能期望太高。有鉴于此，我认为防御战术教练的工作重点就是要保证这些普通警务人员在付出有限的时间和精力的情况下，能够掌握尽可能多的技能，从而做好面对危机的准备，保护好自己。

　　为了实现上述目标，我们的防御策略课程内容首先就必须更加强调实用性，做到重点突出，而不是像以前那样胡子眉毛一把抓。其次，所有向学员传授的技术动作都必须符合人体工学原理，具有很强的可操作性，容易形成肌肉记忆，保证学员即使在面对压力的情况下仍然能运用自如。这种教学理念的核心就在于强调警务人员为了应对暴力袭击等不可预测的各种危机，应该掌握一些更加简单易行，却行之有效的基本防身技巧，而非精细花哨的技术动作。为了达到这种教学目标，培训人员应该更多地侧重简单实用的肌肉记忆训练，而非专业化、精细化的运动技能训练。盲目强调后者，只会给警务人员带来更大的人身伤害，甚至生命危险。

相比美国其他同类培训项目，FBI防御策略培训虽然同样受制于有限的学习时间，因而很难让学员在短期内达到熟练掌握的程度，但是无疑更加先进。以FBI防御策略培训项目作为基础，我搜集了本领域最新的研究成果，并且咨询了一些专业人士，试图找到这一项目目前存在的缺陷，并对其进行修缮。在这个过程中，我受益于很多专家，其中也包括我的导师帕·福特。以初见良昭博士的教学内容作为参考，帕·福特将很多防御原则进行了实战化处理，总结出一套最为简单，同时也最为有效的防御策略。在从事搏击培训事业的30年里，我一直不曾忘记导师的教诲。导师的研究成果，再加上其他专业人士的经验总结，以及我自身几十年来的学习积累，便形成了作为本书精华的"科学逃生与自卫策略"的核心思想。

"科学逃生与自卫策略"包含了经过实战检验，被证明行之有效的各种思想、原则和技术。它的基本要点是要在学员心中建立普遍的防御意识和保护自身安全的常识，更多强调培养学员的"勇士心态"，并且提高学员应对危机的心理素质。借鉴前人的研究成果、科学教育理念，以及实战法则，激发学员的人体本能，帮助他们掌握各种经过实战检验的防御技巧。对于所有的警务人员，无论他们拥有什么样的身体素质，也不管他们曾经偏好何种运动，这一培训项目都将是有效的。

本书的结构是按照我所推荐的防御策略课程的顺序安排设置的。读者应该首先学习有关"科学逃生与自卫策略"的核心概念、基本策略和原则。在掌握了这些必不可少的基本知识，并对其进行深刻的理解和适应之后，读者就可以开始系统学习各种技战术。这部分内容的安排是按照从易到难，层层递进的顺序，逐步提高难度系数。因此，我们将首先讨论如何应对那些顺从的、不做抵抗的犯罪分子，处理那些最低程度的威胁；以此为基础，再讨论如何对付那些进行消极抵抗的反抗者，以及颇具攻击性的反抗者；最后学习如何面对那些拼死抵抗的危险分子。除此之外，本书还包含了关于警务人员责任的专门章节，这一内容对于执法部门的管理人员，以及隶属于该部门的搏击教练来说都十分重要。

书中很多章节都是以一些简单技术的传授作为结尾的。身为读者的你不应该忽视这些内容，因为设置它们的目的正是为你应对可能遭遇的各种危险做准备。只要花费一点时间练习并掌握这些技巧，就可以提高自身的安全系数和自信心。

如果本书可以为那些将毕生贡献给我们的社会的执法人员提供切实有效的帮助，那么笔者的目的也就达到了。

法律免责声明

    本书旨在为读者提供各种搏击技巧和技术的教学指导。本书的某些内容，特别是防御策略（DT）培训本身是具有一定危险性的，读者需要清楚了解，并自愿接受和承担可能由此带来的受伤、死亡或者其他形式的损失和伤害。如果读者在参考本书的练习过程中受到任何形式的伤害，读者应自身承担所有风险和责任，本书的作者和出版者概不负责。

    如果你对本书所提供的教学内容有所质疑，请向具有资格证书的防御策略教练进行请教，然后再继续学习。由于本书所介绍的技术动作对于部分读者来说可能过于激烈，作者建议读者在进行身体动作练习之前先向医生询问相关事宜。

第1章

武力的使用

国际警察首长协会（IACP）做过一个名为"2001美国警察的武力使用状况"的调查。这一项目的信息收集开始于1996年，但调查结果最近才公开发表。我仔细查看了国际警察首长协会的调查数据，并与许多其他形式的涉及"武力使用状况"的调查、研究进行过比对，最终得出结论，所有调查结果基本上都是一致的。换句话说，任何再度重复此类研究所花费的时间、资源和精力基本上都是白费的，我们真正应该做的是仔细分析研究结果，然后有针对性地做出系统性的改进，以便更好地服务于警务部门和大众。在制订一个防御策略项目计划，或者是对一个已有项目进行升级之前，我们应该首先搞清楚这些问题：究竟是谁在袭击警务人员，袭击是以何种形式进行的，警官们在何种环境下受到了伤害或者被起诉。上面提到的那些研究成果已经基本满足回答这三个问题的条件，现在我们要做的就是以此为基础总结出准确结论。笔者认为，国际警察首长协会的调查似乎是迄今为止最为全面的，所以本章的讨论将以他们的调查数据作为主要依据。

国际警察首长协会对警务人员所使用的武力执法手段进行了总结分类，包括：肉体打击（如徒手格斗）、化学武器（如胡椒喷雾）、电击器械、器械打击（如警棍），以及枪支军械。与此同时，国际警察首长协会还初步总结了犯罪分子经常使用的武力手段。鉴于犯罪分子会把身边能抓到的一切东西都作为武器，所以相比警务人员的分类，他们所用的武力手段还多了一些种类，例如口头威胁、带刃武器、肢体冲撞，以及汽车冲撞等等。

●警务人员何时使用武力●

我们首先要考虑的问题是警务人员会在何时使用武力。对于有经验的老警官来说，这个问题的答案简单明了，因为从入职那天起，警务人员就被要求尽量在逮捕嫌犯的过程中才可以使用武力手段。众所周知，犯罪分子有时候并不乐意被抓去坐牢，所以他们会上演一出末路狂逃，甚至拼死搏斗。在国际警察首长协会的调查中，39%的武力都发生在逮捕嫌犯的过程中。这意味着什么呢？虽然我们应该时刻保持对潜在危险的警惕，但在逮捕嫌犯的过程中，我们应该更加提高戒备。而且你还要知道，警察的压力系数和犯罪分子的压力系数是呈反比的。了解这一点对警官的工作益处多多。作为一名警官，你可能在逮捕或者接近嫌犯时感到紧张，因为你必须时刻准备着有什么坏的状况发生，身体也会随之颤抖出汗。但是此时犯罪分子却毫无压力，因为他根本不知道你的存在。一旦你接触到嫌犯，对方发觉了你的存在，双方一瞬间都处在同样水平的紧张状态中。直到你控制了局面（无论犯罪分子愿意与否），开始给他戴上手铐。这时的你才真正松了一口气："啊，真高兴终于结束了。"而那名犯罪分子却在想："混蛋！我不想进监狱！"通常来说，警官大多从这时开始就逐渐放松下来。但是我不得不提醒你，此时放松还为时尚早。千万不要放松！因为犯罪分子这时候也许正变得越来越焦虑，他将要失去被宪法保护的人身自由。这一现实让他心情低落，并且开始变得焦虑、烦躁，就像一只被困在笼子里的野兽。当犯罪分子变得越来越焦虑不安时，毫无疑问，他的危险系数也就随之增大。此时此刻，困兽犹斗的犯罪分子也许正在寻找任何可以逃脱的机会——他的计划或许就包括伤害警官。

警官第二种常见的武力使用场合是在骚乱现场。这也很好理解，设想一下你将要去某个地方，那里聚集了一群愤怒的人，他们情绪激动，随时想要打架。除此之外，他们也许还使用了酒精甚至毒品。有鉴于此，我希望身为警官的你在去骚乱现场之前更不能掉以轻心，而是要将警惕性提到最高。

第三种可能使用武力手段的常见状况是在交通执勤的时候。在公路上拦截汽车，是充满潜在危险的。因为每当你走向一辆交通违规的车辆时，都不会知道坐在车里的是谁，有多少人。这就可能导致意料之外的危险。

● 谁会袭击警察？ ●

究竟谁会袭击警察呢？你的第一念头也许会是"那些具有反社会人格的人"。对此，我十分赞成。袭击警察的行为是毫无意义的，因为警察往往是站在自由、正义这边。克里斯·洛克拍过一个搞笑视频，名字叫《怎样做才能不被警察踢屁股》。在这段视频里，洛克先生提出了两条守则。第一条守则是：遵守法律。第二条守则是：如果你忽视了第一条守则，违反了法律，并被警察发现，就应该立刻站住，不要试图从警察身边逃走。这听起来很有趣，因为如果大家真的严格遵守这两条守则，那将可以解决很多问题。然而实际上，如果法律真的这么有用的话，那还要警察做什么呢？人人都遵守法律的社会只是一个幻想中的乌托邦。如果我的儿子能够在一个没有犯罪的世界里长大的话，我会非常高兴地换一个工作。但是严酷的现实却是，我不能离开现在的工作，一天都不行。

我们可以换一个角度来考虑这一问题。对于"公众怎样与警察打交道才是最好的方式"这个问题，有人提出了如下一些建议，不知道你对它们的看法如何：

不要和警察争吵。

面对警察要十分注意你的话语、行动、肢体语言和情绪。

把你的手放在警察能看到的地方。

不要跑，不要去触碰警察。

不要辱骂警察。

即使你认为自己是无辜的，也不要反抗。

如果你收到一张罚单，那就去签上名字。

　　我不知道你会怎么想，但我非常喜欢这些睿智的建议。还是那句话，如果每个人都能遵守这些规则，那么这个世界一定会变得更好——特别是对于警务人员来说。但是，我究竟是在哪里找到这些"圣人哲言"的呢？你也许会（非常理智地）猜想，是从国际警察首长协会吧？或者是从一些其他的执法机构？不，都不是。以上这些观点都来自于一篇文章——《清楚你的权利：当你被警察拦住时该做什么》。这篇文章发表在美国公民自由联盟（ACLU）的网站上。奇怪吗？美国公民自由联盟往往和美国执法部门持有完全不同的观点和视角，而我几乎很少赞同他们的观点，但这次例外。美国公民自由联盟声称该组织的目标是保护大众，这与美国执法部门的目标并不存在分歧。也许在实现这一目标的具体手段上，两个组织持有不同的观点，然而共同的目标却让我们不约而同地认为以上这些建议都是好的。但是问题的症结在于我们能不能让每个人都遵守它。

　　说了那么多，再让我们回到最初的问题上来：谁会袭击警察？答案正如国际警察首长协会的调查报告所显示的那样，是那些受各种恶劣因素影响的人。调查报告显示，卷入武力袭警事件的人中，53%的男性和35%的女性都受到酒精或者毒品的影响。特别值得注意的是，因为这个原因所导致的女性袭警者人数占到袭警总人数的10%。除此之外，还有什么原因促使人们袭击警察呢？情绪失控或许也是一个重要因素。报告进一步显示，58%的女性嫌犯在情绪失控的情况下会使用武力，男性嫌犯的此项数据则为52%。上面这些数据告诉我们，那些受到酒精或毒品影响，或者因为情绪失控而失去理智的人更具有袭警倾向，因而变得更具有危险性。

　　另外一项相关研究的结论认为，那些处在颠狂状态中的人对执法人员来说是最大的威胁。2009年10月27日，洛杉矶警察协会承办了主题为"武力的使用"的研讨会。与会的前洛杉矶警局队长格雷格·迈耶断言："据神经科医生估计，要成功控制一个处在颠狂状态中的个体，至少需要6名警官。"几乎所有与会的警官都对这一观点表示了赞同。有的时候，药物滥用可导致精神亢奋。例如在五氯苯酚（PCP，一种麻醉剂）或者类似药物的影响下，人的体温就会急剧升高，意识开始亢奋和混乱。因此，如果你出警来到案发现场，发现一个人全身赤裸，大汗淋漓的，行为怪诞，就应该立刻呼叫后援和医疗帮助。这可能会免去一些不必要麻烦，甚至挽救你的生命。

还有什么人会袭警呢？那就是未成年人。在国际警察首长协会的研究进行期间（1995—2000），有数据统计，27%的袭警嫌犯都是未成年人。特别是枪械袭警案件，其中有7%的主角都是10岁甚至更小的未成年人。在你可以预料的各种情形当中，这是相当可怕的（本书第3章对于这个问题将展开专门的讨论）。你是否可以想象到一个8岁的孩子会向你开枪？你是否准备好去应对这种类型的威胁？面对这样的特殊情况，你不但应该考虑如何去做，还必须考虑行动的后果。

最后，还有一点你必须明白。那就是你将要应付的可能并不是一对一的决斗，很多时候，你会受到多人围攻。国际警察首长协会的报告显示，大约94%的暴力袭警事件中只有一位犯罪分子。简单计算一下就可以明白，这个数字意味着还有另外6%的案件中存在多于一名的袭警者。在1995～2000年期间，总共发生了3起1名警官对付12名犯罪分子的事件。被多人袭击，那真是一种糟糕的经历。从一个防御策略培训教练的角度来看，这就意味着我们的课程不能只是集中在一对一的袭警事件上面，而是要让学员意识到永远都存在着更大的危险，并且让他们清楚应该如何同时对付多名犯罪分子。

总之，对于"谁会袭击警察"这个问题，答案可以有很多。我们可能会被那些受到酒精、毒品影响的人袭击，被精神疾病患者袭击，被未成年人袭击，有些时候，还不得不面对一对多的情况。袭警者中的大多数人可能都精神不正常，这使得他们具有更大的危险性。无论遇到什么情况，身为警察的你都不应该忘记，这些犯罪分子宁可与你搏斗甚至杀了你，也不愿意遵守法律、束手就擒。

●袭警者武力手段的类型●

想要建立一套有效的防御策略训练体系，就要知道我们会受到怎样的攻击，并制定出应对这些攻击的方法。根据国际警察首长协会的调查，大约87%的袭警事件中，警官受到的都是肉体攻击，10%为化学攻击（是的，普通大众也能获得防狼喷雾和辣椒喷雾），1%～2%为器械攻击，剩下的1%～2%为枪械攻击。在其他更细化的分类体系中，国际警察首长协会还列举了犯罪分子使用刃物（例如螺丝刀等）、汽车等工具攻击警察的案例。在一份司法统计局（BJS）的报告中显示，5.5%的犯罪嫌疑人在被逮捕时会选用徒手攻击的方式，其中又以摔跤动作最为普遍，其次为推打或者挤搡。

我看到过一份由洛杉矶警察局格雷格·德赛中士撰写的名为《逮捕和控制部统计摘要——第一个两年回顾》的报告，其中详尽记述了德赛中士在负责洛杉矶警察局逮捕和控制部时进行的一项研究。他的研究结果与国际警察首长协会的报告十分相似。与之不同的是，德赛中士进一步打破了传统的物理攻击分类方式，从袭警者使用的身体部位角度，对他们可能采用的攻击方式进行了更加细化的分类，认为约有23%的嫌犯会用脚踢警察，16%会使用拳击，15%会把警察摔倒在地，11%会用嘴咬。

知道犯罪分子的攻击方式，决定了防御策略训练课程的教学设置。威胁程度越高出现的次数就越多，相关训练的时间也要越长。唯其如此，才能应付种类繁多的攻击。总体上来看，目前袭警者最为普遍的攻击方式还是针对身体的物理攻击。值得注意的是，国际警察首长协会的报告显示，尽管报告中的地区和部门存在很大的差异，但武力事件发生的参数和特征却十分一致。德赛中士在报告中特别指出，很多时候反抗者试图踢打、拳击、摔倒，甚至啃咬警务人员，这些都应该在我们的防御策略训练课程中引起特别注意。一个好的防御策略培训项目应该针对这些情况，为警务人员提供简单而有效的应对措施。

●伤害和诉讼●

为了更客观地观察、评估并制订一项防御策略训练计划，我们需要事先估计到会发生的情况。对于执法管理人员来说，需要做的就是竭尽全力避免这些情况发生在自己，以及手下的警务人员身上。这其中就包括受伤或者被起诉。

第1章
武力的使用

任何一个好的防御策略培训项目的核心都是为了提高警务人员在服务大众时的自身安全系数。国际警察首长协会的报告显示，对警务人员造成的伤害大都在嫌犯奋力挣扎时发生。如果警务人员在这个时候使用恰当的应对方式，那么双方（警察和嫌犯）受伤的可能性会发生什么变化？尤其是在警察运用徒手方式（擒拿和格斗）、器械武器、辣椒喷雾、电击枪和颈动脉束绳这些不同的防御技巧时，双方的受伤害比率会相应地发生什么变化？来自亚伯达省卡尔加里警察服务部门的巴特勒中士和来自加拿大警察研究中心的克里斯汀·霍尔博士完成了一项研究，对上面列出的这五种主要武力手段的相关风险进行调查。结果似乎并不出人意料，5种方式从最安全的到最危险的排列顺序依次为：

1. 辣椒喷雾
2. 颈部约束
3. 电击枪
4. 空手格斗技巧
5. 器械武器

这其中，辣椒喷雾造成的伤害系数是最低的。80%的辣椒喷雾袭击事件都没有对嫌犯造成伤害，15%的袭击造成了轻度伤害，只有4%的案例造成的伤害需要就医并进行药物治疗。另一方面，警务人员在89%的此类事件中都没有受到伤害，其他的也只是受到轻微伤害。但是需要引起注意的是，辣椒喷雾会有潜在的二次伤害或残留物接触伤害的可能。举个例子，在以往的培训过程中，有的教官曾经有意安排警员暴露在辣椒喷雾里，借此让他们对此类攻击有一个感性的认识，提前做好心理准备。在此类培训中，我就曾经因为训练搭档过度亢奋，向我喷射了过多的辣椒水，从而引发轻微咳嗽和咽喉痉挛。还有一次，为了制服一条狗，我使用了辣椒喷雾而没有开枪。偏巧这时候我的一个朋友，同时也是战略特警组的战友正处我的下风位置，随风飘散的喷雾让他难受了好一阵儿。我想他永远都不会原谅我。

巴特勒中士和霍尔博士的研究进一步提到了电击枪的使用。事实证明，这一经常瞄不准而且功率不稳定的武器，在45%的案例中都没有对嫌犯造成伤害，42%造成轻度伤害，12%需要轻度的门诊和药物治疗，最后的1%则需要住院治疗。由于很多警务部门都规定如果电击枪的弹头射进犯罪分子体内就必须由医疗人员取出，这无疑增加了需要就医的案例百分比。在另一方面，装备了电击枪的警察在各类袭警事件中，有83%都没有受到过伤害。需要强调的是，电击枪是专门用来对付积极反抗者的典型武器。对它的使用虽然增加了嫌犯受伤的可能性，却可以大幅度提高警察的安全系数。

接下来是可能造成更大伤害的手段。巴特勒中士和霍尔博士的研究结果显示，当警察使用警棍时，超过61%的嫌犯会受伤，伤害程度也比电击枪更为严重。在装备了警棍的警察中，有29%的人会受到伤害。与之相比，徒手格斗则会造成77%的嫌犯和22%的警察受到伤害。

巴特勒中士和霍尔博士的研究告诉了我们什么呢？当警察与犯罪分子发生冲突，并且可能会对双方造成伤害时，如果可以选择的话，最安全的方式就是让警察能够在最远距离控制和制服嫌犯。为了达到这个目的，电击枪和辣椒喷雾是比较恰当的选择。在某些特定情况下，如果警察真的需要靠近嫌犯的话，颈部扼制（第13章会专门介绍）也被证明是一种安全、可行的选择。

美国司法统计局的调查显示，警察为了制服嫌犯最常使用的身体部位是手掌与胳膊（77%），因为很多防御技巧都需要用肢体抓住或握住嫌犯。警察在使用肢体控制嫌犯的过程中，尤其是在使用拳头击打嫌犯，或者用手和胳膊控制嫌犯的时候，受伤的危险系数最高。这与其他同类研究的结果是一致的。换而言之，与嫌犯徒手格斗的警察最容易受到伤害。

作为警务管理者，我们考虑的重点首先应该是警察的人身安全，但这并不意味着为了维护警务人员的安全就可以无所顾忌。恰恰相反，某些警察还会因为在制服嫌犯的过程中使用了不恰当的武力手段，面临被起诉的风险。在我的研究中，一些警察被起诉的案例是因为当事人没有受到充分的训练，或者是受到了质量不好的训练；也有的被起诉案例是因为警察自身对规定和政策的不了解。造成这种后果并不是警察的错，而是相关培训部门的失职。当然，所有这些也并不完全是坏事。它提醒我们，要想让训练变得更有效，一条可行的途径就是将警察可能受到的伤害和诉讼作为一个指标，尽可能降低他们的工作风险。出色的训练，专业的警察，恰当的监管，将会明显减少对警察和嫌犯双方的伤害，也能成功避免警察因为违反人权而被起诉。

说到警察被起诉，我们可以再次回到国际警察首长协会的调查报告。在1995～1999年期间，针对警察的投诉绝大多数出现在逮捕过程当中（80%～99%）。在1995～1997年期间，68%的投诉都是针对警察所使用的徒手攻击。除此之外，针对化学攻击的投诉占4%，针对电击攻击的投诉占6%，针对器械攻击的投诉占3%，针对枪械攻击的投诉占1%。

在全美范围内有一个持续增长的趋势，那就是执法人员开始越来越倾向于使用电击枪。我本人就是使用电击枪的拥护者之一，因为我认为这是一种提高执法人员和普通大众安全性的极为有效的工具。不可否认的是，很多警察被电击枪救了命，大量的市民也因为电击枪的出现而免遭伤害。但是问题的症结在于，好的工具有时也会被误用。在各种对于警务人员滥用武力的投诉中，市民关注最多的就是警察所使用的电击工具。为了降低警察滥用电击工具的可能性，各执法部门对此都制定了相当严格的制度。然而令我感到奇怪的是，有些部门竟然还允许警察对消极反抗的嫌犯（也就是说不会主动攻击警察的嫌犯）使用电击装置。例如，某个部门就规定在讯问过程中可以适当使用电击器械。这真是一条非常糟糕的规定，法庭每天都会因此接到很多市民的投诉。

作为一名执法人员，我不喜欢违法者。因为如果某人不能遵守法律，他也就违背了我的正义常识，从而引发我的反感，但我同时也理解法庭无数次强调对那些消极反抗者使用某些武力手段（包括辣椒喷雾、器械攻击或者徒手攻击）是"不合情理"的用意所在。其实很多时候警察自己也知道，消极反抗的嫌犯是不具备危险性的，但他们还是出于各种目的乐于使用武力。如果大家都能像前面所说的那样，遵守美国公民自由联盟所建议的守则，那么我们就没有这些问题，然而这可能永远只是一个不切实际的空想。

律师向来喜欢抓住警方的错处为自己的当事人辩护。普通民众也乐于关注那些手无寸铁的脆弱老人或女人（不可否认的是，他们都被警察事先口头警告过，然后才受到了武力制服）被警方以某种武力方式对待，并对警方进行谴责。这似乎有失公允，但是不管怎么说，一个明显处于怀孕期的妇女，或者其他任何一个明显对警察不构成丝毫威胁的人，如果被警方以武力对待，都将是非常糟糕的事情。虽然警察受到滥用武力的投诉数量令人震惊，但好消息却是，这其中只有不超过1%的投诉是证据确凿的。话虽如此，每名警务人员仍然需要牢记在心的一个原则就是：能救命的工具如果被盲目使用，也会变成危险的工具。

我一直都为自己在FBI洛杉矶分局战略特警组的7年工作经历感到骄傲。在那里，我从一名普通队员和狙击手，成长为整个团队的指挥官，并担任这个职务长达3年之久。

我们的团队经常是FBI各部门中最繁忙的，一年要执行40次以上的任务。这些任务中就包括面对一些危险人物，有些人甚至是那种"永远不会活着被抓"的亡命之徒。我们面对的是难以想象的危险，几乎每天都与死神擦肩而过。这听起来似乎很酷，但事实却并非如此。为了将危险降到最低，我们制订计划、演练战术、控制行动的环境，不厌其烦地完成各种细之又细的准备工作，却仍然不断遇到意外情况。而且在大多数情况下，嫌犯都占有巨大的优势。

国际警察首长协会的报告其实早就明确强调过，在执法部门工作是危险的，甚至仅仅是为一个交通违规者开罚单的时候也是如此，更不要说当你面对那些暴怒的家伙，并且准备逮捕他们的时候了。在意识到这一点之后，我们又能做些什么呢？我们是否应该去计划、练习，并为各种可能需要动用武力才能控制住的局面做好准备呢？我们是否应该为那些不可避免的冲突加强训练、制定策略呢？我们是否应该去讨论第3章所提到的"勇士心态"呢？当你对这些问题产生重视的时候，就说明你已经充分了解了执法工作的危险性，并暗暗做了准备。为了尽可能提高你的安全系数，我们需要制订恰当的计划，并组织良好的训练，让上面谈到的诸多问题，在你的防御策略课程中得到充分体现。

第2章
"反抗—反应"动态模式

当你准备逮捕某个人的时候，什么决定了你将要使用武力程度的高低？你自己能够决定吗？还是你要逮捕的那个人能决定？我在FBI主持过很多期培训，培训中我一直坚持在仿真环境下为学员示范凭什么决定开枪还是不开枪。这样做的目的是为了让每个想要活命的警务人员，对武力的使用原则有一个准确的认知。在训练的过程中，对于前面的三个问题，有些人立刻就有了答案，有的人则还需要我的提示。问题的正确答案是：嫌犯决定了警察可以使用多大程度的武力，嫌犯反抗的强度直接决定了武力使用的必要性。如果嫌犯非常顺从，甚至束手就擒，那真是太好了。我们给他们戴上手铐，送进监狱，然后平平安安地下班回家。但是如果嫌犯试图逃跑、搏斗或者开枪，我们也不必非要给"故事"来一个皆大欢喜的结局。

有些时候我们必须面对现实。武力的使用永远不是美好的，事实上它们十分丑恶。每当使用武力时，几乎都意味着有人要受伤。因此如果警察使用了武力，前提就必须是因为嫌犯做出了反抗。很显然，法律和警务部门的规定对于警察能否做出恰当的反应有至关重要的作用。

知道了我们在面对反抗时有多少种应对方式可以选择，接下来还需要了解我们应该选择什么，以及在何时作出选择。下面是一个真实的案例：

一名大腹便便、身高4英尺10英寸、体重90磅、患有糖尿病的92岁妇女正在开车去教堂的路上。在她超速经过一个检查站时，被杜古德警官拦了下来。杜古德警官开了一张罚单，然后礼貌地要求司机在罚单上签字，并且通知她按照规定的日期去法院接受处罚。司机发火儿了，冲着杜古德警官辱骂不休，侮辱了他的母亲，他的狗，并且说他的孩子长得很丑。最后，她甚至还使用了极为污秽的词语侮骂他。被恶心到极点的杜古德警官要求司机下车，但司机拒绝了。于是杜古德警官再次重复自己的要求："请你下车，你被捕了。"司机再次拒绝。杜古德警官想强行把司机拖出汽车，但她牢牢抓住方向盘，把自己留在车里。在尝试了各种方法之后，杜古德警官仍然无法逮捕此人，于是他告诉司机如果再不出来的话，他就要使用电击枪了。面对威胁，司机嘲笑杜古德警官没有男子汉气概。

"唑！"杜古德警官朝司机电击了，她摔出了汽车，骨盆骨折。司机随之发出一声尖叫，并爆发出一段污言秽语。杜古德警官怒不可遏。

"唑，唑……"，电击枪又发动了……

有些人可能会认为这是一个很棒的睡前故事，可以在今晚孩子睡觉前讲给他听。不过在我看来，这件事确实没什么好笑的。如果大家都去遵守美国公民自由联盟和克里斯·洛克提供的守则，那么案例中的事情根本就不会发生。然而不幸的是，现代社会正在变得越来越好斗，人们对于执法人员的不信任与日俱增。即便明确认识到错误在己，越来越多的人仍然会对警察发出的合法命令持抗拒态度。这样造成的结果就是一些不好的事情发生了。有时是对反抗者不好的事，有时是对执法人员不好的事。

看到这里，你是否认为杜古德警官和他的部门应该被起诉呢？恐怕是的！你是否认为那位92岁高龄的妇女应该获得同情，或者至少获得一些金钱补偿呢？恐怕是的！你是否认为相关部门应该出台一些规定，禁止警察对一位92岁高龄、大腹便便、患有糖尿病的老妇人使用电击枪呢？也许吧，但他们确实不应该。在我看来，一名警官是否可以使用电击枪应该只取决于一件事，那就是能否确定面前的人对他来说是一个威胁。如果答案是肯定的，就可以使用；如果答案是否定的，那就让电击枪留在枪套里吧。

然而现实的问题在于，大多数执法机构经常依赖以武力使用为核心的传统模式来指导规则的制定。而传统模式则往往首先强调警务人员的权利，然后才考虑犯罪分子的利益。这很容易对市民和陪审团产生误导，使他们错误地认为警方热衷于使用武力。在格雷厄姆·康纳一案之后，美国最高法院确定了"合理的警务人员标准"来约束警务人员的行为。但是大多数警务部门又做了什么呢？他们执行了一套看似比法院要求得更加严格的规定，试图以此减少自己在事故之后的责任。可惜他们的这一策略往往事与愿违。为了避免警察滥用武力的民事诉讼，警务部门往往选择干脆禁止或者大大限制使用某些方法和装备。这么做的结果就是让警务人员不能放开手脚去使用一些有价值的工具，而这些工具恰恰是专门制造出来用以提高警察和普通大众安全的。在我看来，个别警察对一种可靠工具的误用，不应该直接导致警务部门自动修改规定，并且影响到之后该部门的所有人员使用这种工具。在制定并执行一项更为严格的规定之前，相关部门应该首先考虑一下大家的不同意见，并从大众的安全角度考虑问题。

传统的武力使用模式至今仍被广泛使用，它们大致可以分为两类：梯形模式（也可以称为"连续性模式"）和轮形模式。

首先让我们来看一下"梯形模式"（如图2.1）。通过下图我们可以看到，梯形模式的武力方式是呈一种升级模式展现出来的。由此我们很容易就能发现这一模式的问题。对各种传统模式进行判断的依据，首先就是看警务人员所使用武力的水平。梯形模式的问题在于将警察从一开始就置于积极防守的位置，而没有准确规定可以使用某种手段的前提条件。由此就会令人产生这样的疑问：是不是只要警察感觉到有人对自己构成了威胁，而不是嫌犯首先反抗并做出威胁警察的武力行为，就可以用警棍打他（如果情况是这样的，那就出大问题了）？另一个随之而来的问题则是，当那些对警务工作不熟悉的人看到这个模式图之后，很可能就会产生警察的任务就是"以暴制暴"的误解。也就是说警察为了制服有暴力倾向的嫌犯，唯一的选择只能是使用更大程度的武力。魔高一尺，道高一丈，直到嫌犯被完全制服为止。总之，梯形模式描述了警察与嫌犯之间的一种对抗性关系。

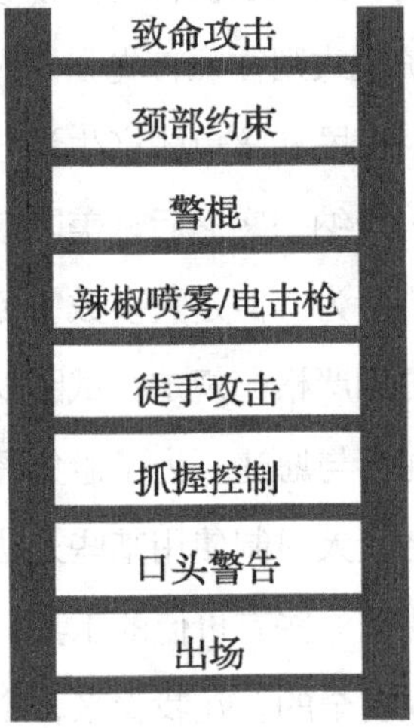

图2.1　梯形模式

举个例子来说，我曾经是一个研究颈部约束（第13章对此有专门讨论）使用情况的医学小组成员。小组中的医生全部对"武力使用可以凌驾于法律之上"的观点不以为然。他们当中有很多人志愿花费时间和精力去培训执法人员，并配合执法团队一起工作。在和其中一名医生的谈话中，他这样对我说："警察永远不应该向一名手无寸铁的袭击者开枪。"我对这种观点感到很诧异，便问他为什么这么想。他回答说："警察与嫌犯所处的地位是不同的，两者之间的鸿沟巨大。嫌犯处在梯形的最底部，警察却牢牢占据着梯形的顶端，对于嫌犯拥有着绝对的优势，因此不应该恃强凌弱。"值得注意的是，这还是从一个受过高等教育，喜爱和尊重执法人员的人口中说出的答案。很显然，运用梯形模式指导警务工作，会强化警察和公众心中对于武力手段的负面印象。

为了弥补梯形模式带来的这种问题，一些部门重新提出了轮形模式（如图2.2）。轮形模式通常将警察置于一个轮形的中心，各种各样的武力手段以辐射状的方式分布在轮形外围，与中心相连，构成一条条"轮辐"。这一模式的核心观念是：根据警务人员的能力水平，参考现场状况，选择可以使用的、最恰当的武力手段，从而保证了最大限度的灵活性。这是一个不错的想法，但是这一模式的失败之处在于它不能准确指导警察在何种情况下使用何种工具。这就使得警务人员在面对危机情况时不得不重新回到"梯形模式"的思维方式，然后才能决定此时此刻应该选择哪种武力手段。这也同样导致了民众心存疑虑以及事后的批评。他们会发出这样的疑问："为什么在这么多武力手段之中，警察偏偏要选择这一种呢？难道就没有更恰当的选择了吗？"

图2.2　轮形模式

总而言之，无论梯形模式，还是轮形模式，都不能恰当和动态地反映警察与嫌犯之间的微妙关系。更糟糕的是，它们之中潜在的"以暴制暴"的逻辑陷阱还会给人误导，让警察在做出选择时变得更加困难。

由于充分认识到传统的武力应用模式的缺陷和不足，我开始在防御策略培训的过程中主动探索一种新模式。于是在20世纪90年代，我提出了所谓的"反抗—反应"动态模式（DRM）。相比传统模式，这种模式更加精确，也更易于理解和掌握。在很大程度上，"反抗—反应"动态模式弥补了传统模式的不足之处。它可以帮助警务人员依据自身条件和现场危机状况，做出更为恰当的决定；而且更加通俗易懂，对于多数警务人员来说都是切实可行的。在友人的鼓励之下，我将自己的研究成果以论文的形式发表在2007年9月的《FBI警事公报》上。

关于"反抗—反应"动态模式这一名称的含义我需要解释一下。"动态"一词强调了犯罪分子的行为是不固定的，因此相应的，警务人员的反应方式也应该是动态的。通过这一动态模式，人们还可以清楚地看到，在警察处置嫌犯的过程中，犯罪分子很可能会从一种反抗方式迅速转化成另一种反抗方式，很难让人抓住头绪。因此警察必须时刻绷紧头脑里的那根弦，准备应对犯罪分子的攻击，永远不可以想当然地认为现在显得比较顺从的犯罪分子会在1秒钟之后仍然保持顺从。关于这方面的内容，我们还将在本书第3章中进行着重讨论。

至于"反抗"一词，正如本章开始时所提到的，指的是犯罪分子面对警察时做出的各种行为。传统的武力应用模式一开始就将全部重心放在警察身上，强调警察对于嫌犯的优势地位，这很可能导致警察的武力滥用，并使其遭受指控。相比之下，"反抗—反应"动态模式强调的则是犯罪分子反抗的激烈程度决定了警察的反应方式。换句话说，反抗者的行为决定警察所采取的反应方式。在这一模式中，警察被要求在采取行动之前，首先判断和衡量犯罪分子的反抗行为。

除此之外，我在"反抗—反应"动态模式中还将犯罪分子的反抗行为划分成4种类型，分别是：不做反抗（顺从）、消极反抗、积极反抗，以及拼死反抗。虽然犯罪分子的类型千奇百怪、数不胜数，但是他们对执法人员所使用的暴力形式却是可以被计算和归纳的。我之所以将它们划分为这4种类型，是因为法庭审判时通常会把罪犯的行为划分成类似这样的4个层次。下面就来分别解释一下这4种类型。

◇ **不做反抗（顺从）**：虽然抓捕嫌犯的过程困难重重，但在"寄最好的希望，做最坏的打算"的心态鼓舞之下，我们仍然期待最好的情况出现，也就是犯罪分子不做反抗。每次出警，我们都希望这种情况能够出现。如果真的有幸碰上了这种千载难逢的好事，那么在整个逮捕过程中，你需要做的就只是在嫌犯面前现身和下达命令，然后就可以高喊"哈利路亚"，大功告成了。的确，这种情况是我们每个人都盼望的：不需要任何武力，也没有人会受伤。

◇ **消极反抗**：消极反抗是指犯罪分子不听从警察的命令，并用言辞辱骂警察。在这种情况下，警察只是站在那里发出口头命令是不管用的。除了口头侮辱，犯罪分子或许还会试图缩进一个小角落或者试图抽身而出。我们把此类行为视作没有攻击意图的消极自我防御。这一分类的主要依据在于，警察不会感到任何实质性的威胁。因为没有受到人身威胁，所以警察也只能相应使用合理的轻度武力，比如肢体压迫或者抓握控制等，类似辣椒喷雾、警棍和电击枪之类更具攻击性的手段则是不被允许的。

◇ **积极反抗**：犯罪分子做出积极反抗时，警察开始感受到威胁。反抗者使用侵犯性的动作，如推拉、抛甩、击打、扭摔，以及其他可能对警察或他人造成身体伤害的动作。在某些情况下，反抗者会做出一些威胁警察的明显暗示或手势表情。有的时候，犯罪分子的威胁方式简单明了；有的时候，则比较含混。警察对此必须做出准确判断，正确评估形势。相比之下，非语言的威胁方式比较难于理解，却更容易遇到。所谓非语言的威胁方式包括身体不停地晃来晃去，握紧拳头、远远盯着警察看，拒不执行警察的命令，以及夸张或过多的肢体动作等。预示此类反抗将要发生的标志是嫌犯试图通过各种方式不断缩短与警察之间的距离。在遭遇此类情况的时候，警察同样需要准确判断形势，并在事后将其详细记录到自己的案情报告中去。至于如何精确、全面地撰写案情报告，我们将在本书第18章进行专门讨论。应对积极反抗的恰当措施包括使用徒手反击、电击枪，以及化学药品和撞击性武器等。关于这方面的内容，我们将在本书第6章中详细介绍。

◇ **拼死反抗**：在嫌犯拼死抵抗时，如果不采取措施，嫌犯将威胁到警察或其他人的生命。此时，警察可以通过杀死嫌犯来控制局势。

在以上4种设想的情形中，警察可以依据具体情况，使用前面提到的各种武力手段。与此同时，还有一点需要注意，就是在不威胁到自身安全的前提下，警察在采取任何措施之前，都必须清晰无误地口头警告嫌犯，最大限度地保证他们的权利。

在"反抗—反应"动态模式表（如图2.3）中，不做反抗（顺从）被置于三角图表的中心位置。这是因为在任何一种突发情况之中警察的首要和最终目标都是使嫌犯屈服。即便嫌犯的抵抗属于三角形3个顶点所显示的3种情况之一，警察的最终目标也仍然是将其诱导到三角形的中心状态，然后使之顺从。这种模式的核心理念在于，警察使用任何武力手段的目标都绝不是为了惩罚，而是为了控制局势，使嫌犯顺从。因此即便是被迫采取致命攻击的时候，警察也仍然希望对方能够主动停止抵抗，服从命令，避免对其造成更加严重的伤害。只有在全部努力无效的情况下，警察才可以通过剥夺抵抗者行为能力，或者杀死抵抗者来控制局势。

传统的武力使用模式往往呈现为一种武力使用逐步升级的趋势。与之不同的是，"反抗—反应"动态模式要求警务人员首先分析反抗者的行为，然后再相

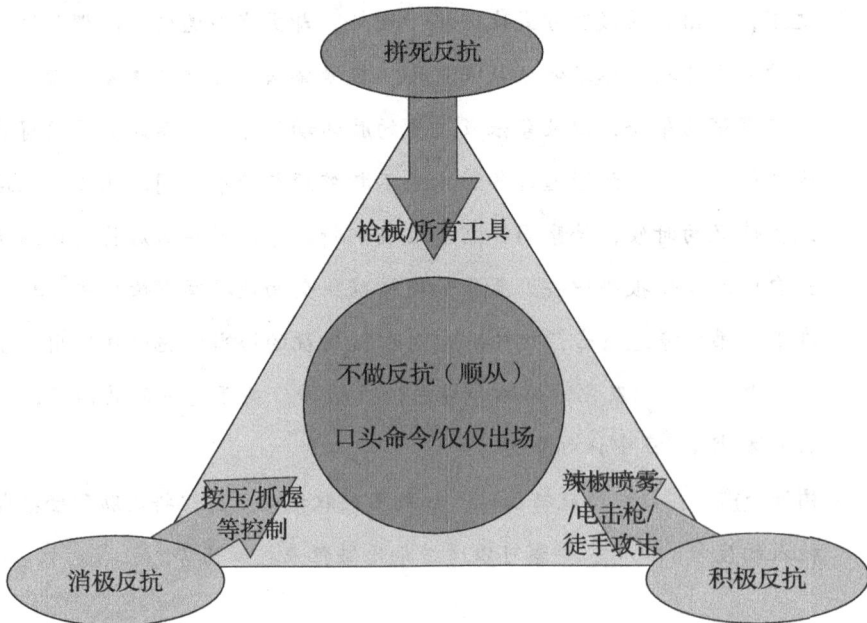

图2.3 "反抗–反应"动态模式

应地做出最恰当的反应，从而更加清楚地向警察表明如何灵活应对来自嫌犯的各种反抗行为，在最大限度保障双方安全的前提下，实现让犯罪分子顺从的目的。而这也正是每名警察的最终目标。由于同时兼顾了警察和嫌犯双方的利益，"反抗—反应"动态模式也更容易让警察和大众（包括法庭陪审员）理解和接受。除此之外，这一模式也更容易被警察掌握和使用，因为它所采用的将嫌犯区分为4大类的做法简单明了，警察很容易以此为依据选择相应的应对措施，从而保证自身安全，提高部门效率。

在初步了解了"反抗—反应"动态模式之后，我们再来看看前面提到的那个92岁老奶奶的案例。如果是你遇到这种情形，依据"反抗—反应"动态模式，你应该如何处理呢？我们已经知道，使用电击枪可能会导致纳税人花钱去起诉你，而且其他一些对你和你的部门不利的事情也可能会由此引发。例如，你的所作所为可能会被原封不动地上传到视频网站上。

为了避免出现这些负面结果，我们需要想其他办法。首先，我们要对那位老奶奶的反抗行为进行定位。很明显，她的行为不属于顺从的范畴，不然案例里的那位警官也不会把情况搞得如此尴尬和混乱不堪。当然，她的行为也没有达到积极反抗的水平，因为她没对警察拳打脚踢、造成伤害。那么，她的行为应如何定性呢？

为了回答这个问题，至少应该注意两点。第一，她抓住方向盘让警察没办法把自己拉出汽车；第二，她没有使用任何形式的武器，警察在这种情况下并未受到威胁（这一点很好判断，除非这名警察已经年满110岁了）。依据"反抗—反应"动态模式，老奶奶显然不属于积极反抗的那类。有鉴于此，警察应该采取的措施就是抓握、按压等人身控制手段。不过，如果你仅仅认识到这两点，并采取了相应的反制措施，那就还没有真正体现出作为"反抗—反应"动态模式核心理念的灵活机动、因人而异的思想。因为你没有考虑老奶奶的年龄和身体状况。

正如本章开头已经提到的那样，每种武力形式的使用都是丑恶的，并有可能造成伤害。考虑到老奶奶的年龄，即便是使用较为温和的强制手段，你也照样有可能对她造成伤害。从这一点来看，你的选择尽管是合法的，却并不合情理。那么是否还有什么更加合情合理的选择呢？答案是肯定的。

即便老奶奶始终拒绝在罚单上签字，你也可以在罚单下面注明"被处理者拒绝签字"，然后把老奶奶放走。这样同样可以确保你开具的罚单有效，而且也是法律、政策所允许的。至于放走老奶奶之后的事情，你可以交给上级部门或者法院处理。如果她最后拒绝因为这张罚单去法院出庭，法官也可以做出相应的惩罚措施。

有的时候，为了更加稳妥起见，你还可以呼叫支援，请求你的上级到场指导处理。通常来说，你的上级要比你更具有权威性，他的出现很可能会让原本尴尬的局面获得意想不到的解决。退一万步说，即便你的上级亲临指导于事无补，起码你也多了一个目击证人。这可以帮助你有效避免接下来因为这件事情而引发的一系列麻烦。

通过这个案例的解决过程可以看到，作为警察，选择、使用恰当的武力手段并非一件轻松的工作。话虽如此，如果我们可以尽可能周全地考虑到多方面因素，采取一种警察、民众、法庭都更容易接受的思路处理问题，很多事情就会变得相对简单。

第3章
选择活下去——勇士心态

设置本章的目的是为了增加你的生存知识，强化生存技能，提高安全系数，并促使你为此尝试做出积极的改变。按照这个逻辑思路，我们首先需要准确定义"勇士"的内涵，搞清楚作为"勇士"所应具备的各种素质。最后，借助一个自我评估，你就可以决定自己是否愿意成为一名"勇士"。

首先，我想向你提一个问题："生命的意义何在？"你或许以为这个问题不应该在本书中出现？也许吧。不过，这绝对不是印刷错误，也不是我跑题了（至少我自己这样认为）。即便这个问题听起来不在本书讨论的范围之内，我也仍然要在这里提出它。我相信大家都曾经在自己生命的某个时刻、用某种方式思考过这个问题，有一部分人或许已经有了自己的答案。在听到这个问题后，很多人可能都会想起阿诺德·施瓦辛格1982年出演的电影《野蛮人柯南》。电影中的柯南认为自己的生命意义就在于："击溃你的敌人，亲眼看着他们在你面前倒下，欣赏他们妻儿的痛哭哀号。"对于这种所谓的"生命意义"，我实在不敢苟同。

话说回来，正确的答案又应该是什么呢？要想得到这个答案，你不需要像某些武侠电影中所说的那样，历经坎坷，攀登万仞之巅，然后求教于仙风道骨的智慧长者。这个答案在你们的生活中其实每天都能看到。比如某天下午，你独自在路上彷徨，它就忽然从一个不知名的地方降临了，仿佛来自天堂的遥远呼唤；有的时候，它却可能只是喷涂在某辆汽车外边的一句广告语。无论你从何处获得关于生命意义的启示，效果都是一样的。它就是你之所以出现在这里的原因。对于我们这些相信"有价值的人生应该是在保护和服务身边的市民中度过"的人来说，它就是我们选择警察职业的原因所在。

2007年在日本参加武术培训的时候，我遇到了一群穿着相同式样T恤衫的人，他们的背后印着：

无论我去哪里，每个人都会因为我的存在而感觉到安全。

无论我在哪里，任何需要帮助的人都多了一个朋友。

无论我何时回家，每个人都会因为我在家而感到欢乐。

这样的口号与那个曾经很受追捧、颇具男子气概的"杀人或者被杀"的说法有很大区别，与许多功夫片中宣扬的豪言壮语也迥然相异。它真正打动了我。我尤其喜爱最后一句，因为很多时候我们太过于关注"拯救世界"，以至于忘记了还有更重要的人需要我们保护，那就是我们自己的家人。

后来我才知道，那些穿T恤的人都是前美国海军杰克·霍本的学生。他是一位武术大师，也是天才的音乐家，才华出众、能力超群。那三句格言则来自罗伯特·汉弗莱，他是杰克·霍本去海军服役前，大学时代的一位教授。

在美国的大萧条时期，罗伯特·汉弗莱曾经做过业余拳击手。在二战硫磺岛战役中，他是一名排级指挥官。战后，他从哈佛大学获得法律学位，并在麻省理工学院教授经济学。正是在这个时期，他提出了自己的生命价值理论，并在全球范围内得到广泛认同，为制止暴力做出了贡献。这一理论也正是现在有些人所说的"赢在心灵和大脑"理论的前身。在我看来，汉弗莱才是一位真正的勇士。

前言中提到过的初见良昭大师认为"勇士"应该是这样的人：他是正义的化身，拥有一颗真诚的心，愿意帮助所有人。我非常赞同这一观点。在我看来，野蛮人柯南的理念是错误的，只有那些像初见良昭大师、杰克·霍本，以及罗伯特·汉弗莱这样的人才称得上是真正的勇士。因为他们具有自我牺牲精神，甘愿服务于他人，并且拥有保护他人的力量。

身为警察，你是在一个勇士辈出的领域里工作吗？答案当然是肯定的。不过这个职业会让你自动成为勇士吗？很遗憾，答案是否定的。应该说，这个职业只是为你成为勇士提供了一个良好的基础。通常来说，在那些以"保护"和"服务"为崇高责任，因而容易产生勇士的领域里工作的人，对于自己职业的满意率都非常高。的确，拥有这样一份职业，让你能够保护和服务于周围的人，包括自己的家人，这是多么有意义的一件事啊！

我认识的很多警察和军人都看过《斯巴达300勇士》这部电影。电影讲的是斯巴达王列奥尼达率领300斯巴达勇士抗击波斯侵略者的故事。那场战争发生在公元前400年以前，却至今仍然被我们铭记。这是为什么呢？为什么这么长时间过去了，这一历史事件却仍然具有如此强烈的感染力？为了照顾那些没看过这部电影的警察（你应该羞愧），我需要简单介绍一下这个故事。

公元前400年左右，300名斯巴达勇士由国王列奥尼达率领，在温泉关设下关卡，阻击波斯国王薛西斯一世率领的大军。据后人估计，薛西斯大军的人数在25万到100万之间。话虽如此，占据绝对优势的薛西斯却对列奥尼达的声誉敬佩万分。他向列奥尼达许诺，只要率部加入波斯军队，就在征服希腊之后封他为希腊的王。对此，列奥尼达的回答却是：如果你生命中还存在些许良知的话，就不会去侵吞别人的国家；对我来说，为希腊而死要好过被人操纵去统治自己的民族！这场战役至今仍被津津乐道，就在于它是一个关于勇士的故事，体现了斯巴达人对人民、国家、信仰的牺牲精神。

了解到这一点，你是否有一种冲动去学习防御策略？你是否希望为了保护他人而将自己锤炼成为一名真正的勇士呢？你必须明白，如果你正效力于某个执法部门，外面将有很多人仅仅因为你选择了这份职业，就想要伤害你甚至杀死你。如果你因为工作需要，必须天天在外执勤，那么被伤害甚至被杀害的危险又会成倍增加。2009年12月初，我在日本参加培训的时候，就听说在华盛顿州塔科马港市有4名警察被残忍地谋杀。他们当时正好在一家咖啡店里休息，所以没来得及逃脱。在这个案例里，枪击者的残忍，以及4位警察的毫无防范令我震惊。其实大家都懂得这个道理，如果你是一名执法人员，那么在整个职业生涯中必定会或多或少遭受到袭击，而且袭击还可能发生在你最意想不到的时间和地点。数据显示，就在今年，约有12%的警察遭受过致命袭击，大约70位警察被谋杀。事实证明，美好的旧时光已经过去（如果它曾经存在过的话），犯罪行为正在变得越来越暴力。那么你此时又在做什么呢？难道仅仅是为赴死做准备吗？面对生死之搏，你有没有在策略、精神和身体上做好准备呢？为了保护那些善良无辜的人们，也为了保护自己，你必须拿起武器捍卫你的生命。

面对残酷的现实，做好自我准备的第一步就是认识到我们要把自己训练成一位勇士，或者说是一位保护者。如果我们不能保护自己，又何谈保护别人呢？除非我们首先具备勇士的能力和知识，否则很可能会在各种意外情况下丧失力量。这就是我们参加培训的目的。我们的训练是为了防范各种危险情况的发生，学习应对各种意外事故的技巧。然而仅仅具备能力和知识还是不够的，如果没有足够的勇气面对死亡威胁，能力和知识就将毫无用处。有鉴于此，我们首先应该把自己变成一位心灵的勇士，凭借巨大的勇气在危机中熟练使用各种能力和知识。这才是一切的基础。

在一段由FBI拍摄的视频中，几位罪犯接受了采访。因为谋杀警察，他们都被判处终身监禁，而且没有假释的可能。在采访中，他们被要求描述谋杀警察时的详细过程。他们的描述很具有启发意义。

一位罪犯当时正在抢劫商店，这时一位下了班的警察正好走进来。他试图去徒手制服罪犯，而没有选择开枪或者等待更好的抓捕时机。那位罪犯说："我当时认定他不会开枪打我，不然他一开始就开枪了。"另一个罪犯在采访中说："大部分警察都不在状态，他们身体超重，喝很多酒，睡眠不好。"还有一位罪犯说得更直白："如果警察做好了准备，在当时的情况下知道该做什么，他们就不会被杀。"让我们认真反思这些警察杀手所说的话，他们是我们的敌人，也给我们提供了深刻的启示，他们说的是："我杀了他们，因为我有这个能力。"

另外一个很有警示价值的案例是，一名警察杀手因为警方破坏了他的毒品生意而神经错乱，自认为得到了上帝的指示，要去杀死一名警察。于是他开始在周围寻找下手对象。起初的时候，他看到一位警官，开始在心里默默盘算要不要杀死他。但当他观察了一番之后，便决定放弃，因为这位警官似乎很难对付。第一位警官离开之后，杀手又在原地等待了两个小时，直到一起车祸发生。于是第二位警官前来处理事故。杀手只观察了一会儿，就决定行动。他冷静地走向警官，一拳将他击倒在地，然后夺走了他的武器，并向地上的警官连开6枪。杀手并不知道，这位警官在最近的考核中表现很差。他平时不但拒绝穿着警局配备的防弹衣，一年之前还有被另外一名嫌犯夺走武器的记录，只是因为他的搭档当场开枪打死了嫌犯，才没有让事情发展到不可收拾的地步。话说回来，他当时究竟做了什么，才使得杀手认定他是一个容易得手的目标呢？第一位警官又做了什么，让杀手放弃了自己的企图呢？显而易见的答案是，第一位警察身体健康、警惕心强、动作专业，并严格执行警方规定，使得这名毒贩觉得自己没有足够的能力杀死他；相比之下，第二位警察就没有做好各方面的准备，因而使得杀手觉得自己有把握杀死他。

我并不想当一个乌鸦嘴，诅咒任何一位警察，但是我们肩负的责任又必然意味着要让自己的生命不断经历风险。如果我在执勤时死去，我真希望自己的牺牲能够有些意义，起码能够让别人从我的错误中吸取教训，为此我不得不把这些警察被杀的案例作为反面教材，在我的训练课程中反复分析，希望能够挽救更多警察的性命。

上面这几个案例充分说明，很多警察在执行勤务的过程中太过于关注外部因素，反而忽略了自身素质的养成和提高，最终导致了悲剧的发生。那么警员究竟应该如何提高自身素质呢？我们又可以做些什么，阻止同样的悲剧再次发生呢？

在将近9年的FBI特工生涯中，我曾被编入一个多部门合作的小组，负责调查洛杉矶地区一个势力很大的墨西哥黑手党团伙。那是一次成功的行动，我们最后逮捕了这个黑手党的主要头目，并成功起诉了他们。为了完成这项任务，我们进行了无数个小时的监听，使得我们对这群黑手党的一举一动都非常熟悉。在监听的过程中，令我感受最深刻，并且至今难忘的一件事情，就是他们训练有素。下面是一段他们之间的典型对话：

"嘿，伙计！做什么呢？"

"啊，伙计，我刚从训练场回来，我练习了手枪射击。"

"明天你要做什么？"

"我要去一个高中的操场跑步。"

这段对话透露出这样的信息：黑帮的核心成员频繁进行枪械训练，几乎每时每刻都携带武器，非常在意自己的身体状况，而且他们在使用致命武器时从不犹豫。

在FBI出版的《火线》杂志中，对袭击警察的各类罪犯进行过分类描述。有趣的是，袭警者并没有统一的特征，这意味着袭警者在行动时，根本没有一种特别的行为方式，甚至也没有特定的表情。那些自以为能"看透"别人、仅凭外表就能识别谁是危险人物的警察，都是在自欺欺人。

研究表明，袭警者一般都有前科，同时多数还有吸毒史。这不足为奇，我们在第1章中就提到过，大部分袭警者都受到了酒精或者毒品的影响。有些袭警者从小就在暴力事件多发的环境下长大。大部分袭警者每年最少会练习一次手枪射击，1/3的人至少每月练习一次。很多袭警者在袭击警察之前都会进行评估，而且一般都相信面前的警察不会对自己使用致命攻击。总而言之，袭警者大都身体状况良好，经常练习使用枪械，长期生活在暴力环境中，使用致命暴力时毫不犹豫。这就是我们要面对的敌人，他们时刻准备着战斗。那么身为警察的你呢？

中国的孙武在公元前500年写过一本《孙子兵法》。令人惊奇的是，这本书中的内容至今仍然实用。事实上，《孙子兵法》是美国所有军校和世界上很多军校为学员开列的必读书。孙子在书中写道："知彼知己者，百战不殆。"我们的敌人出色地接受了这一理念，他们一直在研究我们，他们研究我们的政策、规程和行为模式，他们练习使用各种技巧来解除我们的武器或者杀死我们。相应的，我们同样应该研究他们，我们必须不断研究他们会如何攻击我们，还要完全了解警察是怎样被伤害或者杀害的，我们更应该懂得如何避免此类悲剧重演。我们必须尽可能多地了解敌人，这样才能做最好的准备，去应对那些潜在的威胁。就像孙子所说的："无恃其不来，恃吾有以待也；无恃其不攻，恃吾有所不可攻也。"我们必须了解敌人，还要了解自己。我们的强项和弱点在哪里？我们应该做什么来把强项最大化，把弱点最小化？下面就让我们来看一下在执行勤务过程中可能导致警察伤亡的几种自身因素。

●导致警务人员伤亡的自身原因●

警察在执勤过程中可能导致伤亡的自身原因一般有4种：缺乏训练，缺少计划，粗心大意和过度自信。

1. 缺乏训练

美国多数警务部门在警员训练方面都做得很好。如果这些训练在你身上没有收到很好的效果，那恐怕是你个人的责任。毕竟，这件事情关乎你自身的安危。因此，你不能吝惜训练所要花费的费用，也不能由于训练是在外地而请假缺席。如果你想成为一名勇士，首先就要保证自己的生存。要想保证自己的生存，就得接受训练学会各种技能。训练是辛苦的，也是值得的，好在我们不必像斯巴达人那样在野蛮的战争中接受严酷的训练（这也是一件好事，因为我们当中的某些人如果身处那个时代，会因为训练不够好而被丢进悬崖的）。总之，既然你选择了一个"勇士"的职业，就必须去学习勇士的战斗方式，去学习最有效、最安全的对付坏人的办法。令人欣慰的是，我遇到的多数警员都对训练持这种态度，这令我感动。他们清楚地意识到必须不断完善自己，并且不惜费用。在这方面，本书也将为你提供很多防御策略和技巧，帮你在残酷的环境中存活下来。

2. 缺少计划

缺少计划只有在突发事件时才情有可原。话虽如此，我仍然认为你应该对任何突发状况都有所准备，并事先做好如何应对的预案。在很多案例中，缺少计划只是因为懒惰，而非其他原因。1988年，还是一名年轻特工的我参与了一次多部门联合武装行动。在这次武装行动中，我们首次进行抓捕。行动前，我们聚集在队长的汽车前面。他拿出一份地图和一张照片，告诉我们："这次行动的地点是这个地方，我们要抓的是这个人。"我当时干劲儿十足，十分兴奋，追问队长我们的计划是什么。队长看了我一眼回答说："我们将要去这个地方，去抓这个人。这就是我们的计划。"我仍旧不依不饶地追问他："是，是，我知道，但是我们的具体计划是什么？"队长盯着我，好像看着一个傻瓜，然后缓慢地回答说："我们……将要……去……这个地方，去……抓……这个人。"

我终于领悟了他的意思。那一刻，我决定自己最好待在队伍后面，然后看看这群人如何完成任务。我们上车直奔目的地。到达目的地时，司机来了个急刹车，轮胎发出尖锐的声音。特工和警察一边跳下汽车，一边高叫着"冲啊……冲啊……"，奔向那所房子。场面壮观却十分混乱。跑得最快的家伙到达了房子的前门，第二快的来到房子的侧面，最慢的绕到房子后面，但是所有人都忘了拿破门器械。一名警察又跑回汽车里去取工具，然后又跑回来，一边奔跑一边继续高喊"冲啊……冲啊……"而且拿工具的姿势非常危险。

看到这里，你觉得这是一个好计划吗？这是一个完备的计划吗？如果让你跟这样一群人去执行任务，你会觉得很舒服吗？我打赌你不会。你或许还从没有和这样的人一起行动过，但你至少也应该遇到过这样的人。如果你哪天真的运气不佳，被派去和这样一群人共同行动，即便你心里清楚地知道这是不安全的，却又不得不遵命行事。那么，你最好还是拒绝执行吧，拒绝这种可能让你被人杀死的命令！有些时候，我们见怪不怪、习以为常，自认为不需要什么计划，然而一旦开始行动，事情就会变得不可收拾。亡羊补牢，未为迟也。如果行动前没有制订详细的计划，那么至少在事情变糟之前，我们应该抓紧时间制订计划，避免我们的战友或者任何一位警员遭受伤亡。

我有一个朋友是FBI特工，他是枪械教官，还曾经做过战略特警组的指挥官。这位朋友给我讲了很多关于"什么不应该做"的案例。例如在一次他参与的抓捕逃犯行动中，警方发现了逃犯的藏身地点，并匆忙前去进行抓捕。尽管他们知道那名逃犯持有枪械，极具危险性，却仍然一窝蜂地聚集在藏匿地点的前门，按部就班地敲门，高声命令，然后等着房里的人做出回应，丝毫不考虑房子里可能射出的子弹。后来，他们听到房子里有人在行动，却继续原地等待。又过了好一会儿，才因为等得不耐烦撞开大门，冲了进去，丝毫没有采取任何防护措施。幸运的是，他们最终成功逮捕了嫌犯，而且没有意外发生。初看上去，你或许会觉得这是一次成功的任务，这些特警都是英雄。这也是他们之后在庆功会上喝着啤酒、拍着彼此的肩膀告诉对方的。但是，这次行动真的完成得很好吗？我的朋友后来才知道，嫌犯手里有一支M-16型号的自动步枪。当他们聚集在门口的时候，就已经被瞄准了。嫌犯当时很容易就能把他们全部干掉，只是他没有这么做。更有甚者，嫌犯的一个朋友当时就在卧室里，而他们整个小队恰恰就在毫无防备的情况下从卧室门口经过。嫌犯的朋友原本可以轻松开枪干掉他们，因为大部分警察都是背对卧室房门冲向大厅，只不过他没这么做。我随后问朋友，这些内容有没有报告给上级。他说自己想报告，但是这次行动的指挥是一名老特工，不能接受任何形式的批评，所以最后就没有报告。听到这里，我只能祈祷那名指挥官可笑的自尊，以及他对更好、更安全地完成任务的不思进取，不要导致任何人受到伤害。

3. 粗心大意

我不知道自己已经听过多少次类似这样的话："我以前一直是这么做的！我这么做超过15年了。"对这样的话，我只想回答："尽管如此，你现在还是把事情搞砸了。"我不会把这句话大声说出来，因为这不够友好，但我确实是这么想的。我们可能由于自己以往的成功而受害，因为我们也许已经经历过上百次的逮捕行动，指挥过无数次的搜查行动，在各种各样的场合进行过房屋清理工作，却都没有出现什么意外事故。于是，你认定自己真的是一名好警察。我不想泼冷水，而且你也许确实干得不错，不过你没出事也有可能只是因为自己的幸运而已。我觉得，任何一名在警务部门拥有较深资历的警察，如果从没受过伤，那真的是极其少见的幸运儿。为什么这样说呢？因为每个人都会犯错误，都会粗心大意，甚至错误地执行计划。只不过有的人非常幸运，当他们犯错误的时候，那些想伤害他们的家伙并没有行动。

2001年11月，在加利福尼亚州圣塔克拉里塔县发生了一起灾难性事故。当时，一名FBI特工正在执行一项抓捕任务，他要求当地执法部门的协助。罪犯拒捕，并和他们展开枪战，该县的副治安官当场身亡。起初，我很为这起出人意料的悲剧感到难过，但是当我看到当地报纸对该案的详细描述时，我又非常愤怒。2001年11月16日，《洛杉矶时报》采访了两名负责该案的FBI官员。他们中的一位这样评价这次悲剧："显然，我们事先没有预料到这种事情的发生。如果我们事先知道罪犯情绪不稳定，可能做出激烈反抗，这次行动的结果就会完全不同了。"

出现这样的问题，难道不是执法部门的羞耻吗？"如果之前预料到了此类情况的发生，事情会完全不一样"，这算是什么话，难道还要让罪犯亲自打电话通知你"我的情绪不够稳定，所以要及时制订好相关计划"吗？还不如直接说："我是个傻瓜，所以不要问我任何问题。"这样的回答都比采访中他说的话要好得多。

当时的指挥人员为什么没有事先想到，这可能会是一次遭遇拼死反抗的抓捕行动？我们无从得知。甚至也不知道事后谁应该承担责任，谁又是无辜的。而且悲剧已经发生了，再去争论谁应该负责也于事无补。与其这样，还不如总结教训，对现有人员加强训练更为实际。在接受训练方面，除了"浪费"一点点时间，你甚至不必付出任何成本。而且我也不认为训练是在浪费时间，因为通过训练，你已经为可能发生的情况做好了准备，你已经懂得了如何安全、准确地完成任务。如果在这次悲剧之前，指挥人员做过这样的准备，意外可能就不会发生。因为大家都有了很好的应对能力，可以有效避免人员伤亡，这才叫专业。

整个事情到了这里还没发展到最糟。后来，又有一名当地特警部门的官员接受了《洛杉矶时报》的采访。他在报道里说："我们得到了法律的强有力保障……我们尽力做了准备，但还是觉得人们会遵守法律，不会傻到向警察开枪。"

如果每个人都像那位官员认为的那样遵守法律，执法部门就没有存在的必要了！作为勇士，我们不可能指望人人遵纪守法，也不可能指望所有嫌犯在警察面前束手就擒，我们不会受错觉的影响，认为自己是所向披靡的，所有罪犯都会在我们的注视下高高举起双手，双膝跪地向我们投降。在每次行动中，我都会想：

"这个人想要杀死我，如果我给他一点半点的机会，他就会这么做。"小心驶得万年船，你可以很职业，也可以很客气，但是一定要保证自己的警觉，并时刻准备做出反应。

在我的防御训练课上，每次教完了规定套路，都会让学员参加一个角色扮演的模拟演练。其中的一名学员扮演坏人，另一名扮演警察。警察以应对姿势站在原地，与坏人之间保持一定距离。坏人则会迎面冲向警察，手持一把橡胶匕首刺他的腹部。除此之外，嫌犯也可以去抢警察手里的训练器械，或者试图将警察打翻在地。每次模拟训练的结果都是警察可以轻易躲开坏人的攻击，然后拔出"红色手枪"（训练专用的橡胶手枪模型）。

训练讲评的时候，我会向学员们提问："为什么这么容易就能制服坏人？为什么没有一个坏人可以成功靠近你，并解除你的武器？"学员们的答案通常是："因为我们做好准备了。"于是，我进一步启发他们："那么在真实的情景中，在事先没人提醒的情况下，你是不是也可以时刻保持这样的警惕呢？"

在警校学习的时候，我们通常都被教官要求时刻保持高度警惕，防备任何可能出现的突发情况。然而为什么还有那么多警察（或许是所有警察）会忘记这一点呢？唯一的原因就是粗心大意。

4. 过度自信

过度自信是与粗心大意紧密相连的。每当我们成功进行了一次抓捕，或者成功执行了一项任务之后，都会认为自己干得很好。于是我们养成了一种习惯，潜意识中都觉得好的结果会发生，假设一切都会顺利。是的，一切都会顺利，直到你遇到一位不按规则出牌的家伙。弗兰克·赫利尔，一位FBI特工同事，曾经告诉我："你知道吗？我们所执行的任务当中，有99%都可以全身赤裸裸、只拿着一根鸡毛掸子遮住屁股就能完成，而且不会有任何危险。"我喜欢这个比喻，因为它真的是栩栩如生。从此我管这种心态叫"鸡毛掸子综合征"，它是导致警察自满自足、过度自信的原因。如果我们能够意识到，行动之所以轻松到荒谬的地步，只是由于嫌犯的顺从，一旦他们选择抵抗，美好的西洋镜就会被打破，或许我们以后就会变得更加谨慎。因此，如果下次再有同事向你吹嘘他的任务执行得多么轻松，你就可以给他讲讲"鸡毛掸子"的比喻。

说了很多应该避免出现的问题，再来谈谈警察为了能在危急关头存活下来，必须具备的精神和身体两方面的准备。

●精神准备●

精神准备的第一个内容是"恐惧"。我们必须为危机情况做准备，我们必须学会对付恐惧。为自己"接种"对抗恐惧的"疫苗"，防止"恐惧"可能带来的灾难性影响。在危机时刻感到害怕是不寻常的吗？当然不是。任何人如果告诉我他在生死关头到来时并不害怕，我都会认为他在撒谎，或者是有病。在迈克·泰森的职业生涯之初，有人问这位年轻的世界重量级拳击冠军："当你走向拳击场的时候，是否感到过害怕？"泰森说："我每次都很害怕，所以我每次都打得很凶猛。"野兽都会恐惧，是恐惧让它们警惕，紧张到极点，导致体内肾上腺素含量上升。这些都令它们反应更快捷，攻击更有力。因此恐惧未必是坏事，它是我们生存所必需的能力。

恐惧会导致哪些生理反应呢？首先，你的心率加快，血压上升，输往肌肉和器官的血液增多。这是你的身体在为搏斗或者逃走做准备。同时你的身体会释放大量的葡萄糖，为身体系统提供充足的能量。还有一个生理反应就是血液中的凝血酶开始活跃，毛细血管逐渐关闭。以上这些都是对压力正常、健康、有益的反应。所有这一切都是我们的身体准备进行一次剧烈搏斗的表现，意味着我们已经准备好受伤，准备好去做一位勇士。在面对生命威胁的时候，这是多么美好和难以想象的反应啊。

危急时刻能否生存下来的关键因素并非在于恐惧是否存在，而是在于恐惧是否可以得到控制。这是可以通过反复练习最终学会的。如果我们直接面对一种前所未见的危机情况，难免会出现犹豫、恐慌等负面反应。而这可能导致一些糟糕的结果。作为执法人员，我们必须知道（起码是应该知道）自己可能要面对的大部分威胁。我们的训练要以实际情况为基础，涵盖理论学习、面对面的演练、角色扮演等多种内容。我们还应该经常观看一些视频材料，以了解所有可能发生的状况，在大脑中形成对于各种危机状况的大致了解。只有这样，我们才能做好充分、冷静、有效的准备。当危机真正发生的时候，就不会措手不及。你的肾上腺素仍然会上升，却可以被控制在适当而有益的范围之内。

除了这些，你还应该怎样进行精神准备呢？首先，我们要归纳总结那些在执勤中被杀害的警察的共同特点。例如，他们总是不愿使用致命攻击，即使有充足的理由允许他们使用。在一部视频中，戴夫·格罗斯曼上尉提出了一个对警察来说很重要的问题：如果你和你的搭档被一道带倒钩的铁丝网隔开了，你不能翻越这道障碍，也不能挖洞过去，或者绕行。你的搭档在另一边，躺倒在地，被一个罪犯狠狠踢打头部，这时你应该做什么？你可以首先给罪犯一个口头警告，命令他马上住手。如果他置之不理，你就开枪。答案非常简单，不是吗？然而事实上，20%的警察无论如何都拒绝开枪。这个数字让人备感惊讶。因为这不是在普通大众中的随机调查统计，而是在专业的执法人员中得出的结果。而且我敢打赌，如果这种情况真的发生了，即便那80%说会开枪的人，也会有人做出相反的选择。

1987年，我在FBI警训学校时，听到过一个类似的例子。进入警校的第一个星期，一位教官为我们讲述了1986年4月在迈阿密发生的枪击事件。事件中两位FBI探员被杀，还有5人受伤。除了这个案例之外，教官还为我们讲了不少其他特工被杀的故事，讲得十分生动，甚至阴森可怕。随后，他开始为我们解释参与实战是多么危险的事情。在教官不断强调我们工作危险性的过程中，我心里暗想："切！你以为我们加入FBI时不知道会有多危险吗？"然而事实证明，我错了。有些特工和警察真的从没想过这份工作是如此危险，他们根本没有意识到会有可能使用致命攻击。

第二天的时候，教室里空了一把椅子：某位学员在经过教官的"谆谆教诲"之后，认为这工作不适合自己，所以主动离开了。站在他的角度思考，我非常理解这个决定。但是与此同时，我也很想知道为什么在他被正式雇佣之前的一年半时间里，从未想到过会有危险。后来我了解到，几乎每个班都会在上完"恐怖展示课"之后退出一位学员。

如果你对使用致命攻击（更直白地说，就是杀人）抱有一丝疑虑，那你就不适合做警察。如果你有一个害怕使用武力的搭档，那你的工作就会更危险、更糟糕。在这方面没下决心的人，面对危机时就会犹豫，然后可能被杀。更糟糕的是，有的人下了决心，决定永不开枪，却仍然每天正常参加勤务，希望自己每次都那么幸运，不需要开枪。一旦危机出现，这个人不仅会害死自己，还可能危及搭档的生命。

可能有人会因为宗教原因对致命攻击心存顾虑。他们会引用"摩西十诫"：不准杀人，来为自己辩解。然而圣经学者告诉我们，这种说法是一种误读，摩西的实际意思是：不准谋杀。在《圣经·旧约》中，大卫是上帝的信徒，身上却背负着上千条人命。只是当他为了夺走手下将领的妻子而谋杀此人时，他才背离了上帝的教诲。

鲍勃·弗农，洛杉矶警察局前首席警监，曾给了我一本书，书上写着："合理使用武力并非罪恶，而是善行。"神学经典《罗马书》的第13章第4小节这样写道："政府有权力执行死刑。因为政府是上帝的仆人，是上帝惩罚世间罪恶的代理人。"作为一名执法人员，你就是"上帝代理人"手中的"宝剑"。因此，你有责任和权力使用武力保护社会。由此可见，执法人员拥有上帝赋予的责任，应该使用法律武器和必要的武力去维护正义。如果出于宗教原因，你对使用武力犹豫不决的话，那你就是误解了宗教。

另一种精神准备是要准确评估自己使用致命攻击的能力，并且提前设想各种可能会遇到的情况。总的来说，你首先应该明确3条关于使用致命攻击的基本原则。这3条原则分别来自美国的法律、单位的内部规定，以及你自己的做人原则。

在美国法律方面，自从"田纳西州诉嘉纳"案之后，法庭已经确认了警察广泛使用致命攻击的合法性。不过法庭只允许在有人实际威胁你的生命，或者正从你身边逃脱时开枪，而且向逃跑者开枪的前提是此人可能在逃亡中伤害到他人，甚至危及他人生命，而不是某些门外汉想象的，只要认为自己或他人处在生命危险时，就可以随意使用致命攻击。相比之下，某些单位内部关于致命攻击的使用规定或许要比法庭的规定更为严格。有鉴于此，如果你个人对致命攻击使用原则的理解比单位内部政策，甚至最高法院的规定还要宽松，那你最好在自己违反法律、锒铛入狱之前离开执法部门。

相比之下，更多的人对致命攻击使用原则的自我规范远远要比单位和美国法律的规定严格得多。这种情况也不见得是好事。理想的状况是，你个人的原则要和单位，以及最高法院的规定同步和协调。除此之外，你个人的致命攻击使用原则还必须在你有可能杀死某人之前建立起来。有种人在杀人时不会内疚，也就是通常所说的"反社会"类型。如果你是这样的人，那我还是希望你身上没有穿着制服，而是在监狱里蹲着。对于多数警察来说，杀死自己的同类会造成良心上极大的不安。因此，我们必须在人命关天的事情真正发生之前做好充分的心理准备。

通常来说，即使明显站在正义一边，大部分警察也不愿意开枪。关于这方面，我可以讲一个真实的案例。两名FBI战略特警组特工正在执行监视、抓捕银行抢劫案嫌犯的任务。最后，他们决定在一个停车场实施抓捕。一开始，两名特工选择与嫌犯徒手搏斗，却没能制服嫌犯。这期间，嫌犯曾威胁两位特工说自己手里有枪，并且把手放在腰间做出拔枪动作。你认为警察这时可以开枪吗？大部分警务部门都规定在这种情况下可以开枪，FBI也有同样的规定，不过这两名特工都是善良的人。他们犹豫了一下，想要在开枪之前确认嫌犯是不是真的有枪。这明显违背了所有警察在警校学习时被反复告诫的"先发制人"原则。如果嫌犯手里真的有枪，两名特工很可能已经被杀了。所幸的是，嫌犯没有开枪，而是试图钻进自己的汽车，最终在开车逃跑的过程中被开枪打死。

我曾经亲历过洛杉矶骚乱。在那次骚乱中，我们的战略特警组整天忙碌，一天工作12小时以上，然后回家睡几个小时，起床后再度投入工作。我们的工作是配合长滩消防部门，在必要的时候保护他们的安全。因为在骚乱的头几天，他们曾被人用枪射击过。我对消防官兵有着很强的敬意，很难想象为什么有人想要对消防员开枪。

骚乱结束以后，FBI和当地执法部门开始了暴力指证工作，以确认在骚乱期间谁参与了暴力活动。在这次名为"辰光"的行动中，我们的战略特警组大都被授权在一些黑帮出没的社区活动。由于需要巡查的地点太多，特警组被分成若干个小组，分别归属街头的FBI探员指挥。有一次，我们前往一个暴力分子的家中核实他父亲和祖父的相关情况。令人称奇的是，他父亲居然还是一位退休警察。两位老人根本不配合我们的工作，非常不友好，不过总算还是遵守了我们的命令，从房子里走了出来，接受执法人员的质询。

他们的孩子只有20岁，却是一伙帮派分子的核心骨干。这时候，他正在自己的卧室里藏着，根本没有听从我们的命令。于是一位特工和我一起冲进房子，准备进入卧室。正在此时，那名黑帮分子大声喊着说自己要出来。我和搭档移动到卧室门前，因为我们认为在这个位置可以清楚看到卧室里的情况，攻击的面积也很大。我们命令嫌犯双手抱头，从屋里走出来。他来到房间门口，下身穿一条破烂的裤子，赤膊没穿上衣。我们命令他转过身去，背对我们，并把双手举到空中，倒退着走到我们面前。他没有听从我们的命令，口中喋喋不休，手臂只举到一半，手肘呈90度弯曲，并拒绝背对我们。这个小伙子似乎还没意识到问题的严重性。他继续面对我们往前走，然后突然停了下来，双手放到了腰带上。

在这里，为了说清情况，我需要额外介绍一下当时某些帮派成员的习惯动作。这些人经常穿着肥大的裤子，目的是为了把手枪挂在裤子裆部便于隐蔽。掏枪的时候，他们就用一只手把枪隔着裤子从裆部拽到裤腰位置，再用另一只手掏出枪，然后迅速放到射击位置。因此，当我发现这名犯罪分子迅速放下双手的时候，就确信他是想掏枪。基于我的经验、训练和知识，此时的我应该开枪吗？让我们进一步来探讨这个问题。

当这种情况发生时，我和搭档都处在一个适合开枪的位置，而且我们也穿了防弹衣和头盔。它们几乎可以阻挡所有的步枪射击，以及全部的手枪射击。我们装备的是H&K型10毫米口径MP-5s全自动冲锋枪，火力优势强劲。看到嫌犯突然放下双手，我和搭档不约而同向他发出警告，我同时还把手指放到了扳机上，并打开了保险。此时此刻，我的手指已经感受到了扳机的冰凉。我的位置距离罪犯只有几米，一旦开枪，他肯定会被击毙。为了谨慎起见，我和搭档交流了一下眼神，决定先不开枪。幸亏我们当时能够保持冷静，这位黑帮成员才没有被10毫米口径的子弹打成筛子。

事实证明，嫌犯当时并没有拿武器的企图。在听到我们的警告之后，他很快意识到问题的严重性，知道自己随时都有可能被击毙，便重新高举双手。后来，我质问他打算做什么，他回答说："当时我的裤子要掉下来。"想想真是有点滑稽，刚才我们差点因此杀了他。很多人在听了这个事情之后，都会说我和搭档没开枪真是一件好事。

表面上看，这些人是对的，我没有杀死一个手无寸铁的人，没有被市民起诉、被法庭传唤。但是，在事情过去几天之后，我才意识到我们都犯了错误。在警校的时候，我们都被训练过使用武器对付罪犯，并被要求随时做好开枪的准备。只不过我们当时占尽天时地利，认定自己很安全，才没有选择开枪。不过事后回想起来，当时嫌犯的父亲和祖父正站在院子当中，处于嫌犯的射击范围之内，我们无法保证两者的安全。如果因为我们的犹豫，嫌犯真的开枪了，谁该为他父亲和祖父的安全负责呢？谁又该为看守这两人的其他警员的安全负责呢？考虑到这些问题，如果今天我再次遇到这种情况，我会倾向于开枪，因为嫌犯有可能会威胁到我的战友或者其他无辜人员的生命安全。大家都知道（也应该知道），一旦嫌犯掏出枪，一切就已经晚了，我们已经无法阻止他开枪。

我曾有幸聆听了洛杉矶警察局队长安迪·马克尔在最近一次在洛杉矶警察协会（POALAC）上的发言。安迪队长提出了一套我认为是目前对武力使用时机最清晰的理论阐释。简要地说，安迪队长确定了一个警察正当使用武力的最短反应时间。超过这个反应时间，你就有可能给嫌犯杀死你或其他人创造出机会。所以，当你有机会时，必须学会争分夺秒，每一秒钟的犹豫都让嫌犯拥有更大的优势，给自己和别人带来更大的危险。

安迪队长接下来还举了一个例子，来说明如果你延误了使用致命攻击的时机，会发生什么。假设你下班后作为一名普通顾客在商店购物，但同时携带了装备（当然要携带）。突然一名抢劫犯闯了进来，拿枪指着惊恐的收银员，要他把柜台里的钱都交出来。你环视了店内环境，确定抢劫犯是独自行动的，不过还是决定此时最安全、最有效的行动就是充当旁观者，首先保证自己和收银员的安全。突然，你看见抢劫犯跳到柜台后面，将收银员打倒在地，并试图开枪。看到这里，你还是决定不使用致命攻击。接下来，抢劫犯朝收银员的头开了一枪，然后又准备向你调转枪口。你终于"果断"开枪，打死了抢劫犯。这样做的后果是什么呢？你的同事会拍拍你的肩膀说："干得好！"你的上级会认为这是很"干净"的一枪，甚至会奖励你的勇敢。地区的律师事务所会祝贺你，并为你辩护这是合理合法的一枪，因为你亲眼看到有人被抢劫犯谋杀了。每个人都会祝贺你，称赞你是一位英雄。可是，在今后的日子里，每当你早上醒来，都可能会看到那张你本来可以救下的收银员的脸。到了那时候，你才会知道自己当初选择的后果。

戴夫·葛劳斯曼中尉在自己的《杀害》一书中，描述了那些因为种种原因坑害自己同事的人。作为执法人员，我们应该做好使用致命攻击的准备。首先是要提前计划，提前演练。比如你有没有认真想过，如果在今晚开车回家时碰到了抢劫犯，该怎么做呢？如果午休时被砸碎玻璃的声音惊醒，又该怎么做呢？这些你都需要事先想到。你想得越具体，到事情真正发生时就会表现得越好。

另外一种准备方式是现在多数执法部门都在使用的"枪械训练模拟器"（FATS）。这是一种高科技视频模拟系统。它的原理是将警察置于虚拟的各种可能需要开枪的情景中，要求警察根据情况做出是否开枪的决定。这是一种非常高效的训练工具。除此之外，我在洛杉矶FBI分局当教官时还使用过另外一种训练工具，就是仿真的纸质人体枪靶。这种枪靶一般依据真人照片制作，使用它们可以提高警察的射击精度，更好地为使用致命攻击做准备。我也会开展一些真实状况模拟课程，对真实发生的情况做尽量逼真地再现，训练学员的反应。

以上两点仅仅是物质方面的准备。在心理方面，你还需要对自己进行一下评估。扪心自问："我是否认真考虑过使用致命攻击的可能？我准备好使用致命攻击了吗？我曾对需要使用致命攻击的各种情况进行过设想和预知吗？"如果你的答案不是压倒性的肯定，那么你就需要进一步锻炼自己的勇士思维，而且说做就做，现在就去锻炼自己。临阵磨枪或许就晚了，因为身为警察的你随时随地都有可能面对危机，稍微犹豫就可能导致自己或者搭档的伤亡。

在阅读戴夫·葛劳斯曼中尉的《杀害》一书时，我第一次听说了警察是"牧羊犬"这个比喻。葛劳斯曼中尉写道，他是从一名越战老兵的信中听说这个比喻的。下面我简要介绍一下这个比喻的含义。

按照葛劳斯曼的理论，你可以将普通民众分为3类。第一类是那些生性平和的普通人，他们从来无意于伤害他人，他们吃饭、睡觉，平静地度过每一天。如果大家都可以这样生活的话，那么世界就会变得很美好。可惜的是这世界上还有狼。狼是捕食者，它们的本能就是寻找体弱的猎物并吃掉它们。面对狼，羊基本上是毫无自卫能力的。即使他们手边有各种工具可供使用，比如尖利的牙齿和羊角，但羊也不会使用，因为这是违背自己天性的。羊厌恶所有形式的暴力，对搏斗厮杀没有丝毫信心，即使是为了救自己的命。很多时候，羊的生活沉浸在自欺欺人当中，他们天真地认为："我的生活是好的，我的处境不像别人，我这里永远不会出现狼。"甚至当狼真的来了，一只羊被吃掉的时候，其他羊也只是会暗暗庆幸被吃的不是自己。反过来，他们还会归咎于被吃的那只羊，说它应该更小心才对，或者认为被吃的羊是做了什么过分的事情冒犯了狼。

幸运的是，羊群里还有牧羊犬。牧羊犬是天生的守护者，他们永远不会伤害一只羊，却会对狼毫不犹豫地使用武力。牧羊犬忠心耿耿地保护着那些不能或者不愿意保护自己的羊。

有时候，羊群会很高兴看到牧羊犬在周围跑来跑去。因为牧羊犬的存在，可以提高它们的安全感。但是有些时候，羊却会厌烦牧羊犬，因为它们认为牧羊犬在一定程度上和狼一样，会使用暴力。即使他们知道牧羊犬使用的暴力是为了保护自己和其他的羊，却仍然会感觉紧张，因为羊在潜意识里对暴力存在着本能的反感。话虽如此，当狼真的钻了牧羊犬的空子，吃掉某只羊的时候，其他羊照样会非常生气。它们会抱怨："为什么牧羊犬答应会保护我们，但关键时刻却没有做到呢？"至于狼，它们当然一直对牧羊犬心存敌意。

相比之下，牧羊犬从来不会生活在自欺欺人当中。它们知道，狼就在周围，保护羊群是它们的职责。他们也深刻地理解克林特·史密斯曾经说过的那句话："如果你不想被吃掉，就不要让自己长得像食物。"牧羊犬和狼一样，善于使用暴力，不过它们使用暴力的方式和目的是有很大程度的不同。狼使用暴力是为了夺取私利、危害社会，而牧羊犬则会用武力来保护自己和无辜的羊群。如果你是一只牧羊犬，那么你所肩负的一切就是上天赋予的职责。为自己的天赋骄傲，并且负责任地使用它吧！

在大学毕业之后，我需要继续进修一些心理咨询方面的课程，以取得组织行为心理学硕士学位。在课堂上，我发现自己真的无法融入这群人当中，因为我们的价值理念完全不同。在一节儿童心理学课程上，除我以外的所有人都反对对孩子实行任何形式的惩罚，无论孩子做了什么事情。大家的普遍看法是"打孩子屁股"这种惩罚会引导孩子使用暴力。我的观点则是，如果我有一个孩子，我愿意让他学会使用暴力。当然我在课堂上没有这么说，而是说自己想让孩子成为一名勇士。我想要自己的孩子拥有保护自己和他人的能力，我想要自己的孩子成为一只牧羊犬，而不是羊。否则的话，面对残酷的现实，我的孩子很可能会成为受害者。现在我已经成为一名父亲，也更加坚定地认为自己当初的想法是对的（虽然我并不会打我的孩子，但是在个别情况下，他还是会受到必要的惩罚）。总之，我永远不想让自己的孩子成为一名受害者，或者一只羊；我也永远不想让自己的孩子依靠其他人来得到保护，或者靠别人来保护自己所爱的人。

在理论上，我同意某些理想主义者的想法。如果每个人都那么平和，世界的确会美妙很多。然而，由于狼的存在，哪怕只有一只，这个世界对于羊来说就不是绝对安全的。害人之心不可有，防人之心不可无。我和妻子希望孩子成为一名礼貌、博爱、彬彬有礼的绅士，但是与此同时，也希望他学会正义地使用武力。在我们夫妇的引导下，我的儿子喜欢超级英雄，也喜欢军人、警察和消防员（他们不也是超级英雄吗）。他之所以喜爱和尊敬这些人，是因为他即使只有4岁，也可以意识到这些人是牧羊犬，时刻在奉献和守护。他希望自己长大了也可以成为一位超级英雄，我以此为荣。

我们需要勇士勇往直前，抛头颅洒热血，保护社会。否则狼群就会赢得胜利，羊群就会遭殃。你在学习和掌握防御策略的同时，也在学习使用武力。也就是说，在学习成为一只更好的牧羊犬，一位更好的勇士。你的最终目的是要学会正确使用武力，惩恶扬善。记住，坏人的行为决定你在逮捕时使用武力的方式和程度。如果他顺从你的命令，就不需要使用武力；如果他拒不执行命令，你就需要使用武力来控制他。

●身体健康●

身为警察，我们每年都在老去，但坏人却可能永远只有20岁。你也许会变得越来越迟钝，越来越衰弱，越来越肥胖，但坏人却永远不会。你虽然不能阻止自己变老，却可以做些什么来保持自己的健康状况。即使坏人一直比你年轻，你却仍然可以凭借策略、经验以及各种技巧来打败他们。你很清楚自己迟早会被卷入一些对抗中去，对吧？你也知道哪怕只输掉一场搏斗，你就只能将性命交给坏人来主宰。就个人而言，我永远不想把自己的性命交付到坏人手中。如果你和我抱有相同的态度，那么现在就应该下决心做一位勇士，并且开始像勇士一样时刻准备战斗。身为勇士，战斗会在某一天，一个不经意路过的街角等待着你，所以你必须始终保持健康强健的体魄，随时准备战斗。即使战斗永不到来，你也会因为自己生活质量的提高而享受到愉悦。

当我还上高中的时候，一位朋友的父亲遭遇了一场严重车祸。当时他四十多岁，车祸时坐在汽车前座上。他乘坐的汽车撞到了一座线塔，差点就让他没了命。那是在20世纪70年代中期，当时几乎没人会在上完高中或大学后还继续参加体育运动。可我同学的父亲却是一个例外，他每天都坚持跑步和举重，所以身体特别健壮。据医生说，正是由于长年锻炼养成的强壮体格才让他在车祸中幸存了下来。

想想那些每周日都在进行专业橄榄球比赛的运动员吧。你总能看到全速奔跑的体重300磅的壮汉撞到一起，然后发生了什么呢？他们站起来，继续奔跑，继续冲撞，一次接着一次。这种冲撞往往会严重伤害甚至杀死一名普通人，但由于运动员平时的锻炼，他们的身体却可以抵抗这些冲撞而不会受损伤。要知道，你的身体状况决定你在受伤时的存活几率，以及你的防卫有效程度。

每个人都渴望被尊重，但是如果你身体过重、体型失控，就很难得到其他警察的尊重。更糟的是，这样的你也不会得到坏人的尊重。作为执法人员，或者说一位勇士，你首先就要长得像一位勇士。也许你永远不可能成为施瓦辛格（我肯定你也不愿意成为那样），但你可以（如同美国陆军经常宣称的那样）尽量做到最好。当自己不断变老，我也许再也不能一周跑40英里，因为我的膝盖已经很难承受；我也无法再举起像以前一样的重量，因为我的肩膀和关节无法支撑，但我仍然保持着很高的健康水平，因为我的锻炼方式变得更为聪明和灵活。我不再在大街上跑步，而是选择在一些缓冲比较好的塑胶跑道，并且开始习惯在健身房的各种器械上锻炼。我也许已经举不了那么重，但我还是坚持举重。坚持一段时间之后，我就可以更长时间、更有力地击打沙袋，因为我的身体状况变得更好了。除此之外，我还学会了用更多的技巧来击打沙袋。

乔治·福尔曼年轻的时候是一位令人敬畏的拳击手。当他在四十多岁复出时，也曾在对阵迈克尔·摩尔的比赛中取得压倒性胜利，从而以45岁的高龄拿到了重量级拳击冠军。那时的他虽然不再拥有年轻时的强壮体魄，却学会了使用智慧和松弛的神经来战斗。在一次采访中，他甚至表示自己很后悔年轻时没有掌握这些智慧，因为这些都是如何在松弛状态下赢得比赛的秘诀。

●生存意识●

如果你在搏斗中受伤，一定要有活下来的信念。在你已经受伤的情况下，要明晰自己最大的威胁就是伤害你的人，如果不以最快的速度解决他，你就可能会被杀害。你一定要有决心，要坚定，无论伤有多重，都要坚持战斗。如果你放弃了，罪犯可不会心慈手软。

关于受伤，有条原则你应该知道。如果是在搏斗中受伤，却还有精力琢磨这伤究竟有多严重、有多糟糕，那么就说明你的伤还不太严重，仍有98%以上的存活几率。我认为这一概率要高于在任何一条洛杉矶高速公路上发生车祸的存活概率。如果你失去了进行这种思考的能力（这将大大增加你的死亡概率），就意味着你已经快失去意识了。所以你必须记住，只要还有意识，就要战斗下去，找到袭击者，除掉威胁。你要想着："事情挺糟糕，不过我还活着，我要继续战斗，继续活下去"。自从1995年我开始在课程中加入旨在提高生存意识的内容以来，接受培训之后的警察存活概率在以前95%的基础上稳步提升。

除此之外，还有一点你应该清楚，多数的受伤情况对人来说都不是致命的。所以你也不要以为嫌犯受了伤你就安全了。人的身体是神奇的，可以在很严重的伤害下坚持存活下来，所以无论受的伤看起来有多严重，也许都不会致命。在视频《终极幸存者》中，那些劫后余生的警察谈起他曾经枪击嫌犯的经历，我们或许可以从中获得很多警示。一位缉毒警察就曾经说过，在一次缉毒行动中，他用点45口径手枪击中了嫌犯，但是嫌犯却仍然一步步向他逼近。那时候，他简直目瞪口呆了。

不过话说回来，有些时候坏事也可能变成好事。在另一次缉毒行动中，还是这位缉毒警察。只不过这次是嫌犯开枪击中了他。这时的他回想起之前的经历，觉得自己比那位中枪的嫌犯块头更大，身体更结实。既然那个嫌犯都可以站起来，他也一定能够做到。于是他做到了，并且奋勇反击，挽救了自己的生命。

所以说，如果你还有意识，那就继续战斗吧！

●勇士清单●

你准备好做一名勇士了吗？你是不是每天坚持训练，准备有朝一日会在紧急情况中派上用场？你可以尝试着回答下面这些问题：

我的身体是否健康？

我是否坚持训练以提高或保持自己的心血管健康水平？

我是否坚持训练以提高或保持自己的肌肉强度和耐力？

我是否参与了本部门安排之外的其他防御策略训练？

我是否在坚持锻炼自己的枪械使用技术？

我是否通过不断寻找新的训练方式和理念来提高自己的技战术水平？

我是否对各种危机进行过事先的设想，并准备好了应对计划？

我是否在使用致命攻击方面下了决心，并在心里做了各种准备？

我是否经常假设罪犯会袭击自己或做违反法律的事情？

如果我受伤了，是否有坚定的信念继续战斗，直到对我产生威胁的人全部被消除？

　　你会如何回答这些问题呢？你知道一位勇士的答案会是什么吗？

　　1987年在FBI警校学习时，我最喜欢的教官名叫鲍勃·罗格斯。罗格斯教官是前美国海军陆战队队长，并参加过越战。当时他已经年近50岁，但身体与同龄人相比却异常健康。在第一天上体力训练课时，所有的新特工学员都被要求做一个身体健康测试，其中包括仰卧起坐、引体向上、俯卧撑、往返跑和2英里跑。当我们完成了前4个室内项目后，就被带到室外的小路上。当时正是弗吉尼亚最酷热的7月，任何室外活动对我们来说都是残酷的。可我们的教官却根本不理会这些，而是坚持按照课程表的要求，完成体能测试。那天真可以称得上是"黑色"的一天，所有人都被搞得筋疲力尽。当我们冲过2英里跑的终点时，我看到一位学员身体开始摇晃，站立不稳。看到这种情况，马上就有两位学员冲到他身旁，一人架起一只胳膊，扶着他去喝水。我当时的想法是，这真是一种可贵的团队精神和兄弟情义。可是罗格斯教练却不这么想，我看到了他脸上的愤怒，听到他一声惊雷似的大吼："你们在做什么！把他放下，把他放下！让……弱者……去……死吧！"这些话给我留下了深刻的印象。在罗格斯教练看来，如果你来到FBI警校时身体发福，就是对FBI的不尊重。因为这不是一个为弱者提供的工作，这不是羊能做的工作，这个工作呼唤的是勇士。

　　在这之后，罗格斯教练告诉我们一个故事，是关于他的一位好朋友是如何在执行FBI任务时牺牲的故事。他告诉我们他的朋友是多么优秀和值得尊敬，作为一名特工为祖国而死是多么荣耀。这之后，他话锋一转，看着我们每个人的眼睛说："你们怎么敢认为自己配得上戴同样的警徽！你们怎么敢这么肥胖、缓慢、瘦弱地出现在我的训练场上！"

罗格斯教练经常和我们分享他在越战时的故事，回忆他的军旅生涯。他会满含善意地告诉我们，如果他是狙击手的话，会第一个杀死我们其中的谁（谁又会是最后一个）。他用夸奖激励我们，也用批评督促我们但你从来不会怀疑他深深关注着我们每一个人；你永远不会怀疑他这么做，是想让我们每一个人都活下来；你永远不会怀疑他对FBI以及他的祖国是多么的热爱。

即使是后来罹患癌症的时候，罗格斯教练也始终斗志昂扬。他经常和别人说着话，就突然穿着制服俯下身子，开始做单手俯卧撑，借此显示自己仍然非常强壮。后来，我听说他死于癌症，却始终不愿相信他已经离开了我们。因为勇士鲍勃·罗格斯是永远不会死的。我相信你在自己的行伍经历中也遇到过一位鲍勃·罗格斯一样的人。我希望如此。我希望你也可以有一位教官，督促你变得比现在更好，激励你成为一名最好的执法人员。不要让这样的人失望，实现他对你的期待。认真对待这份工作，迎接挑战，为今后自己可能遇到的战斗做好准备。

●训练方案●

1. 每周至少做三次有氧运动。

2. 每周至少做两次力量训练。

3. 练习本书其他章节介绍的各种防御策略训练项目。

4. 从可信的渠道获取训练方法。

5. 尽量随时携带武器。

6. 在大脑中设想各种危机情况，并想象自己能够获胜。

7. 确定自己的致命攻击使用原则！

8. 最重要的是，花更多的时间和家人在一起，不要忘记他们才是你最重要、最需要保护和做出奉献的人。

第4章
安全至上

我在和其他防御策略教官进行讨论的过程中，得知在警校里，每个班级平均有4名学员会在训练中受伤，伤势严重的甚至需要手术。这是不可接受的情况，是我们的课程项目需要改进的地方。在任何防御策略训练之前，教官都必须将安全守则明确告知学员，这不但能保证你训练搭档的人身安全，更是一种常识。作为一名FBI教官，我总是请求特工们在训练时首先要慢下来，然后再加快速度。那些老特工对这一要求很容易接受。事实上，一些老特工开始训练时动作如此之慢，甚至让人怀疑他们根本就是心不在焉。我必须要说，即使某些"老油条"在防御课程训练中非常敷衍，但他们起码不会在训练时受伤。那些新手们则完全是另一种状态。没什么比看到那些新手们注意力集中、全力以赴完成训练、享受乐趣并且努力提高自我更让教官心情激动、热泪盈眶的了。话虽如此，但此时教官却急需向学员明确安全守则，为他们的热情降温，保证他们在训练时遵循规则。就像我跟学员们所说的那样："我们只给你一位搭档，如果你弄坏了他，就不会有第二个了。"

1991年，我只是FBI的一名新教官，但已经是多年的武术教练了。我当时负责一门课程，教授几项有关"勇士测验"之类的技巧。训练过程是让学员一对一或者一对多进行对抗。大部分技巧都比普通的防御技巧需要付出更多的脑力和体力。但训练过程很有趣，学员也因此比较有动力。

其中有一项由FBI警校开发的技巧名叫"囚犯爬"。训练过程是让一名学员趴在一张垫子的一头，在垫子的另一头25英尺远的地方放一把红色手枪（橡胶道具枪）。学员的任务是手脚并用爬过去抓住那把红色手枪。另一名学员则被安排在爬行的那名学员旁边靠后的位置，他的任务是千方百计阻止第一名学员接近手枪。训练的规则是，两个参与者都不能抬起脚。这一项目锻炼的是个人战斗精神以及对胜利的信念。

那次，我和另一位名叫丹尼斯的教官负责这一较高级别的防御策略课程。我们将学员进行混合编组，这样每个人都有机会和各种体型、各种力量的对手进行对抗。有一次我选了一名叫乔的特工和一名叫查理斯的特工进行练习。乔曾经做过律师，是一名波士顿退休警察的儿子，体型和身高中等。查理斯曾是一名新英格兰爱国者橄榄球队的中后卫球员，体格壮硕，体重很大，比普通人强壮很多。查理斯开始用手和膝盖往前爬，乔在他身边爬并且阻止他向前。因为乔的体格较小，所以他不得不付出更大的努力，但是仍然无法与查理斯对抗。最终乔受了伤，当他痛苦地在垫子上打滚时，所有学员都停了下来。

丹尼斯是比我级别更高的教官，也是我的导师。他把我叫到一边解释说，为了避免这种情况的发生，我应该事先告诉学员遵守安全守则。丹尼斯说，一旦有人在训练中受伤，其他学员的学习也会半途而废，他们的训练将受到很大的影响。听到这里，我的第一想法是："如果你在事先就强调了这一点，就不会有人受伤。"但是这次事件还是给我留下了深刻的印象，丹尼斯所说的话无疑都是正确的。乔受伤后，我们唯一关心的事就是把他送到医院，每个人都失去了继续训练的心情和勇气。乔是一位真正的男人，他安慰我们说"没什么事儿"。查理斯也是一位绅士，感到非常抱歉。我也很内疚，因为自己负责这次训练，所以应该承担责任。

有鉴于此，教官必须注意在训练过程中平衡安全与训练强度。对于一些你在防御策略课程中做的练习或者训练动作，如果要让每个人都严格按照你的示范去做，你就应该仔细考虑：是否每个学员都有和你一样的能力，能够完成这些技术动作；学员是否有可能会因之受伤？防御策略本身就是具有危险性的，一些高级的技术动作危险性更大。没什么方式比逼真的现场模拟更能起到训练效果，但模拟越逼真，受伤的可能性也越大。即使如此，我们也要努力寻找更安全的训练方式。

我相信训练的场景越逼真，训练越有价值。实战练习、真实道具是最为有效的方法，但也意味着更高的危险性。FBI的有些训练项目是交给私人公司去做的。有一个训练场景的安排是这样的：两个探员身穿防护服去逮捕一名"罪犯"。安排得不错，不是吗？场景很逼真，学员穿着质量很好的防护服，"罪犯"躲在某个角落里让探员去寻找。然而问题在于，这项训练被安排在一个锁着的房间里进行，里面是混凝土地板，金属的门锁边缘尖锐，金属的椅子被绑在地板上不能移动。有人看出问题来了吗？我希望有。在当天的训练中就有几名学员受伤。此后他们做了一些补救工作来让场景更加安全，避免更严重的伤害。

在你开始模拟训练之前，必须要首先明确以下规则：

1. 教室和训练区永远不要出现真枪实弹。一个基本的枪械使用规则是：没有所谓的"空"武器。无论你检查了多少遍，保证枪支没有子弹，绝对安全，你仍然要把它看成一个"活"的武器。因此，永远不要在训练中使用真正的武器。而要选择红色道具枪或者其他橡胶武器。已经有太多警察因为忽视这一点而在训练中被误伤或误杀了。

    2005年，全国战术警官联合会（NTOA）发布了一项执法人员参加训练时的死亡情况报告。报告中的事故都是悲剧性的，很多都是因为训练场上使用真实武器造成的。因此，无论你已经检查过多少次武器，仍然要遵循枪械使用的基本规则：视所有的枪支都上了膛，永远不要用真枪对着你不想伤害的人，不要把手指放在扳机上，除非你真的准备开火。在防御策略训练中，如果真的要使用真实武器，一定要遵循这些原则。但是我还是要说：不要用真枪！多花50美元买一把道具枪，这钱花得很值得。

2. 尽管依照第一项规则，任何真实武器，包括匕首、铅笔、钢笔和其他可能造成伤害的东西都是不能在训练场上使用的，但这并不妨碍防御策略训练以全副武装的形式进行。你只需要严格遵守这些安全规则就可以。

3. 怎样才能保证第一条和第二条规则被严格遵守呢？这取决于教官在训练开始之前仔细检查每一位学员，并且在每次休息完毕之后再检查一次。大部分跟训练有关的受伤或死亡都是发生在吃饭休息之后：学员们带上自己的武器出去吃饭，回来时却忘记卸下装备。我之前也曾经遇到过这样的事情。检查是每个教官的责任，检查再检查！

4. 在每个训练项目开始之前都要规定明确清晰的警示信号。我们经常使用"红色信号"，因为它清晰醒目，而且暗示了有危险情况发生，能够瞬间引起人的警觉。很多机构都不使用信号器，只是大声喊"停"或者吹口哨。这些约定俗成的信号也同样有效，但我个人还是更喜欢红色的信号器，因为这些工具在人们的日常生活中很常见，学员都非常熟悉，可以尽快做出反应。所有人都要清楚理解信号的意思，一旦信号发出立即行动。永远不要拿信号开玩笑，戏耍你的搭档。

5. 每个人，无论是教官还是学员，都是安全责任人，每个人都要负起安全责任，都有权力发出红色警告信号。一旦信号发出，所有人的行动都要立即停止。发出信号的人需要解释原因，然后由教官进行处理。

6. 不要戴任何首饰、珠宝。项链、戒指、耳环等都可能导致受伤，训练之前请把它们都取下来。

7. 彼此之间保持距离，避免意外的碰撞。即使你严格监督，学员也难免会踩到对方的脚，或者撞到对方的身体。事先强调这一点。

8. 每项训练之前都充分热身。听到这里你感到奇怪吗？我希望不是。运动专家已经强调了很多年，不要在彻底活动开身体关节之前做一些摔腕、抛掷、锁抱之类的动作。

   就我个人而言，我不喜欢浪费珍贵的课程时间让学员练习徒手体操，我会让他们做一些平时生活中经常做的运动来热身。不要开合跳、不要爬山，我建议他们在上课之前做一些快速走动，让心率提高上来。接着做一些拉伸，然后做一些类似太极拳的拳法动作。

9. 每一项技术动作，一开始都要缓慢地做，在教官检查并认为你的动作非常标准之后再加快速度。教官在首次示范动作要领时，要全速示范，让学员看到动作的效果和威力。然后再做缓慢的分解动作，对每一个动作细节进行解释，强调各个环节的重要性。如果你看过一些武术大师的动作示范，就能注意到他们会将动作分解成各种速度来进行。他们也许会用慢到无效的速度进行开始动作，然后用缓慢的速度做抓握或者锁勾动作，再用闪电般的速度做结束动作。速度的丰富变化让示范更加有趣，而且对教学更为有效。

10. 告诉学员，对抗训练不允许使尽全力。要多次提醒他们，每天不断地强调这一点。因为认识不到这一点是大部分伤害发生的原因。你也许会带着强烈的信念去跟搭档对练："我打赌可以把你打败！"然后就全力而为。而你的搭档也不甘示弱，"尽职尽责"地完成技术动作。于是一场练习慢慢演变成真实的搏斗。教官有责任避免学员有这种想法，保证训练时大家首先要想到团队合作，和对方配合良好，创造一个合作的氛围。当然，如果练习的动作足够慢，是可以避免这种情况的，但最好的方式还是双方都知道训练应该在合作的理念下进行。真实速度的练习一定要穿上防护服，慢动作练习在训练时也是有用的。把力量放到街头的真实格斗中吧。

11. 强调动作必须"点到为止"。所谓"点到为止"，就是说在对抗训练过程中只要稍稍触及对方，就代表已经实现了动作的效果，不需要真的进行击打。这时你的搭档也应该默契地配合，不再尽全力反抗。你可以在"拳击靶"上"点到为止"，也可以在你自己或搭档的身体上"点到为止"，当你感觉已经难以承受对方的攻击力量时，可以大声地喊出来："够了，够了""停"，或者喊一声"哎哟"也是有效的。

所有的学员都必须明白防御战术训练只有在团队配合的基础上才能行之有效。我们要时刻准备着作为一个团队共同抵御敌人。我们是正义的勇士，要具备兄弟情谊，共同奉献与保护社会。我们永远不应该在参加真实街头打斗之前伤到自己的同伴。

不幸的是，你有时候会遇到一些容易伤人的学员。无论这是因为他的自我意识较弱，还是出于炫耀心理，或者是有意而为，都是不能容忍的。看好你的学员，这是作为教官的责任！保证他们的安全。对待这样的学员，你要亲自调查原因，并进行处理。如果你拿他没办法，至少也要把他与其他的学员分开。

还有一个问题，你可能会遇到一些"刺儿头"，认为如果自己"点到为止"的话是在向对手示弱。年轻人经常有很强的好胜心理，不像老警员那样有经验、有智慧。不过随着年龄的增长，逐渐就会意识到这种好胜心理有害无益。当你的搭档用手肘夹住你的脖子，让你无法反抗时，最好还是"点到为止"，这没什么可羞愧的。教官也要及时制止那些争强好胜的人，训练效果达到，并且保证学员安全是最大的目标。

12. 不要搞恶作剧！好吧，我是这项规则的一个严重违规者。防御战术训练是有趣的，武术也是有趣的。尤其当你悄悄走到同伴背后来一个锁喉或者熊抱时尤其有趣。但有时候这种恶作剧会导致一场争执。大部分学员都喜欢训练（起码大部分的好学员都是如此），这意味着他们享受训练的过程。他们欢笑连连，这对每个人来说都是积极的经历。是的，我们正在学习变成更好的勇士；我们正在学习怎么救自己的命，或者是救不知名的群众的命。但也没有必要太过于忧心忡忡、深感责任重大。作为一名教练，你要保证每个动作都是有意义的，你要彻底控制训练的进程，最大限度地发挥训练效力，减小伤害和危险。控制局面是你的工作。

13. 使用恰当防护设施。防护工具都是十分有效的，良好的防护工具包括防护头盔、防护服（但我比较鼓励训练者穿着普通衣服或者普通制服——FBI制服）、质量很好的击打板、牙套，以及橡胶枪（永远不要使用真枪，无论你已经检查过多少次枪的安全性——参见规则1）。另外，教官自己也要穿上防护工具。

14. 了解学员的健康状况和疲劳程度。一个好教官要时常对学员的个人身体情况进行了解，不但包括他们的技术水平和安全意识，还要注意他们何时需要休息。在此前提之下，一定要尝试让学员突破身体极限。以往，很多人都不知道自己的能力能达到何种程度。教官要激发出他们的潜能，让他们看到自己只要采取了某些措施，就能生存下来。这有利于强化他们的勇士心态。当然，保证安全仍是必须的。随时提醒他们喝水，提醒那些疲劳的学员注意休息。在他们精力十足的时候教动作，在他们疲惫的时候教耐力和放松技巧。注意不要在学员筋疲力竭的时候让他们练习武器和技术动作，因为此时他们的动作都不标准，形成肌肉记忆之后很难改变。要在他们能准确做出技术动作时反复练习，直到疲惫，形成正确的肌肉记忆，然后再停止。任何超过体能极限的动作训练都会适得其反的。

最后再强调一下：努力训练，享受快乐，保证安全！

第5章

基本功

没有很好的基本功，任何运动员都不可能取得好成绩。同样，没有很好的基本功，警察也很难在暴力对抗中全身而退。世界上最伟大的棒球运动员在每年春季训练期开始时，都会首先进行基本功训练。美国橄榄球职业联盟的运动员在准备期内也极为重视基本功。还有那些拳击手，绝大多数的时间都是在体育馆训练基本动作。没有牢固的基本功，其他一切都是空谈。世界上最好的运动员之所以成功，都是因为他们是"基本功"方面的大师。因此，想要掌握任何一项技能，就必须打好基本功。

在所有训练开始之初，教练都必须强调基本功至上的原则，并且在之后的所有训练中贯彻始终，以形成肌肉记忆。为了达到这一效果，防御策略训练课程都必须基于那些日常生活中常见的基本动作（比如跑步和跳跃），这些动作能调动大量的肌肉群，而不像某些精细微小的动作（如把钥匙插进锁孔）。即使学员能花费在防御策略训练中的时间是有限的，但如果训练是基于这一核心理念和原则的话，也可以达到很好的训练效果。

防御策略训练的基本功有四项，分别是：平衡、力量转化、战略位置（也叫优势位置），以及身体力学。

●平　衡●

平衡几乎是所有身体技能使用过程中最重要的原则。没有平衡，你就很难使用力量，也无法施展各种技巧，在对手面前你将十分脆弱。李小龙曾写道："失去平衡，一个斗士将毫无威胁。"作为一个时刻有可能面对暴力对抗的执法者，你的主要目标就是活下来。要想达成这一目标，你需要（1）保持自己的平衡；（2）让对手失去平衡。摔跤和柔道运动员经常用桌子来比喻平衡的问题。与四条腿的桌子相比，三条腿的桌子稳固性要差一点，但如果只有两条腿，就会完全失去平衡。

评估自己的平衡性首先要看你的姿势，包括你在谈话时的姿势，以及进行打斗时的姿势。我不喜欢用"打斗姿势"这个词，更喜欢称之为"应对姿势"或"生存姿势"。这种说法能够更精确地描述姿势的作用和重要性。我们在第2章已经讨论了"反抗—反应"动态模式，警察往往不会率先发动进攻，而是对反抗者的行为做出反应。除此之外，我们的首要目的不是打架，而是尽可能迅速而安全地制服或者控制嫌犯。所以每当我们被嫌犯攻击或者威胁时，采取的都是防御姿态。我们的目的在于利用防御姿态保证自己生存下来，并且安全躲过攻击，之后才可能顺利制服或者控制嫌犯。

在生活中，你需要学会保持直面对方的姿势。实际上，这种姿势应该成为你的第二天性。无论你在哪里，或在做什么，都必须以这个姿势站立。不要站得歪歪扭扭，更不要姿态不雅，时刻记住要保持平衡。直面对方的姿势应该是这样的：双脚分开，与肩膀同宽，手与腰部齐高，携带武器的身体一侧的脚（习惯使用右手的人对应的是右脚）微微靠后，这样靠后那只脚的脚趾就与靠前的脚踝处在一条直线上（如图5.1）。这个姿势使你的身体呈倾斜状，如同一个刀锋。

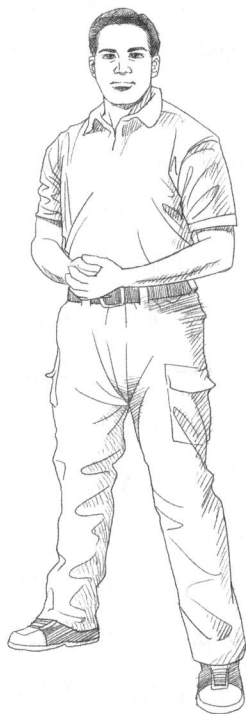

图5.1　正确的站立姿势。　　　　图5.2　正确的应对姿势。

你的姿势与反应应该是非常自然的。想象一下这样的场景：你正沿着一条街道巡视，忽然听到了"砰"的一声巨响，像是谁开了枪。那么，你第一时间应该做什么呢？如果你的答案是立刻踮起脚尖、伸长脖子去看枪声从何处传来，然后发出支援警报，或者寻找周边其他的警员支持，那警察这个职业可能就不是很适合你。我更希望你的答案是立刻蹲下来（生存最重要），并且设法遮住身体前方。最正确的反应应该是，不假思索地降低身体重心，从而提高身体的稳定性，双手抬起保护头部，手肘紧紧贴在身体一侧，呈应对姿势（如图5.2）。

如果你面对的是一名嫌犯，最好不要在打算抓他之前向他发出警告。与其摆出一个攻击性很强的姿势，例如双手握拳，紧盯着对方看，不如摆出一个防御性的姿势。这是面对一个坏蛋时的最恰当的方式。不要让自己显得很好斗，仿佛时刻都准备冲上去，而是要让自己看上去好像一个无害的普通人。然后你的狡猾就显露出来了，抬起头，伸开双手，冷静地面对嫌犯，你的身体语言告诉对方：
"冷静，我对你不是一个威胁。"但你的身体是刀锋状的，时刻准备行动，你的手也是抬高的，时刻准备保护自己或者发动攻击。

为了进一步完善这一姿势，你必须锻炼自己的平衡能力，让体重均匀分布在两只脚上。双脚间距要比肩膀稍宽，携带武器一侧的脚应该比肩膀的垂直位置靠后。搏击的准备姿势要比平时的站立姿势重心更低，双脚分得更开。你可以将双脚想象成是站在一个箱子的中心，或者是类似一块正方形的桌子上。这张桌子越窄、长宽比越大，就越容易被推倒。实际上，一张桌子（或者说你的站姿）可以窄到成为一条直线。在这种情况下，它便再也不能提供平衡了。

这里有一个训练站姿的方法：按照图5.2所示站好，然后让朋友从四个不同的方向来推你（前、后、左、右）。如果你身体强壮，当别人从前面或后面推的时候都很稳固，但从两边推就很容易摔倒的话，那就是你的站姿太"窄"了（这是一个非常普遍的失误）。此时你应该纠正自己的姿势，把双脚分得更开，比肩膀的宽度稍宽。同样的，如果你的站姿从左右两边推时很稳固，但从前后推时容易摔倒，那就说明你的站姿太"浅"了。纠正它，把后面的那只脚再向后退一些。如果你无论从哪个方向推都会东倒西歪，那你就是一个不折不扣的大少爷。实际上，无论你的姿势是太"窄"还是太"浅"，都会导致你变成一张一条腿的桌子，很容易被推倒。所以，赶快纠正你的姿势吧。

站立姿势是搏斗准备动作的一个简单化版本，看起来要更舒服、更自然。重心保持在自然高度（你的站姿是笔直的），膝盖轻微弯曲（不要并紧膝盖），双脚不要分得太开，或离得太远。两个姿势的相同之处在于，携带武器的身体一侧始终在侧后方。不要把你的胸腹部或者其他重要器官部位暴露在袭击者正面，这等于向对方大喊"来打我，来打我"。所以要侧一下身子，让身体正面与袭击者呈现出一个角度。

最常见的错误就是站立的时候斜倚着什么东西，或者双手抱胸。人都是有惰性的，这样的姿势会很舒服。但你还是要明智一点，不要在一个有潜在攻击性的人面前失去平衡。这也是对任何一名普通读者的建议。我不是教你们偏执，只是建议你们养成这样的习惯。好的习惯可以救人一命，你的性命也包括在内。另一个常见的坏习惯是太靠近你的对手，这样对方就很容易攻击到你。同时，我还要再次提醒你，时刻注意自己的平衡。

在保持平衡的基础上，如果想击倒对方，还要破坏对方的平衡（第8章我们会专门介绍几种能达到这种效果的方法）。只要你能迅速破坏袭击者的平衡，任何技巧都是被允许使用的。举一个例子，图5.3是柔道的摔拌动作，叫做"大外割"，也叫足外摔法。

图5.3　"大外割"摔法示例。

很多人都会将目光集中在使用者大幅度的扫腿动作上，从而错误地认为，对手之所以被轻易摔倒是因为下盘被扫到。事实却不是这样，这个动作最关键的要点是让对手失去平衡。想要达到这一目的，必须掌握好身体力学、自己的体重以及动作的冲力。达到这一目的关键在于上半身动作：手格挡在对方胸口，并向对方重心相反的方向发力，同时另一只手抓住对方最近的胳膊向自己胸口处猛拉。

利用身体重量和动作冲力，使对手的身体向后倾倒45度（如图5.4）。

一旦你成功把对方身体推拉至45度倾斜，脚下的拌扫动作就几乎没有什么必要了（如图5.5）。脚下的动作其实是为了防止对手在你做出上半身动作时及时后退，稳定重心。除此之外，另一个关键点就是在整个动作过程中要保持好自己的平衡。用一句简单的话概述：获胜的关键在于永远保持自己的平衡，同时打破对手的平衡。

图5.4　"大外割"的上半身动作
示例。

图5.5　"大外割"的脚下动作示例。

第5章
基本功

●力量转化●

力量转化是所有"软"搏击术的重要原则。我知道，警务执法是一个充满男子气概的职业，所以其中没有什么"软"的东西。但是容我多说一句，块头更大、身体更强当然没错，我们大多数人都想变得更强壮。力量对于执法人员来说十分有用，尤其是面对罪犯时，你的块头和力气都大于对方，是一个非常大的优势。在双方比拼力量的时候，按照线性思维，力量大的人当然能够获胜。如果你是世界上最高大、最强壮的人，那太好了。但这个想法不太现实，我们肯定不是世界上最强壮的人。而且我们还要有这样的心理准备：那个袭击你的人也许要比你更高大、更强壮、更年轻、更快。随着我们年纪越来越大（这从新陈代谢来说是一件好事），这种可能性也越来越大。因此，我们需要重新寻找一条对所有警察、在所有环境下都很有效的方法。这个答案不是你要比坏人有更强的力量，这不太现实，特别是考虑到袭击者总是会抢占先机出手，而是要化解袭击者的进攻，也就是"转化对方的攻击"。

据说，"力量转化"这一概念来自于秋山，日本柔道的创始人之一。一个有关他的故事说，秋山在某一个冬天独自赶路，此时他观察到路边粗壮的树枝都被积雪压断，而细小的枝条反而完好无损。于是，他悟出了一个道理。为什么柔软的柳树在冬雪之中几乎不会受到伤害，因为柳枝是最柔韧的，化解了雪的重量。雪落在柳树上，柳枝下弯，让雪滑落到地面，然后柳枝又恢复自己原来的高度。从这一现象中，秋山悟出了一个小个子在跟大个子对打时战胜对方的方法，那就是将对手强大的力量化解掉。

想象一下：假设你的力量水平是3级（力量水平是一种估测力量的方法），而你对手的力量水平是9级，相当于你的3倍。如果你们双方面对面站着，互相推对方，谁会赢呢？这是个愚蠢的问题，是吧？让我们算一下这道数学题：9（对手的推力大小）−3（你的推力大小）=6（对手的优势）。因为对手比你多六个力量等级，因此能够很轻易把你推倒（如图5.6和图5.7）。

图5.6　一个个子矮、力量小的人和一个大个高、力量大的人相对而立，互相推对方。显然，这个时候力量的比拼并不是你的优势。

图5.7　这样推的结果就是个子矮、力量小的人被轻易推倒。

现在，换一种情况。你一开始用3级力量去推对手，然后突然间把推力变成拉力（如图5.8）。接下来会发生什么呢？对手会被轻易拉倒，因为对手在用自己全部的9级力量推你，本身就会有一个向前的冲力。如果此时你出人意料地变推为拉，对手就会受到12级向前的力量——这就是力量转化，一种个子小、力量弱的人应对个子高、力量强的人时，最聪明的做法（虽然不是最光明正大的）。

图5.8　如果小个子变推为拉，大个子会被猛然拉倒在地（力量转化）。

●战略位置●

战略位置往往也被叫做"优势位置"。对于一名执法人员来说，取得优势位置经常是很难的，当然，很多时候，我们也能非常幸运地占到一个能幸存下来的位置。警察在训练课上会被告知："一直要站在与嫌犯呈45度角的位置""最好的位置是在对方身后"。在理论上这些都是非常正确的，但是嫌犯也会移动位置，好让自己直面警察。

有一条很容易记住的法则是：背后是更好的选择。如果可以选择，你一定要尽量站在袭击者的背后；相比之下，最坏的位置则是正对袭击者，这样对方就可以用手里的任何武器攻击你（如图5.9）。稍微好一点的位置是站在袭击者的胳膊外侧（如图5.10）。当然，最好的（最安全的）位置还是袭击者的背后（如图5.11）。

图5.9　直接站在袭击者对面——这是一个很不明智的做法。

图5.10　与袭击者保持一个轻微的角度。这不是最理想的位置，但要比直接面对袭击者好得多。

图5.11　最好的战略位置是袭击者的背后，这是最好的选择！

　　关于这方面的问题，我们将在第6章里对一些细节做进一步讨论。但你首先必须记住，任何时候都不要直接面向对手。如果你这么做，站在你面前的对手就可以用各种武器伤害到你。所以你要移动位置，与对手呈一定角度，让自己尽量在对手的攻击范围之外，使他的攻击效果最小。移动位置保持角度，对自己来说是一种好的防御行为，可以给自己更多的反应时间。

　　还有一条法则是：永远不用屁股对着别人的脚。我很奇怪，为什么很多人在被攻击的时候会蜷缩成婴儿状。如果动物这么做，那代表投降和顺从。可对你来说，把屁股对着一个试图伤害你的人，可不是什么好主意。如果你看过自由搏击赛，就可以设想一下，在比赛中一位参赛者背对对手，那么这场比赛几乎就可以宣告结束了。背对对手的参赛者几乎毫无防御能力，而对手则可以随意击打。在教特工人员、警务人员和军人防御策略时，我一直试图向这些高中时代的摔跤手说明一个现象，他们在面对击打时会本能地把头往肚子里缩。这对于摔跤来说可以避免被对手压制，但如果是在街头格斗当中，就会让你陷入大麻烦。

●身体力学●

身体力学对任何运动来说都是关键的，是否掌握并熟练运用身体力学是区分专业运动员和业余选手的标准。当"老虎"伍兹刚开始高尔夫运动生涯时，也并非如今天这般光彩照人。他看起来瘦弱，但却能在比赛中击出300码的远球。对于一个非专业高尔夫选手来说，这真的是一个遥不可及的距离。伍兹是如何做到这一点的呢？要知道很多个子比他高、力气比他大的运动员都无法做到。答案就是一个词：身体力学。"老虎"伍兹掌握了非凡的力学，他挥杆击球的动作近乎完美，发出的力量也超乎想象的强大（在第11章里，我将重点谈论做击打动作时，如何掌握恰当的身体力学）。

一般情况下，正确的身体力学可以使人体的特殊肌肉群简单直接地完成各项身体任务。在执行防御技术时，人体的全部体重都会被应用到。在击打动作中，躯干肌肉是力量的来源，使动作产生一种爆发性的力量。当然，完成这一切还需要配以恰当的呼吸。在击打动作开始和结束时，你的呼气应该强劲有力。想想那些拳击手、武术运动员，或者网球运动员，他们都在做出击打动作时大声呼气，甚至喊出声来。除此之外，在做动作时发出声音对你的对手也是一种震慑。强劲的呼气让动作产生更大的力量，同时还会在受到对手攻击时给身体提供更多的保护，而吸气则会使肌肉放松。当然也有最坏的情况，那就是当你正在吸气时受到对手的攻击，这就会导致我们常说的：把肚子里的气都打出来了。

现在就让我们看看利用自己体重的最恰当方式。下面介绍的一些技术动作，都是最大限度利用自己的体重，达到最优攻击效果的范例。

你可以试试这项训练。站在老式的体重计上，练习改变自身的重量。看着体重计的表盘，然后突然放松身体，不要紧张，不要跳，也不要强制自己下坠，只需要放松身体，让你的肌肉松弛下来。会发生什么？体重计的表盘指针会剧烈摆动起来，你的体重看起来忽然提高了许多。记住这种放松的感觉，将自己的体重"放下来"，你将在本书随后的训练中多次用到它。

第5章
基本功

以上4项基本原则在执行防御技术动作时都是至关重要的，我们将在以后的章节里进行专门讨论。

●安全距离●

想象一下这样的场景：

> 硬汉1号被硬汉2号惹火了。很多人在围观。两个人摆姿势、指手画脚、咒骂、威胁，全都气鼓鼓的。为了显示自己不是好惹的，并且模仿一下自己在电影里看到的军人的训练方式，硬汉1号往前站了一步，几乎跟硬汉2号鼻头相对，并且用胸口顶撞对方。硬汉2号不想让别人认为自己害怕了，于是也怒目而视，用胸口回撞对方。这种原始的行为会持续下去，直到双方都有朋友过来把他们拉开，这样两个人都不会丢面子。如果不是这样，情况就会恶化，两个人就有可能开始动手、推搡、踢打，甚至更糟。

这种场景不难想象，因为在日常生活中，以及影视剧里都屡屡上演。美国的每一个酒吧里，每个晚上都会有两个蠢蛋重复上演这种闹剧。很多报警电话都是因为此类事件。当警察赶到现场时会看到什么呢？也许会听到有人在说："笨蛋！放下手里的酒瓶子。大家要冷静，冷静。"

两个成年人像孩子一样斗气，这种情况经常发生。如果参与者中有一个是警察，那就更加尴尬和危险了。警察参与这种斗气事件真是愚蠢，而且也非常危险。我们永远不要站得离一个可能伤害我们的人如此之近。

你或许是世界上武功最高的人，或许是动作最快的人，或许是最致命的人，"我的整个身体就是一件重武器！"你或许敢这么说。不过不管你有多能打，如果对手率先发动攻击，而且是一记重击，你很可能连反击的机会都没有。如果你对此表示怀疑，那就做一个实验。和你的一位搭档鼻子贴鼻子站好，然后让他用任意方式攻击你。你会很快发现自己原来的想法是错误的。首先，如果你站得离对手那么近，对方的身体就会限制你的视线。你几乎难以发觉对方的意图，特别是腰部以下的动作。第二，所有军校里教过你的反应动作都是有效的，但当你跟对手站得很近的时候，采用这些措施将变得非常困难。第三，你给对手留了太多的时间来击中自己的肋部，踢到膝盖，或者攻击裆部。

不要让别人这么靠近你。你应该在身体周围筑起一道围墙，把对手挡在安全距离之外，让他的胳膊和腿都无法触碰到你（如图5.12）。如果一个坏蛋准备攻击你，你要保证他需要往前一步才能碰到你。这段距离将为你争取到一些反应时间，而且你也能看清对方的动作（全身动作都一目了然）。只有很少的人可以被允许进入你的安全范围以内。对我来说，只有我的妻子和儿子才可以靠得这么近，有时候萨尔玛·海耶克是个例外，但也就这么多人了。如果其他人想进入这个范围，你心里就应该提高警惕了。

图5.12　最小的安全距离：当对手抬起腿时，仍和你有一小段距离。

可以试想一下，如果你正在和好朋友聊天，同时不断靠近他，最后几乎鼻子贴上鼻子。他们会做什么？大多数人都会感觉不舒服，并且后退以保持距离。还记得《宋飞正传》（美国情景喜剧）"亲密交谈者"那一集吗？那太尴尬了，我们本能地希望保持一点个人空间。作为一名执法人员，你更需要注意自己的个人空间。任何你觉得不能被信任的人都不能进入这一空间，而街头遇到的那些人就更不能进入了。

　　下次如果有人想靠近你，甚至与你面对面时，你该怎么做呢？没错，不要让他们靠得那么近。一旦他们试图翻过你的安全围墙，你就应该后退并保持安全距离。你可能会听到对方说："你怎么了？我不会伤害你。这么紧张干什么？"不要听他们的，不要上当。一旦有人进入你的安全距离，后退并且申明："请退后！"我们在第2章提到过，任何一个试图靠近你的人都是一个威胁。如果某人想要拉近你们彼此之间的距离，你心里要响起警报，视他们为潜在的袭击者（他们本来就是），并且做好应对攻击的准备，甚至使用你的警棍、辣椒喷雾、电击枪或者其他佩戴的武器。如果他们听了你的命令开始后退并保持距离的话，那就太好了，如果他们随后解释说，出于文化习俗，他们只有站得很近时才感觉舒服，那就更好了。你可以告诉他们，你的训练要求你和别人保持安全距离，因为对方会被视为威胁。在这里，我还要重申一遍：任何试图进入你安全距离的人对你都是一个威胁。

　　较远的距离有利于警察，这是一个基本防御策略。你离罪犯距离越远，就有越多的时间看清对方的攻击，从而做出恰当的反应。所以，任何时候都要寻求更远的距离。只有在自己认为时机合适的情况下，才可以拉近距离，不要让罪犯决定你们之间的距离。

　　我一直生活在大都市里，所以也知道把所有人都屏蔽在一定距离之外并不太可能。比如你站在马路的人行横道前等绿灯，这时你身边会有很多人，都在触手可及的距离以内。

　　我最糟糕的一次经历是在日本遇到的，当时我和朋友乘坐地铁，刚好赶上高峰期，地铁里如此拥挤，人和人堆在一起。我的朋友说一个日本女学生竟然站着靠在他身上睡着了。另一个朋友说他当时都不敢呼气，因为害怕把肺里的空气呼出去以后，便无法再吸气，以至于窒息。我当时被挤在车厢门边，别人的体重都压在我身上，让我感觉像是在地狱之中。我的胳膊被夹在身体两侧，根本没办法动弹，只有在有人上下车时才能活动一下。这种拥挤让我有了一种类似"幽闭恐惧症"的错觉。

在这种情况下你该怎么做呢？在我被人群包围的前提下，我会将一只胳膊放在脑袋前面，另一只胳膊放在身体一侧，这样在必要的情况下，我可以放下上面的手臂发动攻击。下面的手臂可以阻挡较低方向的攻击，也可以伸出去抓住或者打击对方。这听起来可能有点儿像偏执狂，但对于当时那种情况来说，这可能是我能想到的最好方法了。我也听说过日本的妇女经常在地铁车厢内被非礼或者骚扰。为了保护妇女，日本政府安排了一些专为女性乘坐的车辆（"粉红列车"）。如果你跟很多人挤在日本的地铁里，或者在某个大都市的人行道上，就不太可能与别人保持一个安全距离，但你起码可以提高自己对安全距离的警惕心，你应该比平常更加小心谨慎，提防身边的人。

通常情况下，距离对警察有利。我们都想要更远的距离，以审视所处环境、观察实际情况、看清对方的攻击，以及做出合理的反应。如果我们被迫处在一个拥挤的环境里，就更应意识到此时的危险性，因此，我们应该更加警觉，时刻提防突发事件。总之一句话，"距离是我们的朋友"。

●训练方案●

1. 站在一台体重测量计上，反复练习控制自己的重量。实验各种放松自己肌肉的办法，直到可以随意控制体重计上的读数。

2. 站在一面镜子前，练习从站立姿势到应对姿势的迅速转换，以及自己在两种姿势下的平衡能力（四个方向）。

3. 以应对姿势站立，然后让一名伙伴从四个方向推你，练习自己的稳定能力，保证自己的姿势有恰当的"深度"和"宽度"。迅速转化姿势，练习自己的移动能力。

第6章
"给我闪开！"

在你的职业生涯中，迟早会受到攻击，如果你想在警务部门的岗位上待到退休，那遭受攻击的次数可能会更多。2005年，FBI发布的《本年度执法警员遇袭、遇害情况报告》显示，有11.9%的警察受到过攻击。在受攻击者中，有27.4%的人受到伤害。如果你在一个警务部门待的时间足够长，那么肯定会因为所要对付的嫌犯试图逃跑或者伤害你而使用武力。

既然知道自己会被攻击，最好的应对方式就是与别人保持一定的安全距离，防止有人突然袭击你。当你被袭击的时候，一般会产生两种想法。一种是恐慌，以至于坐在地上不再起来，很显然这种想法非常没出息，所以我们丢掉它。第二种想法是你可以在应战与不应战中做出选择，最后的选择取决于自己的格斗技术水平。但是要记住，即使你的格斗水平很高，仍然会有很多事情不遂人愿。首先，罪犯总是先发动攻击，而且常常出其不意，或是使用你看不到的武器，这些都是难以事先预料到的。当你决定应战之后，罪犯就会集中力量攻击你。如果你和搭档同时工作，就必须要让搭档也做好应战的准备。问题在于你的搭档或许很不情愿应战，这种情况十分常见：一名警察开始与罪犯搏斗，而另一名警察只是站在那里，手里拿着武器却不行动。总之，一旦你参与了打斗，很多糟糕的事情就有可能发生。或许罪犯会从口袋里拔出一件武器，或许你要面对一名持刀甚至持枪的歹徒。如果你已经选择了应战，然后发现这不是一个好主意，此时想要退出战斗却已经晚了。

所以我强烈建议不要轻易应战，至少不要徒手格斗，而是选择掏出你的武器，那样会安全得多，任务也将简单得多。有时候，人必须学会好汉不吃眼前亏。如果当时的情况对你不利，就暂时忍让，等到拥有了战略优势的时候再来应战。

我知道有些人在想："但是，查克，你不明白！不应战的人就是孬种！你要知道，我是这个世界上最凶猛和最厉害的人，我可以解决任何人！"我对此的回应是："很酷，我很高兴你是一名警察（而非罪犯）。"但即使这话说的没错，你会向所有警察都推荐这一观点吗？有时候，防御策略课程教练很有男子汉气概，他们总是认为只有那些块头最大、力气最大的人才能做警察。没错儿，但是，如果没有你部门99%的其他人，你还能做什么？要知道，那99%的人可没有你这么强壮。我们的责任是教会所有警察在工作中保证安全。当然，有些警察来参加我的课程的目的，就是为了锻炼自己业已不错的格斗技术，锦上添花（愿上帝保佑他们），但是这些人毕竟只是少数，大多数人的目的还是要从基础学起，首先保证自己的安全。

我们假设你就是世界上最厉害的人，但这并不意味着你可以击败所有对手，因为有人可能会拔出一把刀来对付你。即便没有刀，没有枪，罪犯也可能有其他办法。比如你和一名罪犯打斗，你一拳打到他鼻子上，顿时血流如注，意识模糊。这很好，不是吗？且慢！如果这个坏蛋是一名艾滋病毒携带者，或者病毒性肝炎患者，他的血喷到了你的手上，而你的手此时恰好有伤口……你以为自己是胜利者，可后来才发现大错特错。我有些朋友在防疫部门工作，他们告诉我很多罪犯都会使用自己被污染的血液作为武器。这些被感染的罪犯非常乐意与你分享自己的疾病。

我的工作决定自己一年里有很长时间待在柬埔寨。好像每次我去那里，都能看到当地的报纸上报道一起新的"硫酸袭击案"。有人在街上走着，忽然被人将一个盛满硫酸的瓶子扔到脸上。你该如何避免此类事故的发生呢？这是根本不可能的。你最好的反应就是，当硫酸瓶子飞过来时可以及时躲开。

所以，不轻易应战起码有两个好处。首先，你避免了与罪犯打斗；其次，你还让罪犯的策略受挫，起码是暂时受挫，因为你没有按照他的预期做出反应。由此可见，很多时候"不应战"并非胆怯，而是一种比较明智的防御策略。下面，我们将更加详细地讨论"不应战"的策略。

如果有人想要挥拳打你，你的第一反应会是什么？别被打中。如果有人想要踢你、刺你或者抓住你，你的第一反应会是什么？别被踢中、刺中或者抓住，事情就这么简单，但你应该怎样做呢？答案肯定不是这样的："好吧，如果有人想要刺我，我会用一招擒拿手抓住他的手腕，扭到外面，卸了他手里的武器，然后来一个扫堂腿，把他踢趴下。如果他还想打我，我就用左手来一记中路直拳，然后……"这个答案还不够简单。真正的答案只需要一个词：移动！你会在书中多次看到这个词。面对攻击，这个词确实最简单也最有效。移动，如果这个答案对你来说太简单了，这有一个相对来说长一点的句子给你用：给我闪开！一样的意思，只不过多了两个字。

移动，这会让你显得懦弱或者胆小吗？当然不会。这只会让你显得更加职业、谨慎、经验丰富，以及难以伤害。我知道很多警察都十分好斗、强硬、个性鲜明。这也是他们进入执法部门工作的原因，对吧？你可能是因为这些素质而被雇用，但同时你也是因为聪明而被雇用的。当你在面对民众，参与一项逮捕行动，一次武装任务，或者在城里开车巡视的时候，脑海里应该经常浮现一个问题："我有战略优势吗？"如果答案是否定的，那么我建议你做点事情改变这一现状。这件工作已经足够危险，不要把它变得更危险了。想像一下，假设你正在和一名嫌犯谈话。他比你年轻力强、块头更大、速度更快，如果情况往坏的方向发展，相对于他你有没有战略上的优势？我想没有。

除此之外，你并不能凭借一个人的外表来判断出他对你是不是一个威胁。我的妻子是一个身材娇小、魅力十足的女人，脸上时常带着迷人的微笑，但她同时也是一名凶恶的战士。我曾经与一些身材又小又瘦的老人共同训练。如果把他们放在大街上，没人会认为他们是格斗高手，但他们其实是最危险的人物。即使你身材高大、体魄强健、速度很快，而且掌握了不少搏击技巧，却无法知道面前要对付的究竟是什么样的人。一旦对手抓住机会，你就死定了。

在一场搏斗中，你不但要控制住对手，还要控制住腰带上挂着的各种武器。当你参与到一场搏斗中时，管好这些工具就是你的责任。所有罪犯都想接近那些武器，一旦他们得手，你的生命就危险了。如果你反应不够快，他们就会在第一时间行动。作为一名执法人员，你必须时刻准备对危险情况做出反应。只有这样，在遭遇一次出其不意的攻击时，才能有充足的准备来识别攻击，并且做出恰当的反应。显然，在各种可能的反应中，不去盲目应战，而是先迅速躲开攻击是最简单有效的应对方式。

我认为不应该让警察花无数时间学习复杂的防御策略，这些策略需要大量的技巧以及辛苦的扩展训练才能被有效运用。想要通过这种方法来迅速提高警察的防御能力是不可能的。我坚信，防御策略课程的大部分时间都应该用来教警察做好两件事。第一件是与对手保持适当距离，第二件是合理的移动。你只需要在保持好自己平衡的前提下做好这两件事，就可以保证自己的安全。

"移动"这一动作是一种本能，如同我们从小就会躲避、逃跑一样。还记得小时候在空地上玩"捉人"游戏吗？我们在学习如何躲闪中长大，并形成本能。当遭遇到攻击，我们不由自主想要躲避。好的教官要鼓励这种本能，并对学员进行针对性练习。让他们固定站在一个地方，然后闪避各种方式的攻击。如果你比对手更强壮，对攻击不加闪避没什么问题，因为对手无法将你打倒。但即使如此，我也认为这是愚蠢的做法。对于搏击练习者来说，对练时一般都会安排体型相近的对手。在我30年的职业生涯中，从未见过有人不加闪避就能打败对手的情况，而是看到技术熟练的格斗者灵活运用脚步、不直接面对攻击，从而取得胜利。

你在警校里要学的第一课是"先发制人"，这是很有道理的。作为一个执法人员，会一直处于被攻击的一方，你该如何扭转自己的被动局面？在这种情况下，如何才能幸存下来？我再说一次，答案只有两个词：距离和移动。如果我们保持一个合适的距离，就给自己提供了足够的时间来看清攻击并做出反应。相比成千上万种针对攻击的防御技巧，迅速躲开是最快速也最有效的方法。持续移动，当攻击到来，我们已经不在原地。

　　移动带给我们的第二种优势是，它改变了"行动-反应"的固定模式。当我们已经不在原地，发出攻击的人会出现什么情况呢？他需要针对我们的动作做出反应，这种反应也需要调动精神和身体的注意力。这正是我们的机会。

　　李小龙曾说："好的脚步可以防御所有攻击。"他的意思是，如果你做出有效移动，避开攻击，就永远不会受伤。当我做拳击手的时候，最讨厌遇到的对手就是那些"奔跑者"，他们会在比赛过程中永不疲倦地躲闪和移动。对于大多数格斗者来说，这种对手是最难对付的，他需要你不断调整自己，跟上对手的步伐。当然，在比赛中这种情况并不常见，因为若想赢得比赛，拳击手需要停下来发动攻击。拳击比赛是以击中对方的次数来计分的，因此光凭躲避没有赢得比赛的可能。除此之外还有一个原因，那就是拳击场空间并不大，所以躲避的空间也相对有限。但是如果你遇到的是现实中的对手，而你想要活命的话，躲闪的技巧则是最有效的，而且做到这些并不难。当然，躲避不是你唯一要做的事，你还需要将罪犯逮捕。所以在你闪避攻击的同时，也需要恰当选择自己的武器（例如辣椒喷雾、电击枪、警棍、手枪等）进行攻击。

　　当你做出一次有效移动时，千万不要这么想："喔！真高兴我躲开了。"然后停止移动。你必须继续移动，因为对手还在攻击。即使你此时已经拿出了武器，也要保持移动，寻找进攻的时机。移动当中的进攻是最有威胁的。

　　躲避攻击不需要很强的力量或者很大的块头，而且易教易学。移动也不需要持续不停的训练，因为在生活中我们一直在移动。躲避策略应对任何攻击形式都十分有效。我可以选择拳击、踢踹、球棒甚至斧头来攻击你，但你都可以闪开。即使你处在非常不利的情况下，比如罪犯掏出枪来的时候，你的第一反应也应该是移动。这样，你起码可以变成一个移动的目标，让罪犯难以击中。

　　移动也不需要固定的方向。在保持自己平衡的前提下，你的移动可以向任何方向。大部分格斗者会将移动的方向分为10种（如图6.1）。

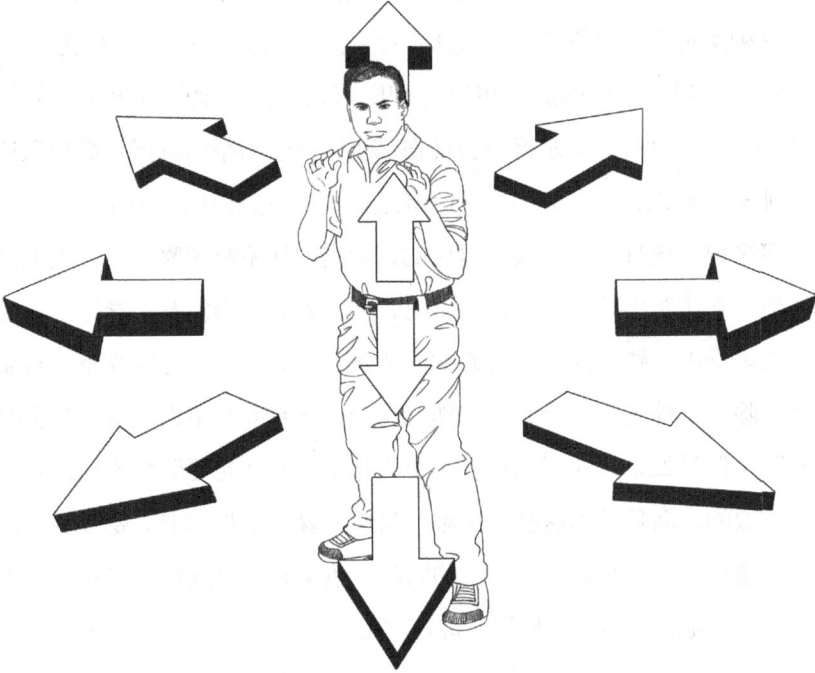

图6.1　10种移动的方向。

　　但在某些情况下，一些特定的方向却要比其他的选择都要糟糕。例如，我从未见过有人选择直接后退。因为不论你退得有多快，罪犯向前的速度都能赶上你。在这种情况下袭击者只需要比你的速度快就可以击中你，不需要做出其他动作。

　　另外，我也不会选择向前移动。因为如果直接冲向对手的话，你就可能面对他所有攻击的方式。所以即使需要向前移动，也要与对手呈一个角度。几百年来，"与对手呈角度移动"都是有经验的格斗者成功的秘诀。移动的角度会为你带来战略优势，让生存的可能性加大（如图6.2）。

图6.2 移动方向要与对手呈一定角度，这样你就会获得战略优势。

总之，你永远不应该距离对手太近。如同一位前防御策略教官所说："永远不要亲吻一个骗子！"那是非常危险的。

只有当你所面对的攻击处于膝盖以下部位时，跳起来躲闪才有效，而且这一动作需要时间、协调性和运动天赋。很多时候，你身上可能还带着很重的装备，这样跳起来会更费力。所有这些都将影响你的跳跃能力。对我来说，跳跃躲避的岁月已经远去了（如果曾经有过的话）。当有其他更好的躲避方式时，我不会选择跳跃。

沉下身子的躲避动作有时候十分有效。假如你的脚步移动不太方便（这对你来说是很糟糕的处境），沉下身子可以节约你的移动时间。可问题在于，如果你沉下身子，然后该怎么做？你从膝盖那么高的位置能发动什么样的有效攻击呢（如图6.3）？有些家伙十分善于打"地躺拳"，但对于99.99%的人来说，都不大可能。所以我也不主张沉下身子躲避攻击。

图6.3 沉下身子，不利于你的攻击。

经过以上分析，10个躲闪方向就只剩下6个。6种方向都是侧移，或者直接移向旁边，或者45度角移动。简单来说，最有效的躲避方式是侧移。当然角度不一定非要是90度或45度，你可以根据实际情况灵活变化（如图6.4）。

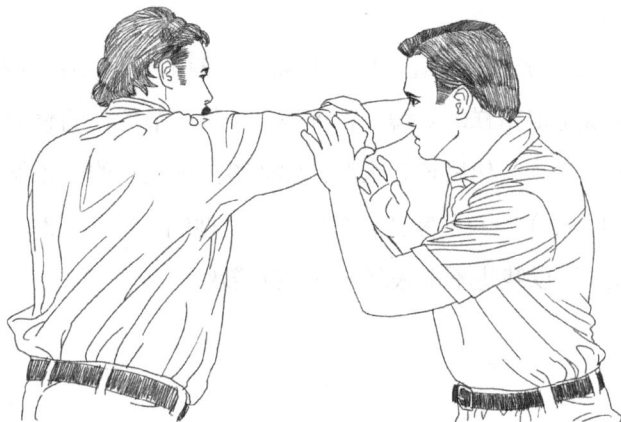

图6.4 通过侧移避开攻击。

我喜欢使用可视化的形式练习移动动作。想象你站在一辆飞驰而来的火车前面，你听到了火车"呜呜呜——"的鸣笛声，当然不想被撞，这时你应该怎么做？最简单的方式是往旁边移动跳出铁轨（如图6.5）。同样，如果有人袭击你，你只需要跳出他的攻击"轨道"就行了。

图6.5　火车从身后驰来，只需要跳出铁轨就可以避开。

如果你站的位置离袭击者有足够的反应距离，应该首先把距离对方最近的脚往你选定的方向移动。换句话说，如果你要移向左边，位于左边的脚要首先跨出，右边的脚随后跟上，反之亦然。当你这么做时，要以身体为中轴，这样能始终保持身体侧对敌人，同时正视你的攻击者。这是躲避攻击最迅速的移动方式。

不过假如你在移动时迈错了脚，那也不是什么大问题，只是意味着你要花更多的时间来避开攻击。

接下来介绍一个我用来加强移动能力的训练。我让学生分为两组面对面站立，一组扮演警察，另一组扮演罪犯。警察与罪犯保持恰当的距离对峙。我的信号一响，罪犯马上冲上前去用橡胶匕首刺警察，警察的任务就是避开攻击。有趣的是，警察总是能够轻易避开攻击，同时拿出自己的武器（一把橡胶手枪）发动反击。罪犯没有一次成功靠近或者伤害到警察。所以，距离和移动真的十分有效。

向旁边闪避，无论角度如何，都是最安全有效的应对方式。我们在生活里每天都在闪避。例如你走过拥挤的人行横道时，或者躲避一辆迎面而来的购物车时。向旁边闪避是我们的一种本能，也是我们最熟悉的动作。

尽管有无数种脚步移动方式，但我只教给执法人员两种。第一种是向旁边滑步，另一种是跳跃移动。跳跃移动也可以向着很多方向。与滑步一样，我不建议你向前、向后、或向上下跳跃。其他的动作要点与滑步也是相同的。

如果你向前跳跃（与袭击者呈一定的角度），那么就后腿发力，前腿向前。其中，后腿的发力方向决定你跳跃的方向。跳跃移动最大的特点就是迅速。我听过一些教官将跳跃移动描述成大范围移动的方法，这是不正确的。几个原因决定这是一个错误的理论。例如，对于跳跃移动而言，可供选择的移动范围其实很有限。移动时还必须保持头部的相对稳定，如果你的脑袋晃来晃去，就会提醒对手自己的移动方向，而且也不利于自身的平衡。

这里提供一个有效的训练方式：以应对姿势站好，然后想象有人攻击你，脚踢、拳击、抱摔或者是用武器。你需要马上做出恰当的反应，避开攻击，同时拔出自己的武器。很多时候，跳跃闪避是和向旁边闪避一样快的。

我已经给执法人员、军人和普通市民上过无数节课了。大部分时间，我都在讲解如何避开攻击。作为示范，我会让助手用各种方式全速全力攻击我，但我从来不会受伤，因为我知道正确的躲避方法。面对攻击最好的应对就是移动。一旦你想得太多，试图用手抵挡攻击，或者反击的话，就有可能被击中。看到一些毫无格斗技巧的人避开熟练的打手的攻击，我总是非常高兴。

20世纪90年代末期，我为FBI拍摄了一段训练视频。当时我的妻子在做自己的生意，有些特工认识她，所以我让她扮演了视频中被通缉的白领罪犯角色。我的妻子体型娇小，身高5英尺1英寸（她会对别人撒谎说是5英尺2英寸），体重110磅，性格开朗。从外表看，她可能不会对你产生威胁。在视频拍摄过程中，她作为一名罪犯攻击来抓捕自己的特工，并且试图逃走。因为事先知道对手会在搏斗中使用拳脚，其他参与拍摄的特工都在制服下面穿上了胸部护甲。我的妻子也特意在攻击时只用一半的力气。之后那些特工都说，他们不需要装出受伤的样子，因为在我妻子的攻击下，即使有保护措施，他们也真的觉得很疼。

我说这些的意思是，你根本无法凭借外表来判断一个人对你的威胁程度，无论对方是男人还是女人，都不要轻视对方。不要给对手机会，避开他的攻击。

●训练方案●

1. 以应对姿势站在一面全身镜前，想象对面有人攻击你，做出恰当的反应和移动（侧移）。

2. 练习向不同的方向侧移和跳跃移动。

3. 和搭档一起练习躲避攻击（拳击、脚踢、抓握、抱摔等）。一旦你觉得熟悉了这些躲避动作，试着用更快的速度进行练习。

4. 使用安全的武器替代品（例如橡胶手枪或橡胶警棍），让搭档攻击你，练习躲避动作。持续移动，如同在现实中受到攻击一样。

第7章
戴手铐和搜身

作为一名警务人员，什么是最危险的事情？第1章中已经提到过，大部分的伤害和死亡都发生在逮捕罪犯的过程中，发生在你不得不用手抓住对方，剥夺他们的自由的时候。所以，当我们给罪犯戴手铐和搜身时，要格外小心。这就像狐狸猎捕兔子。对狐狸（你）来说，这只是你谋生的手段，为自己赚取一顿饭而已；但对兔子（罪犯）来说，却是生死攸关的事。所以哪一方更有动力呢？哪一方更警觉呢？最重要的是，哪一方更不顾死活呢？

如果你遇到一名顺从的罪犯，就要充分利用这一点，没必要过度威胁。对于原地不动的罪犯，你需要让他高举双手，手肘伸直，背对着你。特别要注意对方的双手和腰部。命令罪犯缓慢地原地转一圈，这样你就能看清他身上有没有携带武器。然后从身后接近他。逮捕一个人最好的位置就是从他身后动手。你一定要保证自己处在这个位置，然后再去接近对方。一旦他背对你，马上拿出手铐，迅速上前，熟练快速地铐住对方的双手。进行这一动作的同时，眼睛要一直盯着对方。既然对方比较顺从，就不妨让他多做些"工作"，你可以命令他把手放在你容易铐的地方。

除了接近罪犯的位置，还有一个问题需要考虑：你希望罪犯怎么站呢？不要让他平衡而舒服地站着，如果是这样，他就能轻易做出攻击动作。所以，在接近罪犯之前，让他双脚尽量岔开站立（如图7.1）。正如第5章已经提到的，这种姿势使他无法顺利抬脚迈步，从而留给你充分的反应时间。

图7.1 抓捕罪犯时，让他双脚尽量岔开站立。

接近罪犯时，要时刻小心他会转身攻击你。因此，你必须准备随时扔掉手铐拔出武器，并且以45度角的方向从背后接近他。

假如你现在是一名被捕的罪犯，即将被关进监狱，可你并不想失去自由，所以决定抓住最后一次机会逃走。你或许认为，站在你和"自由"中间的障碍就是面前的警察，若想自由，就必须除掉警察。那么你最好的攻击机会是何时呢？或者换句话说，什么时候攻击成功概率最高呢？当然是在他触碰你的一瞬间。在那一瞬间，你知道他手里没有武器，也知道他的准确位置，而且警察的注意力此时也都集中在手铐上，所以，这是最好的攻击时机。

明白了这些，你应该做什么来保护自己呢？答案就是态度和预先准备。当你给对方戴手铐时，不要心存侥幸，认为威胁已经解除。还没有，危险其实才刚刚开始。每当我拷一名罪犯时，都会防备他突然攻击我。一旦我碰到他，就预备好他会转身，推、拉或者击打我。所以如果罪犯真的这样做了，我一点也不会吃惊，我已经做好了应对的准备。至于接下来如何应对，如前文所写，你可以根据具体情况选择应战或者躲避。

在这里，我不想讨论所有戴手铐的方法，因为其中大部分方法你都在警校里学习过。我只建议你使用最快速和最稳妥的方式，不需要太多的身体接触就可以完成。FBI警校对学员的要求是抓住罪犯的手背，把他的手腕掰向你的身体，进一步让他失去平衡（如图7.2和图7.3）

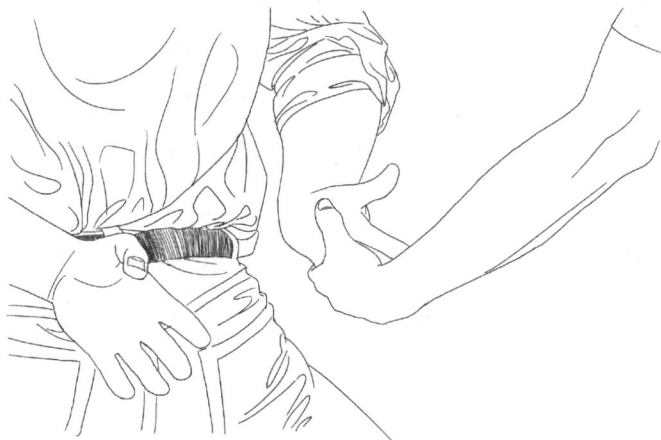

图7.2　从背后抓住罪犯的手腕。

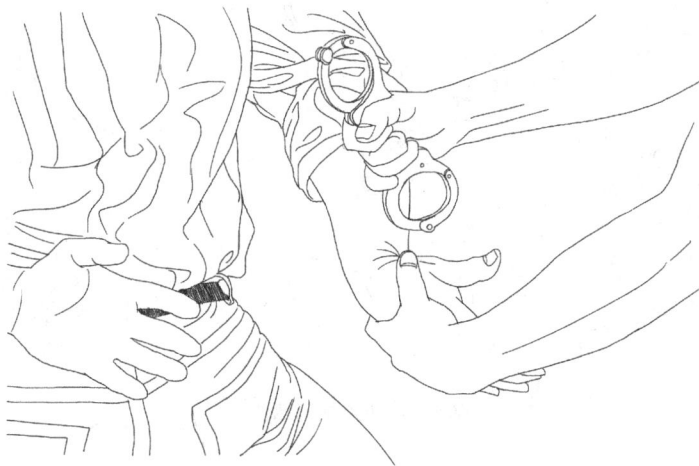

图7.3　掰住罪犯的手腕，让他失去平衡，然后戴上手铐。

有一个小提示，如果你面对的是一名顺从的罪犯，要小心他随时会变得不顺从。你也不要做那些可能激怒他的事情，例如太过用力掰罪犯的手腕，或者没必要的击打等。这些都有可能导致对方态度的转变。而且如果事情闹上法庭，你也很难解释为什么要对一名完全顺从的罪犯使用不当的武力。

另一个提示，只有当你有了十几年的训练经验之后才会发现一个秘密：没有任何抓捕动作是万无一失的，任何技术都有破绽。例如，有一个技术动作是让罪犯双手抱头，然后从后面接近他，抓住他的几根手指和他的头发，把他的手固定在头上。我可以告诉你，这种方式可以在一秒钟之内被挣脱。只要罪犯的决心足够大，并且不惜失去几缕头发，甚至折断一两根手指，就很容易挣脱。所以你在进行抓捕时一定要记住，所有的动作都是有局限的和不可靠的，一定要迅速给罪犯戴上手铐。

有的部门发明了一种"快速戴手铐法"。他们让罪犯的双手放在一起，警察从后面接近，同时抓住对方两只手的手指，然后直接给对方戴上手铐（如图7.4）。

图7.4　快速戴手铐法。

无论你用什么方法给罪犯戴手铐，最好先让对方背对你，双手手掌向外放在背后。如果罪犯手掌向内的话，即使被从后面铐住双手，也有可能从臀部和腿下面绕到身体前侧，从而让双手有攻击或者抢夺武器的可能。你可以自己试一下，把双手放在身后，看一下自己的动作受到了怎样的限制。罪犯往往抱怨被这么铐着很难受，很多有经验的警察这时会回答："手铐不是拿来让你享受的。"

另一个要点是永远不要把罪犯的双手铐在身前。这个姿势具有很大的危险性，罪犯很容易就能伤到你。唯一可以把罪犯的双手铐在身前的情况是他已经被绑起来。当然，如果长官命令你把罪犯的双手铐在身前，你需要遵守命令。但此时你要对罪犯格外小心，特别是不能把罪犯一个人留着某个地方，不加照看。

如果出于某种原因，你觉得让罪犯跪着戴手铐比较安全，那就别犹豫，让他跪下来。有的警察甚至会让罪犯跪在地上，并且双脚交叉。我不喜欢这种方式，因为即使一个罪犯双脚交叉跪在地上，也仍然有能力袭击你。他可以迅速站起来，更糟的是，他可以从你的膝盖部位发动攻击。这种办法还有一个缺陷，那就是很多人都没办法跪着将双脚交叉。他们会失去平衡，摔倒在地。这时候，你很容易忽视他双手的动作。很多囚犯都曾练习过这种方式，假装倒地，然后捡起地上的武器，利用的就是你的注意力不在他的手上，可以趁你不注意袭击你。因为这两点原因，所以我认为这种办法并不可靠。

有时候，警察会在罪犯双脚交叉跪下之后，踩在他们的脚踝上，这也不是一个好主意。首先，你没能减弱他的攻击能力，而且你的平衡也会受到影响。相比站在平坦的地板上，现在的你有一只脚是踩在不平的人体上。如果罪犯移动，你就很容易失去平衡。其次，我也不喜欢警察让罪犯趴在地上，然后踩住。因为我不认为你一只脚的重量可以把罪犯固定在地上不能动弹。如果你怀疑我，可以找个朋友试一下，你就会发现地上的人多么轻易就能摆脱你。一旦他滚动身体，你的平衡就会遭到破坏，糟糕的事情就有可能发生。

如果要让罪犯跪下来，我会让他双膝离得尽量远，就像罪犯站立时双脚要尽量岔开一样。一旦你接近他，就要注意保持自己的平衡。不要俯身去抓他的手，而是让他把手抬高伸向你，然后将他斜斜地拉起来。在这个过程中，如果他袭击你，也可以及时拔出武器应对。

对于俯卧着的罪犯，你要让他面对着你。这样可以看到他的全身。如果你让他背对你，起码有一只手是看不到的。一旦罪犯呈俯卧的姿势，命令他转过眼睛不要看你。从他肩膀的斜45度角靠近，避开他的视线。让罪犯把双手平摊在地上，然后抓住他离你最近的手，轻微上拉靠向罪犯的头部，保证他的胳膊不能发力。用手铐铐住这只手，然后弯曲他的手臂到背部，用膝盖压住。同时，用你的另一个膝盖顶住罪犯的肩膀，把他的上半身压在地上（一些部门的规定不允许这么做，因为用膝盖顶住罪犯的膝盖或者脖子可能会让他受伤）。这时，让罪犯伸出另一只手，如果他不配合，你可以把已经铐住的一只手往上拉，让他感到疼痛，直到配合你的命令为止。之后，你就可以铐住另一只手了。

一旦有机会，就要立刻铐住罪犯的双手。有的警察认为铐住一只手已经足够，所以懒得去铐另外一只。这是不对的。首先，铐住一只手并不可靠，一旦罪犯挣脱，这只手铐就会成为罪犯手中的危险武器，因此你必须小心罪犯的攻击。其次，如果你不铐住他的双手，手铐就可能会越铐越紧，甚至伤到对方的手腕。你要为自己囚犯的人身安全负责。

那么成功铐住罪犯后，接下来该怎么办呢？应该做一次彻底的搜身。在美国FBI司法部所做的调查中，42位受询问的罪犯中，只有3位认为逮捕他们的警察对其进行了彻底的搜身。据我所知，警察经常会忽视搜身环节，而这样的疏忽很可能是致命的。

在进行FBI或其他机构的培训时，我经常会在一开始就警告学员，扮演坏人的学员是携带枪支的，而且很隐蔽。所以如果他们在搜身时没有发现枪支，很有可能就会在背对罪犯时挨上一枪。在练习当中，我经常让罪犯的扮演者在后腰处藏一把小型的左轮手枪。这在搜身时是很难发现的。在罪犯被铐住以后，警察开始搜身。我会指导罪犯的扮演者（一般我会使用女性角色）用铐住的双手挡住放枪的位置，迫使搜身者不得不先把罪犯的手拿开才能进行搜身。最终的情况可想而知，总会有一位警察进行一次粗略草率的搜身，然后把罪犯交给另外一名学员，就去走廊搜查了。当这组警察都走出罪犯的视线时，罪犯就会拔出手枪（即使被铐住双手），并且向警察开火。练习结束后，我会把这组学员带到罪犯扮演者前面，让他们背对着罪犯被彩弹打个痛快。我希望这些没能搜出手枪的特工或警察，在这些彩弹的提醒下，在这种尴尬场面的提醒下，会在现实案件中不再犯这种错误。

在加利福尼亚州圣贝纳蒂诺县一起臭名昭著的案件中，一名执勤治安官在一个交通停靠站被射杀了。杀死他的那名罪犯有大量的犯罪记录。由于附近居民的指认，罪犯被逮捕，但是他所使用的手枪却一直没有找到。罪犯被带到一间有监控录像的审讯室，一名警察在看守罪犯，他递给罪犯一瓶水，然后就走出了审讯室。在警察离开之后，罪犯放下水，从腰间拔出了那把点45毫米口径的手枪，枪口对准自己的脑袋，开枪自杀了。负责看守的警察听到枪声才惊慌失措地跑回来，大声咒骂着说："怎么没人搜查他啊！"我第一次看到这段录像，听到这句话时就在想："是啊，没人搜查他，包括你在内。"如果罪犯不是自杀，而是选择杀人的话，就可能引发更大的悲剧。要知道，他已经杀死一名警察了，再杀一名也不足为奇。据事后调查，问题的"始作俑者"是该案的执勤警察。他把罪犯转交给审讯警察时说已经搜过罪犯的身了，所以之后没人再留意搜身这件事。罪犯就携带着枪被带进了警察局。

在战略特警组，我们有一句格言："如果你抓住他，就要看好他。"我们的意思是，一旦你逮捕了罪犯，戴手铐、搜身、移交罪犯都是你的责任。无论你何时接触到罪犯，从那一刻开始他就是"你的"。马上重新搜身，并且保证他的手铐十分牢固。我不管罪犯是不是由部门里最有经验的警察转交给你的，无论他是否说过："你不需要再搜查他了，我已经搜过了。"仍然要亲自重新搜身。一旦你接收了罪犯，这就是你的责任，而且是你的命。

如果你屈服于老警察，会发生什么呢？如果幸运，你不会出什么事；如果幸运，你只会在移交罪犯到下一环节时遭遇尴尬，因为别人会重新搜查的，如果搜出了什么武器，那你的名字就臭了。我相信老警察不会站出来替你洗刷清白。

我有时候会拿新警察开玩笑，在移交罪犯时告诉他不用再搜查了，因为我已经搜过了。如果他上当（很少有人上当，因为课上都学过），我会让他们好好反省，并确保他在押送之前重新搜查罪犯。

什么才是正确的搜身方法呢？在警校里你应该学习过，但很少有警察会严格执行，因为"那只是理论，现在是在街头呢"！为什么你会变得自满？我在第3章中讲过这个问题。不要掉以轻心，要一直按勇士的标准来要求自己。职业一点！

高风险的搜身就是这样，要搜查到可能藏有武器的每一个角落，以及罪犯即使被铐着也能伸手够到的地方，通常是腰部和口袋。如果罪犯是跪在地上的，你还要搜查脚、脚踝和腿部。

在搜查的同时，要清楚自己的武器放在哪里，保证它不会落到罪犯手里。一只手搜查时，另一只手要始终控制罪犯。你站的位置要与罪犯所站的位置保持45度角。

站在罪犯的正前方搜查是十分危险的。但让人惊讶的是，我无数次看到电视里的警察站在罪犯面前进行搜查，有时候甚至会弯下腰，失去平衡，或者思想不集中。这时如果罪犯发动袭击，根本不需要使用太多技巧，就能造成很大的伤害。每次在电视上看到这种场面，我就不得不屏住呼吸，祈祷坏事不会发生。求你们不要这么做，那真是不怎么聪明。

搜查之前，一定要尽量搞清罪犯身上是否可能藏有危险物品（例如武器、注射器或者尖锐物体）。戴上一对防割手套是很好的保护措施，毕竟有的病毒性疾病是通过血液传播的，所以要防止自己的手被割破。当你搜查时，不要只是拍拍对方的身体，或者让手掌从对方身体上滑过。仔细地揉、捏，不要着急。你可以把罪犯的身体分为几个部分：头颈部位、上半身右侧、下半身右侧、上半身左侧、下半身左侧，然后按顺序进行搜查。

当搜查头部时，要检查头发，摘掉帽子、围巾或发带；检查首饰（一些耳环的边缘是尖锐的）；检查耳朵后面，嘴巴里面。有的囚犯会故意在嘴里含一口唾沫，实际上里面藏着一把手铐钥匙。搜查颈部时，要着重注意衣领、项链等部位。

1998年，一名罪犯在佛罗里达州坦帕市，因为使用一把半自动步枪向自己4岁的儿子脸部射击被捕。两位探员押送他时，罪犯从自己的项链里拿到手铐钥匙。他之前被搜查过，但显然搜查的不够仔细。更糟糕的是，他的双手是被铐在身前的。打开手铐之后，罪犯夺走了探员的手枪，然后打死了两位探员。他从押送车上找到了那把用来向儿子射击的步枪，之后还用这把步枪打死了一位州骑警。

话说回来，你在搜身时究竟应该注意寻找哪些东西呢？你需要寻找的不单单是一支手枪或是一把尖锐的武器，还有很多小东西（例如手铐钥匙，或者更小的东西）。事实证明，一小片被藏在牙缝里的塑料或金属都可以打开一把手铐。所以在搜查时一定要万分仔细。如果你遗漏了什么小东西，就会给罪犯可乘之机，你和你的同伴，或者普通民众就会处在危险当中。

在进行过彻底的头颈部搜查之后，接下来要搜查身体。检查所有的口袋、腋窝、手、身上的缝隙、皮带、皮带扣以及腹股沟部位。把皮带、个人物品和首饰拿下来，单独放在一个包里。腹股沟部位一定要反复检查。罪犯可能会诽谤你性骚扰或者猥亵，但不要上当，不要进了他的圈套。腹股沟部位是罪犯最喜欢藏武器或违禁品的地方，因为罪犯认为警察都不喜欢搜查这一部位。

搜查一定要进行得系统、细致，有些部位要重复搜查。例如当你搜查上半身的时候，一定要超过腰部以下；搜查下半身又要超过腰部以上，这样你就会避免遗漏。做一个好的狙击手，就要永远保持自己动作的一贯性，好的搜查者也一样，彻底、连贯、系统。

接下来搜查腿和脚。不要忘记袜子和鞋。显然，为了做到这些你需要脱掉罪犯的鞋子。

搜查异性时应该注意什么？如果可能的话，还是让同性的警察进行搜身。如果找不到同性警察，自己就要像搜查同性犯人一样仔细认真。如果你有搭档，可以让他全程监督搜身过程，他可以作为你的目击证人。如果你独自工作，但是带了摄像机，那就打开摄像机录下搜身的过程。

当你选择让一位跟罪犯同性别的同事搜身时，仍然要对搜查的彻底程度负责，如果你觉得哪里有遗漏，一定要提出来，不要犹豫。一位圣地亚哥执勤治安官负责移送一名女罪犯。这名女犯之前被一位其他部门的女警察搜查过。在押送到监狱的路上，女犯打开手铐并且拿出一把藏在身上的手枪。治安官和保释人不得不跳下汽车逃命。随后的调查显示，女犯试图向警察开枪，但幸运的是手枪卡住了。

你在警校里早就学过这些东西，但你上一次看到警察脱下罪犯的鞋进行搜查是什么时候的事？如果罪犯跪着被铐住，他应该能够伸手摸到脚踝甚至脚部。为什么不坚决执行这些搜身程序呢？为什么要拿自己的命和别人的命做赌注呢？不要粗心大意。让自己成为部门其他警察学习的榜样。

第8章

徒手制服

徒手制服其实更加适用于消极反抗者，而尝试对积极反抗者或拼死反抗者使用控制技术则是困难的，也很危险。虽然成功运用控制技术可以对付想伤害你的人，但是很多警员却不能很好使用这种技术。为了掌握它们，就需要更高的技巧和长期的训练。在对付极具攻击性的罪犯时，控制技术相比其他非致命性武器，比如电击枪或辣椒喷雾，是一种更好的选择。我承认，控制技术也可能会刺激消极反抗者，甚至引发拼命抵抗。但在某些重要时刻，它能创造出最好的距离，并让你恰当地使用武器。而在另一些时候，你可能根本就没有选择，因为嫌犯可能在你做出决定之前就已经发动攻击。为了避免出现那种情况，你必须使用本章介绍的各种技术，迅速避开攻击，然后掏出武器。

虽然类似的制服技术在警校是最常见的教学内容，而且花样繁多，但是核心原则却都是首先保证自己的平衡。当你破坏嫌犯的平衡时，前提是要保证自己的平衡。为了达到这个目的，需要做的事情很多，但最直接的方法是牵引。这个方法的基本要领是从安全地带接近嫌犯，然后控制他，并将他的身体弯到45度（嫌犯的平衡在这个角度是最脆弱的）。

在这里，我们提出一个"向外向下（out and down）"的动作概念。它的含义有些混乱，让我们来进一步解释。自然站立，双腿与肩同宽。将你的右臂放于身前右侧45度，尽量伸开平行于地面。这样，你就找到了自己身体右侧45度角的位置。接下来，向手臂方向迈出右脚，也就是说你的右脚向外迈出了45度。下面再来找你的重心，也就是皮带扣的位置。当你向外移动时，同时注意控制自己的重心高度，稍稍屈膝下压，降低重心，便完成了一次"向外向下"的动作。你也可以用左脚演练这个动作，原理和效果是一样的。这个动作可以有效破坏袭击者的平衡，让你的移动变得更容易。

回顾第5章的基本原理，我希望大家可以有效使用身体重量，并以45度角面对嫌犯。几乎所有的防御策略课程都谈到了这个黄金位置，如果你能及时抢占这个位置就太棒了；如果不能，那么接下来介绍的这个技术动作将能作用于任何角度。尽管如此，还是希望你能避免直接出现在嫌犯面前。在这之后，一个很有效的方法是用你的后侧手尽快控制嫌犯的手腕，同时用另一只手控制嫌犯的肘部。

●牵　引●

设想一下，一个人像平常一样站着并保持很好的平衡，如果此时一个重100磅的人悄悄靠近并撞击他，将会发生什么呢？他会失去平衡然后倒下。如果你只有100磅重，这种靠近和撞击技术将是很有效的；如果你的体重更重，那效果会更好。临床医生会告诉你，不正确的提举，即使是最轻的重量都能扭伤后背。这就是为什么你不需要运用很大的力量推或拉，仅仅以全身的重量靠近嫌犯，并发动突然袭击，便可以取得很好效果的原因。

使用这个方法的前提首先是靠近嫌犯，不要在还有一段距离时试着使用这项技术。在你发动攻击时，要注意保持平衡。靠近嫌犯时，两手要像钳子一样，抓紧他的胳膊。一旦你抓住了嫌犯，立即转移到他45度的位置，保证自己的安全。至于站在他前面还是后面，就取决于你希望嫌犯倒地的方向。然后用你的身体重量下压，关键是注意不要使用蛮力，利用体重，协调好重心，让身体的全部重量来协助你。将离你准备移动方向最近的脚迈出，全身发力，拉倒敌人。注意你的目的只是破坏敌人的平衡，而不是攻击（如图8.1和图8.2）。

图8.1　接近嫌犯时的正确位置。

图8.2　向下向外移动，破坏嫌犯的平衡。

看起来是不是很简单（其实就是很简单），但只要采用适当的身体力学原理，就可以起到四两拨千斤的效果。你不一定非要抓住嫌犯的手腕和肘部，也可以抓住二头肌、皮带、肩膀，或者衣领，这个效果同样有效。当你抓住衣领的时候，首先将对方拉向他的脚后跟，然后下沉身体。如果你觉得这一动作还不足以控制住对方，还可以在他迈开脚步前先用脚踹嫌犯的膝盖来破坏他的平衡（如图8.3）。

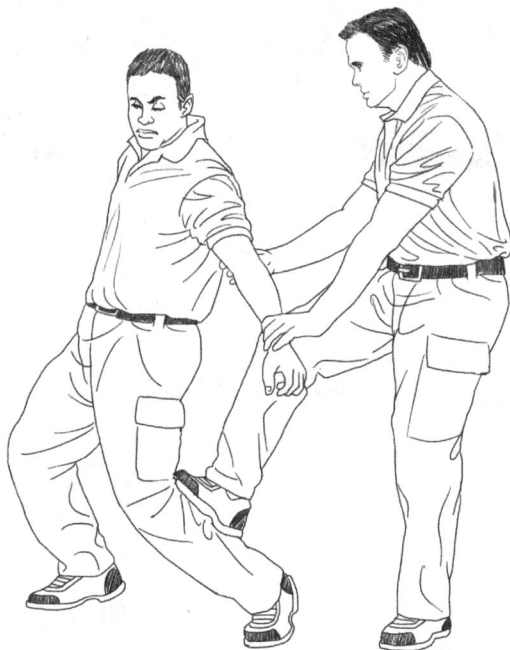

图8.3　向斜下方给膝盖施压，破坏对方的平衡。

●锁　臂●

锁臂既可以作为方法1的附加动作，也可以作为单独的技术动作而被运用。当嫌犯直接向你伸出一只手臂（例如试图挡开你或把你推开等）的时候，锁臂都将是一个很好的应对方法。与前一个动作相同，用距离嫌犯较远的手（即后侧手）抓住他的手腕，再用另一只手直接抓住他肘部以上的手臂。如果嫌犯比你更高大、更强壮，不要试图把他拉向你，这是没用的。靠近嫌犯，控制住他伸向你的手臂，然后用另一只手呈刀状向下砍，并向前发力，压迫嫌犯的肘部，将他的肘部牢牢控制在你的重心附近。你可以想象一下搬东西时候的感觉，当你搬动一个重箱子时，就不能仅仅依靠手臂完成这个动作，而是要使用全身，特别是腰部的力量，把重物停靠在你的重心，也就是皮带扣附近的位置。

正如我们一直强调的那样，不要认为只凭力量就可以把嫌犯放倒在地上，而是要讲究一些人体力学的技巧。锁住对方的肘部，用身体的重量下压，将他面向下压到地面。这样可以将对方的反击能力降到最小。一旦对方被制服倒地，继续对肘部施加压力，并迅速把他被按住的手臂向上抬起。

当对方被制服后，扭转嫌犯的肘部，将它弯曲到合适的位置，以便带上手铐。在做这一动作时你应该采用下跪姿势，跪在反抗者身上，加强控制。用一个膝盖抵住嫌犯的头，另一个膝盖抵住他的肘部，从而锁定对方的身体，防备他翻滚挣脱。通过压力迫使嫌犯将手伸向自己的头部，先将这只手铐住，再铐第二只手。如果反抗者不愿将第二只手放到手铐的位置，你可以继续拉他戴着手铐的手来增加压力，直到他屈服，并按照你的要求去做（如图8.4）。

图8.4（A） 握住手腕与肘部的正确位置。

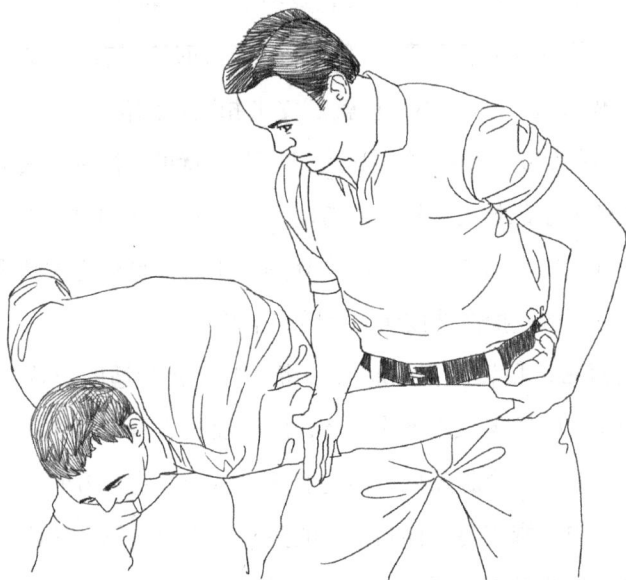

图8.4（B） 将重心放在皮带扣附近，同时用一只手切向对方的手臂上部。

图8.4（C） 依靠体重压迫对方，使其倒地。

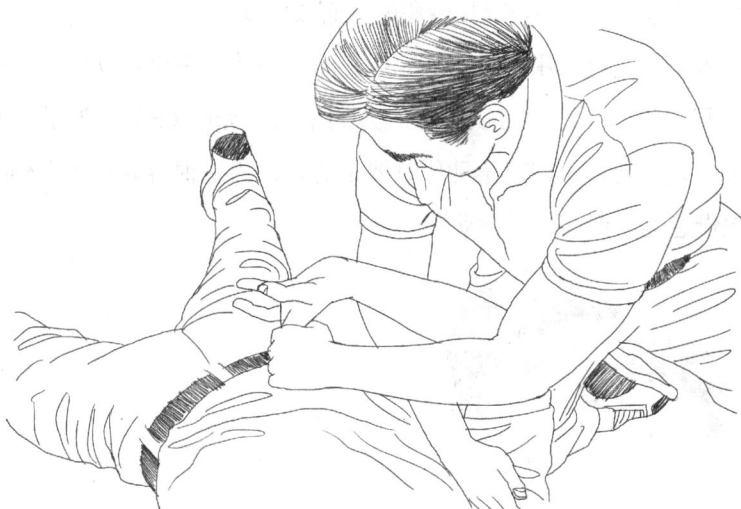

图8.4（D） 锁住对方，准备上手铐。

●扭 颈●

  这个方法的原则是"头转向哪里，身体就转向哪里"。在使用这一技术动作时，需用一只手抓住嫌犯的下巴，另一只手抓住他的后脑，然后转动对方的头部将他放倒。

  在训练这一技术动作时，必须十分注意安全。做动作时不要太用力，且动作舒缓，如果你猛拉或突然扭转搭档的头部，很可能会伤到他。

  扭颈是一种简单的技术，但前提是必须抓住嫌犯的头部，否则不可能成功。人们会本能地保护头部，所以如果你把手伸向嫌犯的头，他很可能会试图阻挡或推开你的手臂。因此你不得不使用更巧妙的技术，才能取得成功。你可以通过轻轻抓住嫌犯的一只手或手臂来分散他的注意力。他会马上将手抽出并攻击你，你要一如既往地移动，躲避他的攻击。在碰到嫌犯的手后，将你的手移向对方的下巴，并将另一只手放在他的脑后部。大多数人不会察觉这种移动的意图，也不会认为它是威胁。一旦你的手到达嫌犯下巴的位置，就可以完成下面这个技术动作了。

  将对方的下巴转动45度。一只手向后推嫌犯的下巴，另一只手将他的头部向后转动。在推的过程中，你可以把嫌犯的头想成滚动的球。

这一技术动作也可以用一只手来完成。当你的体重完全可以压制住嫌犯的时候，仅用一只手抓住下巴也可以破坏对方的平衡（如图8.5）。为了掌握这个技术，你必须反复练习。练习这个动作时要小心，因为它很容易扭伤搭档的脖子。练习时要放慢速度，但注意保持动作流畅。

图8.5（A） 扭颈动作的正确姿势，但一定不要正对对方。

图8.5（B） 旋转头部，破坏平衡，同时向后推对方。

扭颈还有一个花式动作，就是通过抓住对方的肩膀来代替下巴。借助全身重量，以自己的一条腿为轴，将对手摔倒。当然，不管你采用何种方式完成这个动作，都要首先把对手控制在位于自己45度侧向的位置，这十分重要。

●应对消极反抗者●

当你与嫌犯有了最初的身体接触之后，他可能会原地不动，只是面部朝向你，准备发动攻击；也有可能会推开你的手臂，试图逃跑。这里介绍的方法只适用于对方静止不动，没有任何明显移动的情况。

如果嫌犯正对着你，你一定要保持移动。你应该牢记，选择徒手制服的前提是首先确定这个人为消极反抗者。如果这个人正面你，并试图攻击，那么很明显，他是一个具有侵略性的嫌犯。如果你认为有效控制在这种情况下可以使用，并且有信心在保证安全的前提下，将对方制服，那就可以运用这个手法。如果这个方法不奏效，也不要一条道走到黑。我总能看到一些警官在执行任务时过于死板，他们总是试图通过蛮力来实现这一技术动作。即便你的方法没起作用，也没关系。迅速与对手脱离接触，保持一个安全的距离再做打算。

如果对方试图从你的手中抽出他的手臂，但仍站在原地不动，你可以使用这个技术阻断他的移动趋势并向他施压。最基本的原则是，不要强行对抗他的移动，也不要击打，顺势而为，而不是以武力强求。一般来说，恰当运用力量就可以达成效果。当嫌犯试图向一个方向抽出手臂时，不要向反方向拉拽，以力量对抗力量，而是在他用力时以自己身体的重量向同一方向用力（如图8.6）。

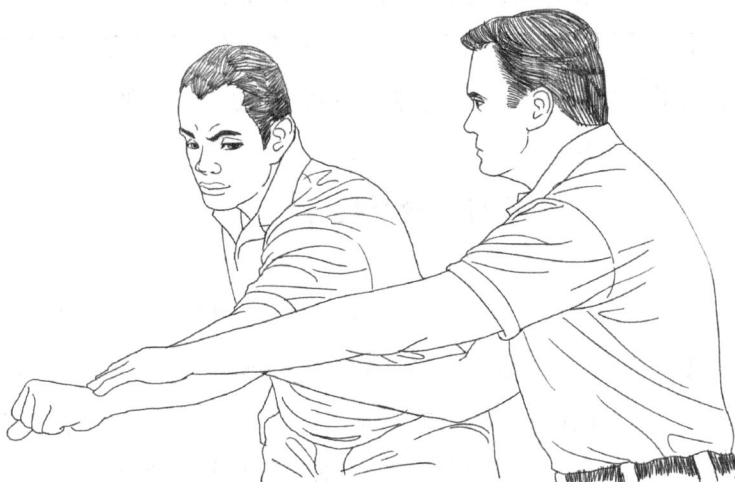

图8.6（A） 嫌犯试图抽出自己的手臂。

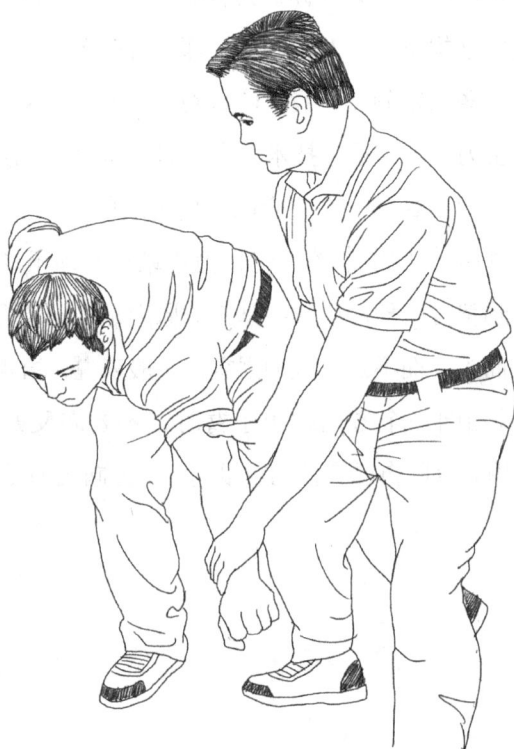

图8.6（B） 警官顺势用力，完成技术动作。

如果嫌犯试图逃走，不要抓他的手臂，你可以追上他，拉住对方离你最近的肩膀。他一定会通过扭动身子来逃离你，但这样做也会扰乱自己的平衡。这时，你只要将手放在嫌犯的肩膀上（当他试图撤步防守时，这个肩膀会扭向你），并运用自己身体的重量使嫌犯向侧后方45度角转动，直至倒地（如图8.7）。

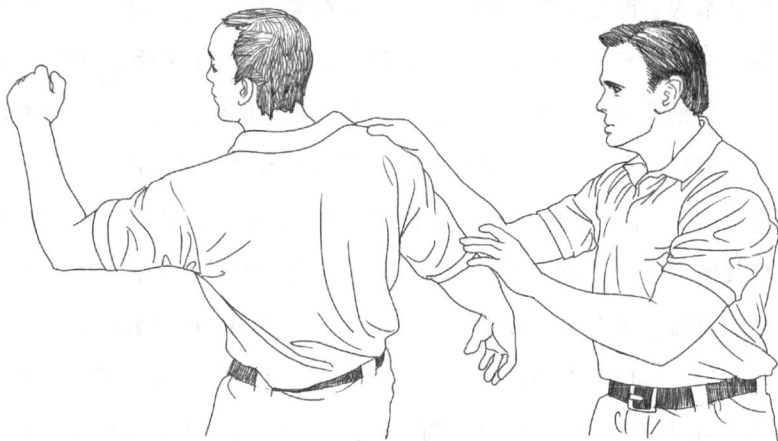

图8.7　当嫌犯试图逃离时，转动他的肩膀使其倒地。

要善于使用技巧制服对手，而不是使用蛮力。如果你仅仅凭借力量，却不依靠适当的移动和体重，就无法顺利完成这个技术动作，同时还会浪费大量不必要的能量。

●当反抗者倒地时●

如果嫌犯已经倒在地上，但你仍然无法控制住他，也无法给他戴上手铐，那怎么办呢？你该如何将一个不断反抗的人固定在地上不动呢？首先让我们谈一谈在这种情况下需要注意什么。不要跳到嫌犯身上，即便你能完成这个动作，甚至骑到他身上，你身上佩戴的武器也可能会成为安全隐患。一旦和对手纠缠在一起，你就很难摆脱。而且，与对方距离太近，你的视野也会被限制。

除了骑在对手身上，另一种不明智的处理方式是所谓的"狗堆战术"。通常来说，"狗堆战术"很容易造成警察受伤。这种战术是这样的。警察蜂拥而上，每人抓住嫌犯身体的某个部位，直到他被制服、带上手铐。然后，警察们气喘嘘嘘，大汗淋淋地站起来，还自豪地想着自己刚才如何勇猛。然而实际情况却是，就在大家手忙脚乱、挤成一堆的时候，可能就会有人因此而扭伤或擦伤。除此之外，使用这种战术的前提是所有参与者必须配合默契，并且还得懂得一点物理学原理。如果你们所有人常常一起练习，并且每个警官都对自己特定的角色和责任清楚明白的话，它是很有效的战术，反之则可能互相帮倒忙。这是一个真实的案例，布朗警官正拉住一名嫌犯的手臂往左拽，史密斯警官则努力将其拽到右边，而另一位警官正努力按住坏人。警官们没有意识到，他们的力量是相互抵触的。

一个来自其他部门的朋友告诉我，他们部门的警员都被告知，当一名警员正在和坏人搏斗的时候，所有人都要上去帮忙。这个要求的意图是好的，它可以增强大家的团队意识，并使所有成员得到切实的帮助。尤其是当今，警员多数都没什么实战经验。所以管理者的态度就是有机会的时候大家都上去练练手。这样既帮助了同伴，也锻炼了自己。然而实际的情况却总是事与愿违，人多手杂的结果往往是越帮越忙。

说到这里，让我们再回到最初的问题上来。控制一名已经倒地的嫌犯的最好的方法是什么呢？关键是要将嫌犯的臀部和肩膀固定在地面上。这实际上是相当容易做到的。你可以跪在嫌犯的身上，一个膝盖压住他的肩膀，另一个压在他的臀部上。压力会直接将嫌犯的肩膀和臀部固定在地上（如图8.8）。当嫌犯试图滚动挣脱时，也不要向其他的角度用力，牢牢控制住这两点就可以。如果嫌犯的臀部和肩膀被固定住，他就不能滚动也不能起身。与此同时，这个姿势还可以让你获得良好的视野，而且你的双手也是自由的。如果嫌犯试着抓你的腿和胳膊，不用管他。这种情况并不是很难处理。关键是要想到如何移动，而不是击打。如果一名嫌犯抓住你的胳膊或是手，那就太好了。你可以继续施压，用身体的重量将他的手压制在后背上。

图8.8　制服倒地嫌犯的正确姿势，注意两个膝盖的位置，一个压在肩膀上，一个压在臀部。

●训练方案●

1. 与同伴合作，练习使用图8.1示范的控制技术。熟练掌握脚步，以及让同伴摔倒在地上的方法。这个训练的关键是找到同伴的平衡点，伺机破坏他的平衡。

2. 练习图8.4示范的技术动作。在训练中，让你的同伴弯曲肘部来对抗你。按照本书讲解的方法，你将发现自己可以很容易地运用握臂牵引技术，并将你的同伴摔倒在地。完成这步之后，继续施压，将你的同伴按在地上。

3. 直接对着同伴的下巴练习扭颈技术，观察同伴如何轻易挡住你的手。再尝试着将你的手移动到同伴身体的中部，再次尝试扭颈动作。你也可以尝试触碰对手的其他部位来干扰他的注意力，从而更容易握住他的下巴。记住练习时动作要慢，避免伤害到同伴。

4. 一旦你熟练掌握了上面的技术。让同伴通过转向或是逃离，对你进行干扰，让练习更加接近实战。记住，不要硬碰硬使用蛮力，而是要使用技巧，四两拨千斤，将同伴放倒在地。

5. 让同伴倒在地上，将一个膝盖放在同伴的臀部上，另一个膝盖放在肩膀上，并保持一个直立的姿势。通过下压你的重量，控制对方，然后练习把同伴的一只手臂拉向手铐的位置。

第9章

基本防御技巧

无论面对什么样的罪犯，首先要做的事情就是确保自己的生命安全。如果你能明确这一点，通过练习来提高自己的防御能力是很容易的。正如第6章里所讲的，最好的防御战术就是移动。借助移动，你可以躲避袭击，脱离攻击者的打击范围，还可以争取到足够的时间取出武器，应对接下来的攻击。防御是一种习惯，《孙子兵法》说："是故百战百胜，非善之善者也；不战而屈人之兵，善之善者也。"这个道理对我们同样适用。几乎所有的警察都不希望和罪犯动武，但是如果你不具备一定的实力，这种想法就只能是空想而已。如果你很专业，既有能力又足够警惕，就可以把对方试图袭击你的想法扼杀在萌芽状态。记住，很多时候，我们不用动武就可以把坏人送进监狱，这种做法既安全又有效。

不可否认的是，确实有一些存在性格缺陷的"流氓警官"，他们大多具有很强的自卑情结，总想向其他人展示自己是一个多么强悍的男人。我们在20世纪80年代晚期成立FBI机构的时候，一名叫X的探员就属于这个类型。他的每次抓捕都会以武力结束。难道仅仅是因为他的运气不好，还是罪犯总是充满反抗精神，拒绝乖乖就范？不！因为他是一个蠢人，他喜欢激怒别人来攻击他。不过X是幸运的，他擅长攻击别人，并总能赢得最终的胜利。正是由于这个原因，很长时间以来，其他部门都拒绝和他一起工作。他们意识到他的行为会导致严重的后果，同时也认为这种行为是错误的。我有一个来自洛杉矶警察局的朋友，曾经谈到他们称有这种特点的警员为"野兽"。这些人总是会挺起胸膛，通过武力为对手戴上手铐，体验成功的满足感。但我的朋友却说这些人是彻头彻尾的懦夫。

我信奉一句话："态度谦和，行为专业，准备杀人。"这听起来有些刺耳，但让我们一起来细细品读它。

态度谦和。谦和不是懦弱。幼年时，我们的父母都会教导我们这样做。当一个人发誓要保护和服务于人民时，你就有责任对服务的对象保持谦和的态度，像骑士一样为社会服务。如果你能保持谦和有礼，就不太可能激怒将要逮捕的那个人。

行为专业。我们总是致力于成为专业人士。这不仅代表我们自己，还代表我们的机构，我们的团体，我们的市民，甚至是我们的职业。一个害群之马可以使本来就很困难的工作，变得更加难以完成。成为专业人士意味着眼光敏锐，行动迅速；同时，也意味着知晓法律，以及你所在部门的政策和运行程序——并执行它们。不要试图走捷径，也不要变得自满。

准备杀人。请注意这里面的幽默元素，不要完全照字面意思去理解。这句话暗示了我们总要保持警惕，但我不希望你因为过分重视这句话，而把自己变成妄想狂；也不希望你过于轻视这句话，认为你能读懂每个人的心思，以至于让你的警惕性下降。你见到的每个人，只要不是朋友，就不能允许他侵入你的私人空间。在与民众的接触中，你将处在一个容易被袭击的位置。用你的双脚平衡身体，保持一个适当的距离，警惕任何一个危险的苗头。

在防御时，你要注意什么呢？在学校，你会被要求注意敌人的手。这的确是个好建议——敌人的手能够杀死你。我记得一个"专家"，他被请来为我们进行为期两天的特警项目组训练，我称他为"老兄"。老兄说我们应该注意敌人的瞳孔，观察它们是否放大。当他说这些话的时候，我差点笑出声来，因为我肯定他不是认真的。但我错了，他的表情相当严肃。不过我还是认为，如果你离袭击者足够近，以至于能够看到他的瞳孔是否放大的话，你的位置就太近了。很明显，老兄从来没有在执法部门工作过。所以我还要再次强调："一定要注意敌人的手！"

你需要经常练习应对袭击时的反应。这并不需要很多的技巧，只要反应足够快就可以了。前面已经提到，你被袭击时的第一反应应该是移动，这应该成为你的肌肉记忆（如果还没有，我希望它尽快完成）。在这个基础之上，你还得适当动动脑筋。这意味着我们大脑中所有休息的脑细胞都要活动起来，将注意力集中到对手身上，并策划好接下来可以采取的行动。

现在让我们来讨论实际战术。首先，不要为那些根本没法碰到你的无效攻击耗费精力。我们可能都看过这样一些展示自我防御技术的照片，在这些照片中，防御者用手或腿去隔挡袭击者的攻击，其实这些攻击根本就碰不着他们（如图9.1）。更糟糕的是，有些防御者甚至为此前倾身体，失去平衡（如图9.2）。

图9.1 隔挡无效攻击。

图9.2 为隔挡无效攻击而失去平衡。

实际上，如果袭击者根本不能碰到我，我就没必要做出一些动作，破坏自己的平衡，暴露自己的要害部位。面对这种情况，只要保持移动，脱离袭击者的攻击范围就可以，根本不需要隔挡。好的防御不用挥舞手臂去拦截袭击者，而是用腿移动摆脱。

如果因为一些原因没能成功躲闪（例如，你位于一个角落，你睡着了，或者你忘记保持适当的距离等等），而不得不使用武力隔挡，你可以试想抓住一个棒球时的感觉。多数人都玩过棒球，它并不需要花费太多的想象力，只是简单地把手伸出去抓住球。很多时候，最简单的动作往往最有效。所有的拳击手都是这么做的。在隔挡对手出拳的时候，拳击手只是简单地用两只手抓住袭来的拳头（如图9.3）。感觉就像接住飞行中的棒球（除非你第一次玩棒球），不要主动伸手去抓。让它靠近，再抓住它，然后顺着它的方向转向一边，把力卸掉。你的肘部要保持在身体周围，而不是伸出去。

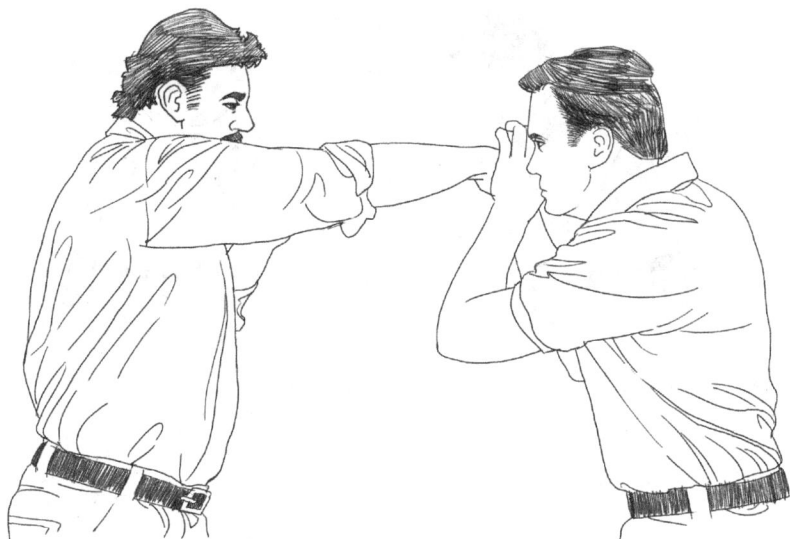

图9.3　抓住袭来的拳头。

●防御姿势1●

如果你必须面对袭击者的攻击，有一个防御姿势非常有效，能够让你处于极佳的防御位置。将自己的重心下移到一个非常低的位置，双腿岔开，比应对姿势更宽，两只手向上，保护头部；肘部架起放到肋部；身体绷紧，保护身体器官；头冲下，眼睛向上看，把下巴埋在胸中（如图9.4和图9.5）。

图9.4　防御姿势1侧面图。　　　　图9.5　防御姿势1正面图。

●防御姿势2●

　　另一个方法与上面的版本类似，但是你的两条胳膊要放在身前，肘部对准袭击者。靠前的手臂护住头部，靠后的手臂护住身体，使得两只手看起来就像抱住自己一样。下巴下压，眼睛上抬，以便你能看到袭击者的动作。很多著名的拳击手在他们的职业生涯中，都使用这种防御姿势，并取得了伟大的成就。当然，你也能交换手臂位置，用你后面的手臂保护头部，前面的手臂保护身体（如图9.6和图9.7）。

图9.6　防御姿势2侧面图。　　　图9.7　防御姿势2正面图。

　　上面讲的两种防御姿势的关键是你必须不断移动！如果你像乌龟一样待在一个地方一动不动，袭击者就会用拳头不断击打你，我可不希望你像一个沙袋任人击打。这两种防御姿势都很简单，却可以为你赢得宝贵的时间，直到移动到对手的攻击范围以外，找到一件武器为止。如果你想在对抗中获得优势，关键就在于盯住袭击者，把自己从危险的位置中脱离出来，远离对手的攻击范围，占据优势位置，使你有机会拿出武器。所谓"优势位置"，我在第5章中已经提到过，就是指在袭击者的攻击范围之外，能够让你看到他的一举一动，并发起反击的位置。

　　当你脱离对方的袭击时，可以使用徒手攻击或其他攻击方式，确保自己更安全。如果使用防御姿势1，你可以向外迈出一个角度，然后用勾拳击打袭击者的肋部或者下巴。在这之后，转动你的身体，脱离袭击者，仍然与其形成一个角度，并拿出武器对准袭击者。

如果你采用防御姿势2，可以用前臂护住头部，用另一只手向下45度攻击对方的颈部。攻击时注意降低身体重心。攻击后立即远离袭击者，并拿出武器。

总的来说，就是要让自己更加专业，并且随时保持警惕。最好的防御并非使用蛮力，而是用腿远离袭击者的攻击范围。如果没能成功，就用防御姿势1或防御姿势2来防止可能遭受的攻击，并尽快脱离这种处境。在这种情况下，使用武器应对是最好的方法（例如辣椒喷雾、电击枪、警棍、手枪等等），但使用前要考虑到各种法律政策。

●训练方案●

1. 首先必须明确，最好的防御就是利用双腿移动，脱离袭击者的攻击范围。在这方面，你可以借鉴拳击手的滑步动作。采取防御姿势站在镜子前面，想象可能遇到的各种攻击，并做出回应。注意通过镜子观察自己动作的规范性。

2. 另一种假想训练方式是站在那里，想象对手的一种袭击方式，然后快速移动到一侧躲避袭击。

3. 两种防御姿势的想象练习重点是，向袭击者发出攻击，然后脱离他的攻击范围，并拿出武器。

4. 和同伴使用适合的安全工具，练习两种防御姿势。记住不要站在同一个地方，尽可能保持移动，占据优势位置。

第10章
应对一般袭击

在第1章中，我已经介绍过警务人员可能遭遇的几种袭击类型，包括拳击、脚踢、推搡，以及摔和咬。而在第6章中，我也提供了几种基本的防御策略，包括移动、优势位置、拔出武器并制服袭击者。然而仅仅知道这些还不够。许多我教过的警务人员都会向我询问，如何应对常见的袭击。这些袭击包括抓握，熊抱，锁颈和锁喉。就像前面提到的，一旦你不能在这种情况下占据优势位置，便极有可能受到伤害，所以防御策略的基本原则还是移动。话虽如此，可我们毕竟是人，难免会犯错。现在我们将针对某些可能出现的问题进行探讨。本章中提出的所有方法都将继续围绕那些被反复提及的原则：快速移动，利用体重，保持45度角。

如果你发现自己被袭击，并且失去优势位置，不要惊慌失措。无论发生什么，只要你继续移动并保持身体平衡，就有可能得到生存机会。如果你感到胆怯，停止不动，并试着用力量对抗力量，这样做情况可能会变得更糟。总之，要记住不断移动。

就像第5章已经谈到的那样，每种技巧的最基本原则就是破坏对手的平衡，同时保持自己的平衡。一旦你破坏了袭击者的平衡，他就有可能被你制服，或者在倒地时伤到自己。

●抓　握●

　　一般袭击中最容易对付的就是抓握。如果有人抓住你的手腕、前臂、肘部或肩膀等部位，都不用担心，这些袭击的应对方法都是一样的。降低重心，让你的手臂处于向上的防御位置。手掌应处在头部附近以起保护作用，掌心朝向你的脸，与此同时右腿向斜前方45度迈步。举起的手掌可以自动扭转袭击者的手腕，如果他坚持抓住你不放，你的迈步将造成袭击者失去平衡（如图10.1和图10.2）。

图10.1　举起手掌，如果袭击者坚持抓住不放，将会面临扭伤手腕的危险。

　　这个技术很简单，但注意不要站在一个地方。如果你静止不动，就很难破坏对手的平衡，而袭击者也很可能继续用拳打、脚踢、刀扎，甚至更糟的手段来对付你。你必须马上做出反应，快速移动。千万不要站在原地不动，等着事态向更糟糕的方向发展。

　　许多年前，我曾和一名探员相约在圣莫妮卡市见面。当我站在一个繁华拥挤的街角等待过马路时，一名流浪汉从后面接近并碰触我的身体。我下意识地通过

图10.2　将上臂举到合适的位置，手掌朝向自己，同时向斜前方45度迈步，抓握便被轻松
化解，对手的平衡也被破坏。

移动来摆脱他的接触，并对他说："别再碰我。"我当时很生气，但对这次袭击并不感到吃惊。我只是生气自己被街上来来往往的人所吸引，以至于没有意识到一个人的靠近；我更生气这个男人胆敢碰我。我的同事看起来对我的反应感到很尴尬，甚至讽刺地评价了我是如何反应过度。可我认为自己的反应是恰当的，没有人可以在未经我允许的情况下，侵犯我的地盘。这种情况当然也适用于你，如果没有你的允许，别人也不应该触碰你。如果他们这样做了，你应该立即移动，躲开他们。

●熊　抱●

对付熊抱最基本的方法与摔跤比赛里应对擒抱一样，就是移动。可如果你没能成功躲开，那么袭击者就会将你牢牢抱住。在这种情况下，袭击者已经碰到了你的身体。对你而言，没有什么比这更糟糕了。如果你被一个人拼命从身后紧紧抱住（也可能是从身前），你必须尽量向外侧移动。这是一个基本动作，但却是一个几乎对任何袭击都非常有效的反击动作。你可以将自己的双脚想像成一扇门，可以随时打开或关上。当你打开这扇门时，会制造出足够的空间，让袭击你的人倒下，但不要倒在你身上。

如果你出脚的方向被袭击者干扰，就应该采用适当的技巧，对袭击者进行反干扰，而不是用蛮力和对方硬碰硬。这与在第5章被提到的基本原则是一致的。当他拉你时你要推他，当他推你时你要拉他。你施加给袭击者的力量，要朝向他意想不到的方向，所以他才会失去平衡。如果袭击者突然从后面抓住你，用力把你向前推，你就顺势向前（像打开门一样伸开双脚）。如果袭击者从前面抓住你，用力把你向后推，你就顺势向后。几乎所有的防御动作都可以分解为"移动"和"变向"。像往常一样，不要漫无目的地使用蛮力，让身体放松，重心自然向下。当你的身体处于放松状态时，将会产生巨大的能量，而在紧张状态时情况则正好相反。

如果你被人从身后紧紧抱住，应对方法就是将右脚用力迈向左前方，或是将左脚迈向右前方。无论你迈出哪只脚都没有关系，重要的是通过重心和向外向下的移动起到挣脱作用。这种移动应该既放松又沉重，就像一只笨重的熊。如果在你运用这个技术时，袭击者一直紧紧抓住你不放，他就会面临扭伤后背、被抛在地上的危险。无论你的手臂有没有被抓住都没关系，这个技术同样十分有效（如图10.3）。

图10.3（A）　袭击者从背后进行熊抱。

图10.3（B）　向斜前方迈步，降低重心，将袭击者抛出。

如果你被人从身前紧紧抱住（这是如何发生的呢），相应的，这个技术就要求你向后倒退。迈开脚（无论哪一只）向身后撤步，重心顺势下移。如果你的手臂也被对方抱住，运用这个技术动作的效果会更好。当你撤步时，就可以将重心作为支撑点，运用杠杆原理将袭击者手臂以下的身体撬起来。如果你的手臂没有被抱住，当你撤步时，可以用靠外的一只手臂绕住袭击者的头部或颈部。简而言之，就是要在袭击者用力干扰你的移动时，起到反干扰作用（如图10.4）。

图10.4（A）　通过撤步来应对身前熊抱。

图10.4（B）撤步动作完成时的效果图。

● 锁　颈 ●

要想从锁颈状态中成功摆脱，首先要确定袭击者在你头部的着力点。一个完美的锁颈动作包括用肘部紧紧夹住对方的头部，并在对方试图挣脱时反向用力，将他的头部拉向自己的身体（如图10.5）。

图10.5　完美的锁颈动作可以牢牢夹住对方的头部。

顺便说一句，你怎么会让袭击者如此接近你？难道在他出手的时候，你睡着了吗？好吧，就算你当时睡着了，也仍然有亡羊补牢的办法。破解这个招数的关键在于用力摇晃身体，并向斜前方45度角迈步。前冲的力量，再加上你自身的体重，便可以破坏袭击者的平衡，迫使他放松夹紧的肘部，为你的挣脱创造空间。当你向前迈步时，注意把袭击者的肘部向前推，顺势让你的头挣脱出来，然后移动身体，脱离袭击者的攻击范围（如图10.6）。

图10.6（A） 应对袭击时，用力摇晃身体，向斜前方迈步，用体重冲击对方的平衡；同时用一只手推袭击者的肘部，帮助头部挣脱。

图10.6（B） 一旦挣脱锁颈，立刻移开身体，远离对方的攻击范围。

●锁　喉●

对付"弗兰肯斯坦扼颈"（弗兰肯斯坦是玛丽·雪莱的小说《科学怪人》中的主人公，他制造出一个类人怪物，这个怪物通过掐住脖子的方法杀死了弗兰肯斯坦的所有亲人和朋友，后来这种杀人方法便被称为"弗兰肯斯坦扼颈"，译者注）的办法非常简单。只需侧转身体便可以挣脱，甚至当你被压迫到墙上时，也可以运用同样的技术。转身并向身旁迈开一步，不要试着向前推开袭击者（用力量对抗力量），而是优先处理被扼颈的窘境，然后迅速与对方脱离接触（如图10.7）。如果袭击者蠢到伸出双手掐住你的喉咙，你也可以使用更具进攻性的技术，选择所有你认为有效的武器，攻击并摆脱对方。

图10.7（A）　袭击者使用弗兰肯斯坦扼颈时，会用力向后推搡受害者。

图10.7（B）　只需转身，并向身旁迈开一步，便可以摆脱锁喉。

与弗兰肯斯坦扼颈相比，被袭击者从身后锁喉的情况似乎更为常见。这个招数可以同时起到两种窒息作用，首先是通过压迫脖子挤压血管，抑制血液流动，造成血液窒息；其次是直接压迫气管，使呼吸困难，造成空气窒息。无论对付何种形式的窒息，你都必须首先保护自己的咽喉。作为应对招数，你可以下压自己的下巴来阻挡袭击者的手臂。如果可能的话，试着将一只手挡在袭击者的手臂和你的脖子之间。当然，你也可以举起双手抓住袭击者的手臂。如果你能将双手放在这个位置就太棒了，即便你做不到，也不用着急，不要在这一举动上浪费时间。应对的关键在于移动。通过这样做，你可以极大减小袭击者对你的窒息效果，并破坏袭击者的平衡，寻找机会挣脱出来。

如果你发现自己被人从身后锁喉，你应该向身侧迈出一步，同时放低自己的重心。需要注意的是，你迈出的脚应该与袭击者掐住喉咙的手臂处于同一侧。例如，如果袭击者用右手掐住你，你就将右脚向左侧迈出，同时下压重心，转动整个身体（不仅仅是扭腰）；如果袭击者用他的左臂锁喉，那就迈出你的左脚。一旦挣脱出来，立即与对方拉开距离，并拿出武器，制服敌人（如图10.8）。

图10.8（A）　应对身后锁喉时，向身体一侧迈步，降低重心，避免窒息。

图10.8（B）　继续下压重心，使袭击者失去平衡。

图10.8（C） 完成技术动作后，袭击者会被抛出。

　　如果袭击者从身后对你进行锁喉，并试图向后拉你。按照不能硬碰硬的原则，你就不应该向前迈步，而是要顺着袭击者用力的方向。你可以向斜后方迈出离袭击者最近的那只脚，破坏袭击者的平衡。如果你还能通过屈膝降低自己的重心，这个动作的效果就会更好，可以进一步扰乱袭击者的平衡。如果袭击者试图继续控制你，你还可以利用体重，以"大背跨"的方式将他放倒在地（如图10.9）。

　　这个技术听起来非常简单，事实也确实如此。我之所以在自己的教学中选择传授这个技术，是因为它们全部都要运用相同的向外向下原理来迈步，因而很容易被记住，运用起来也简单有效。如果你觉的这些技术太简单，请告诉我，我可以再演示许多其他的更复杂、更难掌握的技术。它们看起来很酷，但却需要更多的时间来练习，也更难掌握，因而是与我的教学理念相违背的。我的防御策略教学始终坚持一个原则，就是简单实用，易于掌握。上面介绍的这些技术秉承了全书反复提及的基本原则，即放松身体，保持平衡，破坏对手的平衡，不使用蛮力，不盲目攻击。恪守这些原则，将极大提高你的安全系数。

　　最后需要说明的是，本节内容只适用于站立姿势锁喉的破解方法。至于倒在地上锁喉的应对措施，我们将在本书第12章进行介绍。

第10章
应对一般袭击

图10.9（A） 警官遭遇锁喉并被向后拉拽。

图10.9（B） 向斜后方跨步，重新获取平衡，同时破坏袭击者的平衡。

图10.9（C） 通过屈膝降低重心，摔倒袭击者。

●训练方案●

　　针对上面提到的每种袭击方式，与同伴配合练习挣脱，并反制对手。关于脚步的移动技巧，如果刚开始时你做得不好，也不用太担心。不要使用蛮力与对方硬碰硬，更不要盲目击打对方，借力使力，改变对手的发力方向，就可以起到"四两拨千斤"的良好效果。

1. 如果同伴试图抓住你，你的第一反应应该是立即移出对手的攻击范围。这样一来，你就会发现，如果可以保持合适的距离并且进行恰当的移动，你的同伴想要成功抓住你几乎是不可能的。

2. 在充分掌握练习1的基础上，和同伴练习抓握、熊抱、锁颈和锁喉等动作的破解方法。在练习过程中，你能体会到，只要自己应对得当，同伴就没有机会"专心"完成自己的动作。

3. 接下来，让同伴在你身上使用上面提到的那些招数，通过有效的移动和降低重心从他的攻击中摆脱出来。

4. 站着不动让同伴从任意角度靠近你，运用上面提到的任何一种招数对付你，然后采取相应的应对措施。

5. "恐惧圆圈"练习。这种训练适用于多人配合的情况。站在同伴围成的圆圈中间，闭上双眼。同伴们将通过自己的观察，选择适合的方式，从各个角度随机发起攻击。站在圆圈中心的你，则根据具体情况采取相应的破解招数。

第11章
徒手攻击技巧

●基本原理与技巧●

徒手攻击（即拳击，脚踢，肘击等）的关键是什么？如何才能形成有效攻击？答案就是你在攻击时爆发的力量。如果你击打某人，却不能积聚足够的力量造成伤害，降低或者剥夺对方的反抗能力，那么你的攻击就仅仅是在浪费时间，更糟的是，你还可能在攻击的时候暴露自己弱点，给对方可乘之机。因此，每当你进行徒手攻击时，一定要产生足够的力量，达到攻击效果。

1991年的罗德尼·金事件对于许多警务人员来说都是一个很好的反面教材。尽管对于这个事件的评价还存在争议，但我相信警方镇压的无效是导致这一事件的关键原因。施戴西·肯中士在他的《罗德尼·金事件纪实》一书中，认为鲍威尔警长（他在罗德尼·金事件中充当打头阵的角色）的镇压行动既脆弱又无效。公众在新闻中经常能看到这个录像，一些警察（除了鲍威尔警长）不断用膝盖很温和地顶撞一个男人。请你扪心自问："如果我们被法律和政策赋予使用武力的权力，我们是应该狠狠教训罪犯，还是轻轻触碰他呢？"我想答案不言而喻。在我看来，立竿见影的一次或是两次有效击打，要比反复多次的无效击打更有效。它能确保你的安全，也对具有攻击性的罪犯更有威胁。如果你被迫使用武力，那就放手去攻击吧！那么你应该使用多大的力量呢？答案是越大越好。

但使用武力不等于滥用武力，许多年前我看过一个政法题材的连续剧，其中一集的内容是这样的：一位练习空手道的青年在和他的朋友逛商场的时候，遭到一群小混混的骚扰。其中一名小混混不断挑衅，甚至进行辱骂。为了避免发生冲突，青年没有理睬他。但小混混却不依不饶，继续进行挑衅。小混混的行为激怒了青年，在小混混一系列的无效攻击后，青年以一记右勾拳打在小混混身上。小混混被打倒在地，头部受到严重磕碰，致其死亡。而青年则以过失杀人罪被起诉。

当我看这个电视剧时，我注意到地区检察官有意强化了青年的自我认知。"那么你是空手道黑带级别了？"检察官询问他。"是的！"青年骄傲地说。"那你的技术一定很高超了？"检察官继续问。如果事态照这样发展下去，对青年来说十分不幸。他不应该这么做，可检察官却继续让他自我膨胀。在检察官的诱导之下，青年被迫承认自己拥有对空手道技术的自控力。最后，检察官使出了"撒手锏"："如果你有很强的控制能力，为什么还会重伤受害者，致其死亡呢？"最后，青年的自负害了自己，被法庭判处有罪。

我之所以会讲这个故事，就是希望你可以借此看到执法人员是如何对违法者进行讯问的。如果在开庭前我有机会和这个青年谈谈，我一定会告诉他在法庭上坚持真相。所谓真相就是他不是一个超级英雄，也没有神奇的能力。他可以通过训练（比大多数警务人员的训练还多）掌握一定的技术，但他却无法控制对袭击者的回击程度。我很惊讶会听到很多所谓的防御策略专家宣称："如果他们使用某种特殊技术进行攻击，对手就一定会被制服。"这种观点真的具有普遍性吗？即便同样的攻击方式，在不同的人身上，也会产生不同的攻击效果。就比如同样是被点45口径的子弹击中胸膛，一些人可能倒下死去，一些人可能会大口喘气却继续反抗，还有一些人甚至根本不会伤到皮毛。当我进行攻击的时候，我不知道对方会如何反应。我仅仅知道，如果我不能打伤并摆脱他，我自己的安全就会受到威胁。所以，在法律允许的范围内，我将尽最大的努力来攻击他，直到对方变得顺从、放弃抵抗，才会住手。

你可以通过练习来提高攻击时的力量吗？在某些人看来，这是不可能的。最伟大的拳击评论员弗雷德·帕萨罗曾经说过："拳击手的力量是天生的，而不是被人教出来的。尝试在拳击教学中教授力量，就像在打篮球时教授运动员如何长高一样可笑。"他的话非常有趣，这也是我为什么喜欢听帕萨罗个性解说的原因所在。不过他的这句话却是错误的。

在我看来，每个人都可以通过训练提高力量，并且取得更好的攻击效果。我自己就是一个很好的例子：我曾经梦想成为一名棒球运动员，去参加职业联赛，更确切地说这是我爸爸的梦想（他参加过半职业比赛）。如果坚持追求这个目标，我就需要做类似这样的练习。比如学习如何掷出一个时速达到90英里的快球。首先，我要雇一个我能找到的、最好的投球教练，可能还需要一个人体运动学家来教我最有效的投掷动作。我还要进行不间断的训练和学习。这样一来，我就可以参加职业联赛。尽管最终我没能实现自己的梦想，但是如果按照这个方法训练下去，我是否可以成为一个更好的投手呢？答案是肯定的，尽管我可能永远也比不上专业运动员。

我还可以再举一个现实生活中的例子。我曾经是一家武术搏击学校的空手道教练。我的一名学生是个十分瘦小的女孩子，名叫盖瑞。我们的训练中心位于一所大学的体育馆里，穿过体育馆大厅是力量房，我的学员可以在上课前进行伸展和热身练习。有一次，一名身材高大的健美运动员来到力量房，练习击打沙袋。他不断用拳击打，偶尔停下来欣赏一下镜子中的自己，表情很是得意。然而他击打沙袋的效果却实在难以恭维。几分钟之后，盖瑞走向他旁边的一个沙袋，微笑地看着他，然后开始用力击打沙袋。盖瑞的击打爆发出雷鸣一样的声音，并且每次都能将沙袋打飞。看到这一切，健美运动员羞愧地低下头离开了。

通常来说男性的力量要比女性大，那名健美运动员的身高大概为6英尺4英寸，体重至少240磅；盖瑞身高5英尺2英寸，体重不超过120磅。一个瘦弱的女性怎么能比身高体壮的健美运动员更有力呢？她是怎么做到的呢？答案就是按照物理学原理，合理地利用身体结构。

下面是一个力量计算的魔法公式

$$Ke = \frac{1}{2}M \times V^2$$

这个公式其实不是什么秘密，就是大家在高中物理课上都学过的物理公式：打击力量等于体重的一半乘以速度的平方。如果某些物理学教授读到这里，觉得我的解释不够严谨，那么我只能感到非常抱歉。我只是想借用这个公式来说明一个非常浅显的道理。所谓"打击力量"指的是我们在击打对手的过程中，他的身体实际感受到的力量。我们的最终目的是要通过击打使对手丧失攻击能力，进而控制局面。尽管我的公式确实不够严谨，但它却说明了一个道理：物体的重量越重，移动的速度越快，对手感受到的击打力量也就越大。这个公式之所以被称为"魔法公式"，就在于如果你能够掌握它的本质并正确运用，就可以通过自身的努力产生更多的力量，其中就包括击打力量。

让我们回到盖瑞和健美运动员的例子上来。盖瑞之所以能够打出比健美运动员更有力的拳，就在于她掌握了"魔法公式"的基本原理。首先，盖瑞出拳的速度比健美运动员更快。虽然健美运动员满身肌肉，但是他的击打动作却并不熟练，这就导致了移动速度缓慢。也就是说，相比健美运动员，盖瑞的出手速度更快。你可能会说，健美运动员的体重是盖瑞两倍，可以弥补速度上的差距，可事实却并非如此。健美运动员只靠手臂的力量挥拳，体重优势没有完全发挥，盖瑞则有效地利用了自身的全部体重，集中力量打向沙袋。假设盖瑞重120磅，她出拳的时速为75英里；健美运动员仅仅使用20磅的手臂力量，出拳的速度也只有25英里/时，"魔法公式"很容易得出下面的结果：

盖瑞：　　　　$Ke = ½(120) \times 75^2 = 60 \times 5,625 = 337,500$ 焦耳

健美运动员：$Ke = ½(20) \times 25^2 = 10 \times 625 = 6,250$ 焦耳

这个例子有点极端，却很形象。它告诉我们，稍稍增加击打动作的速度，力量就能增强许多。明白了这点之后，我们就可以想想如何增强爆发力？如何产生最大的力量？如何最大限度利用我们的体重，并使速度达到最快？我的答案是"RRIP"，也就是放松（Rest）、转动（Rotation）、目标确定（Identification）和目标扩散（Penetration）。

放松（Rest）

首先我们要学会放松，当肌肉紧绷时反应是迟钝的，你可以通过放松肌肉来增加自己的速度。想一想历史上那些伟大的运动员，他们看起来是紧张僵硬的吗？想一想迈克尔·乔丹，他似乎总能在松弛的状态下，优雅地做出令人瞠目结舌的高难度动作。

试着绷紧手臂、胸部以及后背的肌肉，然后挥拳，你的感觉肯定是缓慢而无力的。现在全身放松，再挥一下，感觉是否像拧毛巾一样随意？你可以感受到前后两者速度和力量的不同。

在对抗训练中，我曾经遇到过这样一个对手。无论他移动还是出拳，我都可以轻易判明他的意图，并快速打出一个直拳来阻止他的行动。我只是本能地快速出拳，根本没时间考虑攻击的力量，仅仅希望可以借此阻止他的进攻。可直拳的效果让我大吃一惊，当我想进一步用右手钩拳击打他时，他早已经倒下了。就这样，放松而快速的直拳最终将对手打倒。

后来，我有幸采访了乔治·弗尔曼。弗尔曼在自己45岁时赢得了重量级拳击冠军，那时的他身体情况已经大不如前，却依然保持了强大的力量。在与我的交谈中，乔治把无穷尽的力量归功于自己的放松能力。

转动（Rotation）

如何才能提高打击力量呢？你可以通过改善技术，利用全部的体重来提高力量。你可以通过向进攻方向快速转动胯部来实现这一效果。具体的技术动作为，两腿前后分开，后面的那条腿适当弯曲，使重心前移（而不是向上），靠后的一只手臂握拳蓄力，准备攻击。同时，小腹绷紧，发挥腰部的力量，快速转动胯部，用肩膀带动手臂挥拳（负责打击的那只手臂肩膀向前，另一只向后），打向同一水平面上的目标。如此产生的力量就比你不使用技巧时大得多。这其中最重要的一个环节就是转动你的胯部。

如果你是名狂热的拳击爱好者，那你一定听说过杰克·约翰逊。约翰逊在

1908年击败汤米·布恩斯，成为世界上第一个黑人重量级拳击冠军。但却很少有人知道在这之前的1905年，世界拳击重量级冠军的头衔却是空缺的。当时，约翰逊和另一位名叫山姆·朗福德的黑人选手被认为是冠军的最有力争夺者。但是由于惧怕朗福德惊人的击打力量，那个年代的大部分拳击手，包括杰克·约翰逊，都不敢与其比赛，致使世界拳击重量级冠军的头衔一直空缺。更让人吃惊的是，令人畏惧的山姆·朗福德的体重其实只是中等水平。那么究竟是什么成就了他如此卓越的击打能力呢？当山姆·朗福德被记者问及这个问题时，他的回答是："所有的秘密都在转动胯部上。"

探索频道曾经做过一期很棒的节目《聚焦罗伊·琼斯》。罗伊·琼斯是继约翰逊之后的又一位世界冠军，也是我最喜欢的拳击运动员之一，因为他有着高超的技巧，超强的幽默感和独特的个人风格。罗伊·琼斯出生在佛罗里达州的彭萨科拉。我的妈妈曾经遇见过他，她觉得琼斯非常友善。探索频道的节目组技术人员将金属线绑在琼斯身上，连上电脑，通过肌肉电流信号来观察他出拳时身体的反应变化。研究结果表明，琼斯之所以具有强有力的击打力量，就在于他善于调动自己大腿、胯部和肩膀的肌肉力量。尤其是他的胯部转动，起到的作用最为关键。正如山姆·朗福德早在一百年前曾经说过的那样：所有的秘密都在转动胯部上。

目标确定（Identification）

介绍过"放松"和"转动"之后，下一个内容是了解"目标确定"。就个人身体而言，打击某些特定部位会比其他部位更有效。例如，击打关节部位要比击打肌肉或是脂肪层更有效果；击打包含神经丛的部位远比击打分布较少神经的部位更有效。简单地说，在法律和政策允许的范围内，击打这些部位会得到最大的效果：

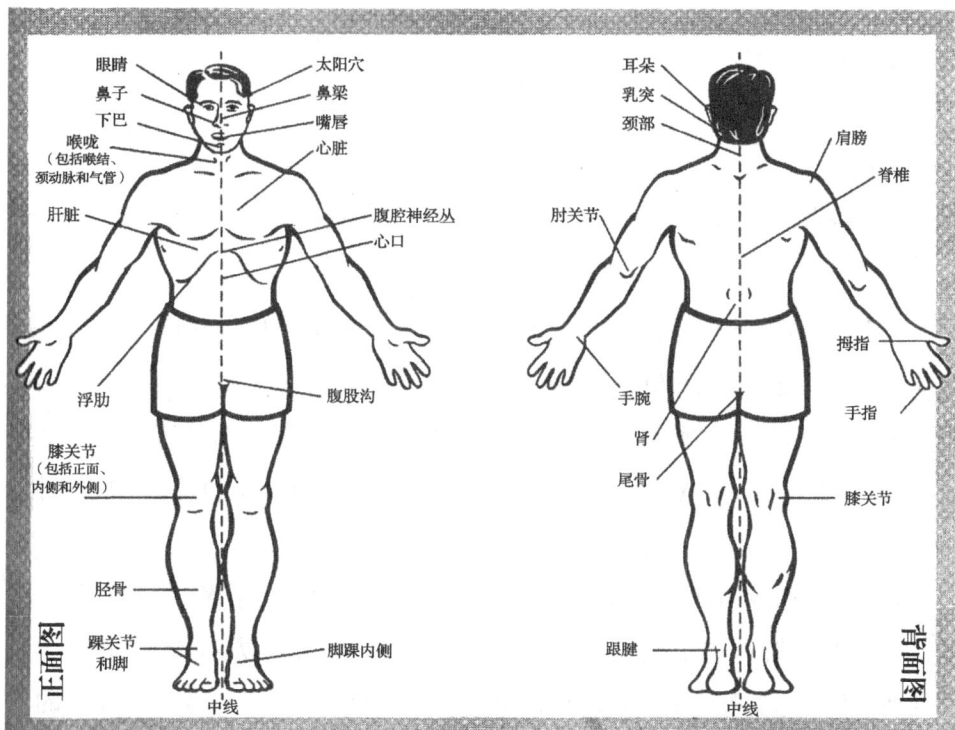

正面图：
- 眼睛
- 鼻子
- 下巴
- 喉咙（包括喉结、颈动脉和气管）
- 肝脏
- 浮肋
- 膝关节（包括正面、内侧和外侧）
- 胫骨
- 踝关节和脚
- 太阳穴
- 鼻梁
- 嘴唇
- 心脏
- 腹腔神经丛
- 心口
- 腹股沟
- 脚踝内侧
- 中线

背面图：
- 耳朵
- 乳突
- 颈部
- 肘关节
- 手腕
- 肾
- 尾骨
- 跟腱
- 肩膀
- 脊椎
- 拇指
- 手指
- 膝关节
- 中线

图11.1 本图截取自另一本FBI防身术教材，需要说明的一点是，对图中未提及的某些部位进行打击时同样有效。

太阳穴

眼睛　　　　　（这个目标后面会详细探讨）

鼻子

耳朵

下巴

下颌　　　　　（仅仅用于应对拼死反抗的嫌犯）

喉咙　　　　　（仅仅用于应对拼死反抗的嫌犯）

脖子

肘关节

腹腔神经丛

浮肋

腹股沟

膝关节

胫骨

手或脚的小指/趾骨

至于在实战中究竟选择哪个部位作为目标，要根据具体情况而定。关键是选择能够造成有效攻击的部位，避免盲目击打。

对于上面提到的这些目标，还有一些需要额外说明的地方。耳朵最容易受到张开的手掌的攻击，并对耳膜、耳鼓造成伤害。除此之外，你也可以抓或拧对方的耳朵。

鼻子总是有效的打击目标。打向鼻子的一记重拳会让对手疼得流出眼泪，从而遮蔽他的视线。一个广为流传的谣言说，你可以通过将对方的鼻骨打进头部来杀死他。我知道这听起来很酷，但从医学角度来说是不可能的。如果这是真的，那么拳击运动员恐怕没有能够逃脱被上钩拳打在鼻子上"重伤"而死的噩运。

用力击打下颌，可以轻易杀死对手，但除非你遇到拼死抵抗，否则最好不要轻易使用它。同样的道理，对喉咙的击打也必须慎重。这两种招数都仅仅被允许运用于对方拼死抵抗、并威胁到你的生命的时候。

通常来说，肘关节并非最好的打击对象，但是很明显，如果对手的手臂笔直地出现在你面前（比如他正在抓你或推你），那么肘部就会是一个比较理想的攻击部位，一个针对肘部用力的击打就可能破坏对手的进攻。相比之下，膝盖则始终是一个理想的攻击目标。我们将在本章的稍后部分讨论击打这两个部位的具体方法。

我之所以将腹腔神经丛也算进来，是因为如果我忽略它，某些人就会觉得不满，然而它真的不是一个重要的攻击目标。腹腔神经丛的面积相当小，而且你也很难在运动中有效击打对手的这一部位。相比腹腔神经丛，浮肋则是一个很重要的攻击目标。如果你抓住机会对对手的肋下采取向上45度重拳击打的话，将是十分有效的制敌手段。如果被人用重拳以向上45度的角度击打到这个地方，将会感觉呼吸困难，甚至产生呕吐感。

除此之外还有一个备选目标——腹股沟。毫无疑问，击打这个地方会给对手造成伤害，但它并不是最理想的攻击目标，当然，如果你能及时并正确地抓住机会，也可以通过攻击这个部位放倒袭击者。不过实话实说，击打这个部位并不像某些人认为的那样有效，尤其是当对手的抗击打能力非常强的时候。相比攻击整个腹股沟，直接击打睾丸的效果会更加明显。但是这个部位很小，也就是说很不容易被打中，而且多数成年人也会本能地保护这一部位。简单的腰部摆动，就可以使这个部位脱离攻击范围。如果你决定攻击睾丸，那么抓或拧的招数显然要比简单的击打更为有效。

对胫骨最有效的攻击方式是通过一次大力击打将其击碎，而不是反复击打。当对手抓住你身体的某个部位时，这个招数特别有效。

手和脚上的小指/趾骨都很脆弱，也最容易被弄伤，尤其是用力踩在上面的时候。

有一本关于防身术的小册子曾经谈到，只有没受过专业训练的"菜鸟"才会选择直接击打对手的头部。这种选择是很不明智的，因为头部是众所周知的理想攻击部位，所以大家对它的保护意识都非常强，因此攻击的时候很难得手。在这个观点的基础上，小册子进一步鼓励大家击打对手的身体。按常理来说，这种说法确实没错，但我却不完全同意。要知道，我们面对的并非训练有素的专业选手，而是来自街头的流氓混混。这些人很少会有意识地保护头部，即便是某些非常专业的罪犯（甚至一些专业人员）也不是经常能够做到这点。尤其是当他们感到疲劳的时候，会不自觉地放下双手，头部就会暴露出来。

就我个人而言，如果让我选择击打身体还是击打头部，那我肯定会选择头部。即便这个目标很小，移动更快。与大家想象的恰好相反，要想打中头部其实并不困难。在我的职业生涯中，仅仅有一次被打到身体的经历。那是在一个拳击技术交流会上，被一名拳击世界冠军打到的。即便如此，他也没有达到阻止我继续反击的目的，仅仅是让我感觉呼吸困难，并轻微摇晃了几下。相反，我的头部却被多次击中，并且受到创伤。所以，我认为，最有效的击打目标仍然是头部。

除了以上谈到的那些部位，还有一个常常被忽视的目标，那就是膝关节。膝关节是很容易被攻击到的，而且也很难防守，甚至许多技巧熟练的搏击专家都无法防住对膝关节的踢踹。在各种发生了激烈对抗的事件中，踢踹对手膝关节始终是一种有效的制敌方式。关于踢踹膝关节的具体技术，我们将在接下来的内容中进行详细介绍。

目标扩散（Penetration）

"RRIP"的最后一个步骤是"目标扩散"。这里需要说明的是，击打并不是我们的最终目标，而是达成目标的手段。如果你想要击打对手的鼻子，那就不要把着力点仅仅放在他的鼻子上面，也可以将着力点确定在鼻子周围几英寸的范围内。这样不仅可以起到几乎相同的击打效果，击打成功的概率也将大大提高。

总而言之，在"RRIP"的整个过程中，首先要通过放松肌肉来产生最大的爆发力。要做到这一点，就需要不断训练。在这之后，控制好自己的平衡，寻找机会攻击对手。灵巧地转动胯部，最大限度利用身体，发挥体重优势，可以有效提高打击力量。当你进行击打时，还可以像网球运动员或者拳击选手那样喊叫。这不仅可以震慑对手，还能进一步帮助你释放体内的能量，提高打击的力度。最后，选择恰当的目标，并对目标范围进行适当扩散。这可以提高打击的成功率。

●个人武器的使用●

作为执法者，法律并不允许我们随意攻击别人。一般来说，各种武力手段的使用都是有其前提条件的。只有当嫌犯进行激烈反抗，并威胁到我们自身、以及其他人的生命安全时，才可以使用武力。正如你在图11.2中看到的那样。

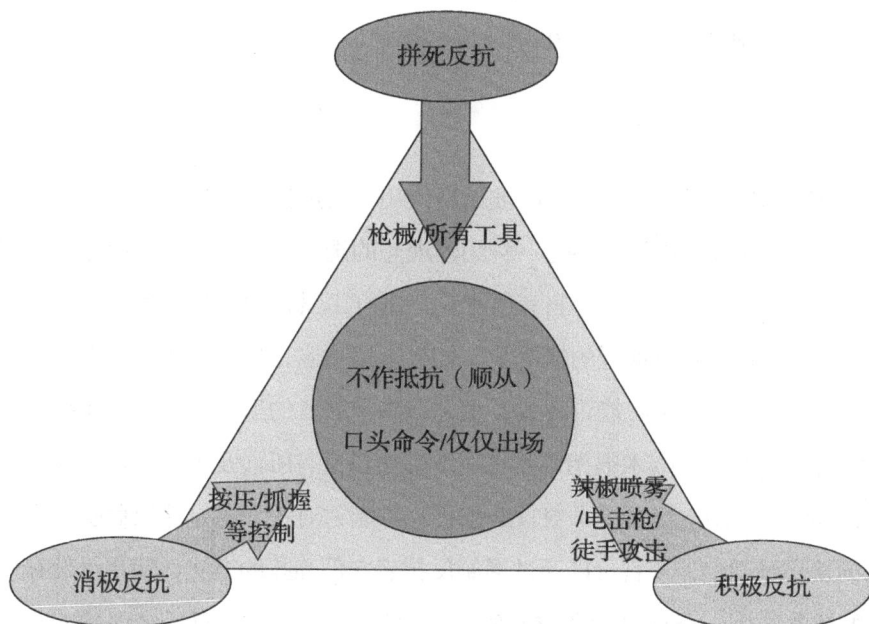

图11.2 "反抗—反应"动态模式图，以及针对各种反抗所应使用的武器类型。

当我们面对嫌犯的激烈反抗时，可以根据具体情况使用一些手段或工具，范围包括徒手攻击（拳击，脚踢等），以及使用武器攻击（警棍、辣椒喷雾、电击枪等）。手段和工具的选择必须根据现场情况，并结合所在部门的政策。在这里，我建议你根据具体情况，以及相关法规，选择最简单有效的手段和工具。这将帮助你以最简单快速的方式制服对手。在对付特别危险的抵抗者时，以上提及的手段和工具都是被允许使用的。我在之前已经阐述了很多关于快速移动，脱离对手的攻击范围，并取出武器的相关内容，还谈到了"反抗-反应"动态模式的具体理念。这些都值得你在执行任务的过程中参考和借鉴。这里，我依据自己的经验，对下面几种手段和工具的使用进行了分级：

1. 电击枪

2. 辣椒喷雾

3. 击打工具

4. 颈部两侧血管扼制（BVR）

5. 徒手攻击

如果电击枪可以在安全距离内被恰当使用，对反抗者是具有明显效果的。辣椒喷雾的效果稍弱，不过也还是一种比较理想的选择，美中不足的地方就是残留的喷雾可能会对执行任务的警官有所影响。击打工具，也就是各种警棍，主要适用于警察与反抗者距离很近的情况下。如果运用得当，也可以在保证自身安全的同时制服对手。击打工具能否奏效，主要取决于警官的运用水平。"颈部两侧血管扼制"（BVR和锁喉术很相似，将在本书第13章有所涉及）是非常有效的制敌手段，但它的使用前提是要求警官必须首先控制住对手，这是件很危险的事。在BVR的使用过程中，警官可以通过遏制反抗者向后挣扎的方式，使自己处在一个有利的战略位置，避免可能造成的危害。而且正如本书第1章已经谈到的那样，与其他攻击方式相比，动脉抑制类型的控制技术被证明对警官和目标造成的伤害更小。徒手攻击的前提是要求警官能够站在可击打到反抗者的距离之内，是否可以达到预期效果则取决于警官的技术和力量。运用徒手攻击的时候，警官和目标的受伤机率都会大大增加。

在选择其他工具更有效、使用距离也更大（从而更安全）的前提下，为什么还会有那么多警官热衷使用徒手攻击呢？答案就是，如果你有其他选择，那很好，当然你也可以选择不用。但如果你面临困境，手边又没有合适的武器，就只能依靠自己的身体了。有的时候，当警官接近目标并将他铐住时，目标经常会出人意料地进行反抗。在这种情况下，警官当然不可能马上掏出武器，因此只能使用徒手攻击。徒手攻击最大的一个优点就是"随用随有"。不过，正如本章已经谈到的那样，徒手攻击的实际效果最终取决于你的力量和技巧。

值得注意的一点是，本章不会具体论述各种近身搏击技术，因为多数的搏击技术都已经在学校被专门教授过。对于这些技术，你可以根据自己的喜好进行取舍。本章中谈到的某些攻击理念，以及如何产生更大力量的方法，将有助你更有效地使用它们。除此之外，我们也没有讨论运动比赛中的搏击技术，因为本章关注的重点是街头实战。这两者间是存在着本质区别的。

积聚力量，利用人体力学原理有效击打对手。只要你记住了这点，并且努力练习，就可以在很短的时间内使自己的搏击技术得到提高。

●手部击打●

正面击打

请注意，本部分的标题是"手部击打"而非"拳击"。我们可能忘记了（或者从没学过），一些最有效的击打动作并不一定是通过紧紧握住的拳头来实现的。对于那些并非专业拳击运动员的警官来说，我也并不想在自己的教学中向他们传授过多的拳击动作。

专业的拳击选手由专业的拳击教练员负责训练。在开始训练之前，教练先要将运动员的手，用各种各样的东西填充、缠紧。当这项工作完成之后，你的手就好像没有了，感觉像是胳膊上直接吊着两块沉甸甸的大石头。尽管准备措施如此到位，专业拳击选手的双手仍然很容易在比赛和训练的过程中受伤。明白了这一点，你就可以想象，如果让一个既缺乏专业训练，又没有防护措施的警官，在街头用拳头去击打对手的头部或者其他坚硬部位，将会多么容易伤害到自己。更糟糕的是，如果受伤的恰好是用来持枪的那只手，后果就更加不堪设想。在这里，我告诫那些经常这么做的警官，除非你经过严格的专业训练，否则最好还是张开手掌去击打对手。即便是那些接受过严格训练的警官，我也仍然建议你们这样做。

图11.3 手掌张开进行击打的标准姿势。

　　手掌张开的击打方式其实和用拳击打是一样的，并且都可以达到预期的效果。有所不同的是，张开手掌击打时，主要使用的是手掌根部（如图11.3）。这种击打非常有效，并且几乎不会使自己感到疼痛，手部和手腕受伤的几率也会大大降低。

　　为了描述起来更简单，我以右利手人群为例介绍所有技术。如果你是左利手，那也无所谓，只要将技术动作做镜像处理就可以了。尽管在古代左利手被认为是与恶魔或女巫为伍的邪恶人群，因而经常遭受鞭打和火刑。但是如果你能够学会忽略自己这个所谓的"缺陷"，也就更容易与整个世界和谐相处。即便你仍然愿意"特立独行"，那也没什么。说实在的，有时候左利手在某些方面，比如枪械训练领域，反而更加占便宜。为了照顾那些左利手人士的感情，我在这里将使用"前手"和"后手"来代替传统的"左手"和"右手"的说法。请记住，对于占据人群绝大多数的右利手人士而言，所谓"前手"就是他们的左手，"后手"则是他们的右手，左利手与之正好相反。我本人对左利手人士十分有好感，因为我的妈妈和姐姐都是"左撇子"，而且我相信与其他人相比，"左撇子"要更加聪明、灵活。

虽然后手击打的基本技巧在本章前面已经有所涉及，但我还想对此进行更加详细的阐释。因为我在教学过程中经常会遇到一些常见错误：如静止直立，抬腿过高，以及无法充分利用胯部和肩膀的转动等等。

首先说说静止直立。我们可以回想一下"魔法公式"。这个公式的基本原则就是要充分利用自己的体重，如果你在击打过程中始终保持静止直立的姿势，就无法充分发挥体重的优势，也不可能爆发出最大的力量。出于某些原因，许多人都有一个坏习惯，就是会在击打的过程中出现短暂的停顿。打个比方来说，这就好像你高速驾驶一辆汽车去撞墙，在即将撞到墙的一刹那，你突然踩住刹车，从车上跳下来，再推着汽车朝墙上撞。千万不要这样做，你应该利用身体向前的冲力借势击打。利用速度，将体重的优势发挥到最大。只要掌控好身体前冲的速度，再加上出拳、出脚的速度，两者结合，就能让击打的力度翻倍。因此击打的时候一定不要站着不动，而是应该始终移动身体。

再来说说肘部的控制技术。如果你选择采用手掌张开的方式击打，就不应该让肘部过分远离身体，否则你就难以发挥体重的优势。抬高后手与肩同高，胳膊弯曲90度，上臂与地面平行，然后将肘部微张，指向一侧（如图11.4）。如果你以这种姿势出拳击打，你的体重可以发挥多少作用呢？非常少。因为只有一样东西在你拳头后面，那就是空气。接下来，将你的手臂调整到一个更自然的击打位置。手臂弯曲，拳头贴紧脸部，肘部收拢紧贴肋骨，肘尖向下指向地面（如图11.5）。如果你以这种姿势击打，并确保在整个击打过程中，肘尖始终指向地面，你的体重又可以发挥多大作用呢？答案是全部。

图11.4　不正确的"鸡翅肘"。　　图11.5　正确的肘部姿势，可以确保将体重
优势发挥到最大。

最后，在击打过程中必须充分让胯部和肩膀转动起来，从而带动全身的体重。记住山姆·朗福德"秘密都在转动胯部上"这句话。当你出手击打时，胯部要大幅度地快速转动。使用哪只手击打，就要相应地转动同侧的胯部。而且，你的胯部转动应该略先于手部击打动作，就像是为手"助跑"一样。与此同时，当你的肩膀也要配合进行相应的转动。

归纳起来一句话，驱动双脚，让身体保持移动，扭动胯部和肩膀，就可以让体重的优势充分发挥出来。记住，这不是拳击比赛，你要尽可能一击制敌，然后给他拷上手铐。如果一次击打不起作用，就快速移动到新的位置，准备下一次攻击，直到制服对手。

前手击打，或者说直击，简单说来，就是通过前面的那只手以手掌的方式连续击打。一些人更愿意将这个招数理解为分散对手注意力，或是真正攻击（即后手的连续出拳）的前导。我不同意这种观点。很多时候，我只用前手就可以将别人击倒。更确切地说，是对手移动中的破绽帮助我达到了这个效果。当我前手出招的时候，他们正好把脸凑到了我的手掌前。由此，我始终认为恰当的前手招数同样可以起到良好的效果。就像一些非常出色的拳击手说的那样："巧妙的前手招数是所有练家子百宝箱里必不可少的一样法宝"。

从理论上讲，前手可以向任何角度发起攻击；但从实战上讲，向身体左侧或右侧45度角的位置直线发起攻击，效果无疑是最好的。如同后手击打一样，前手击打的关键就是手臂要与目标成一条直线。你可以想象一下，如果你准备击打一个目标，比如对方的鼻子，你的手臂就必须和他的鼻子呈一条绝对直线，直捣目标。任何角度的偏差都会造成力量和速度的丢失，并暴露你的攻击意图，让对手有所防备。即便你可以击中目标，击打效果也会大打折扣。这就像直线行驶得汽车突然拐弯会产生离心力一样，拐弯的拳头也会将击打力量分散开来。

我在教学中发现，学生完成前手攻击时，主要存在两种错误。第一种错误是胯部未能配合转动，因此无法充分发挥出全身的力量和体重优势。这是一个很简单的道理，我们已经多次重复：胯部转动可以产生更大的力量，转动幅度越大，力量也就越大。当然，因为客观条件的限制，你在运用前手攻击招数时不可能像后手那样大幅度转动胯部，但你仍然应该让它最大限度地转动起来，增加击打的力度。第二种错误则是在击打过程中让肘部过分远离身体，而不是收拢在靠近肋部的位置（很多人在使用后手攻击招数时也会犯同样的错误）。正如前面所说，击打时肘部过分远离身体会分散你的速度和力量，并暴露攻击意图。上小学的时候，老师都告诉过我们两点之间直线距离最短。毫无疑问，最短的距离能产生最快的速度和最大的力量。如果你是个汽车发烧友，就可以把自己的手臂想象成曲轴，你的拳头则是活塞。曲轴总是在弯曲的状态下启动，活塞则会在它的推动下沿直线运行，每次发力后再回到原点，如此周而复始。总而言之，如果你可以真正掌握并使用人体力学原理，你的全身，特别是你的腿部和胯部就将成为每次手臂发力的助推器。充分扭动你的胯部，就可以推动手臂以更大的力量击打目标。

为了让你充分领悟其中的奥妙，我可以再做一个形象的说明。假如你的手臂是一条柔软、湿润的毛巾，你的手是被毛巾末端包裹的一块肥皂。如果你想把毛巾抡起来击打对方，仅仅靠毛巾和肥皂是起不到任何作用的。你必须全身用力，充分调动脚部、腿部、胯部和肩膀，做出一个"抡"的动作，才可能让原本没有杀伤力的毛巾和肥皂变成武器。

　　击打过程中另一个比较常见的错误是没等肘部完全伸展开，就实施攻击，这显然无法令你的力量充分释放出来。甚至一些相当优秀的专业拳击选手也会犯这个错误，并且根本意识不到自己的错误。与之相反，有些人为了增加打击力度，在出手前，会有意后拉肘部，然后再进行击打。这也是没有必要的，因为你双手都处于攻击状态，没有那么多准备时间，捕捉到机会就必须马上出手。

　　许多年前，我曾有幸和一名专业拳手进行拳击比赛。他是个很不错的运动员，不过却有很轻微的出手前后拉肘部的毛病。这暴露了他的进攻意图，我非常享受和他的比赛，因为我很容易通过这个小毛病对他的招数未卜先知，并且寻找破绽适时出手。比赛结束之后，我没有告诉他，其实是他自己的毛病打败了自己。但我却要告诉所有的读者，不要因为这个毛病提前暴露自己的战术意图。

　　由于以上这些原因，在训练中你应该做到两点。首先是提高自己出手的速度，其次是学会利用人体力学原理，充分发挥身体优势。完成第一个目标的训练很简单。站在原地，全身放松，特别是手臂，然后集中精力，向想象中的目标进行攻击，不断加快出手速度，直到达到自己的最大限度为止。

　　为了完成第二个目标，则需要进行"击打沙袋"训练。你可以选用一个很重的沙袋，也可以让同伴穿好防护配合练习。你的目标就是打动这个沉重的沙袋，或者击退、击倒你的同伴。通过胯部转动完成击打，按照前面介绍的要领，胯部充分转动，发挥全身的最大力量。即使是在平面照片中，你也可以看出使用和不使用这些技巧的区别（如图11.6和图11.7）。

图11.6　在毫无胯部、肩部转动的情况下进行击打，身体笔直，无法借用体重优势，因而击
打力度很小。

图11.7　通过胯部、肩部的转动调动体重优势，击打力度会增加许多。

相比花架子似的推沙袋训练，我还是更喜欢看到沙袋被大家用尽全身力量，重重打飞的感觉。这样击打者就能确定他们攻击的效果，仅仅通过沙袋的状态，就可以判断两种击打截然不同的效果。你可以想象一下，如果某个人拿着一根6英尺长的杆子准备攻击你，究竟是把它抵在你的胸口、然后慢慢推你的力度大；还是拉开一定距离，猛然戳到胸口上的力度大？第一种方式可能让你稍稍失去平衡，但不会受伤；第二种方式却会造成相当严重的伤害。

在我看来，花架子的推沙袋训练养成了大家的坏习惯。与之相反，如果按照上面介绍的方法进行训练，即便身体素质一般的人，也可以产生令人惊叹的爆发力。在懂得这个道理的基础上，学员剩下的任务就是不断提高自己的击打速度。正如前面所说，那是很简单的事情，只要反复多次的原地击拳练习就可以实现。在这里，我还要顺便感谢介绍给我这个训练方法的两位专业人士。他们是前职业跆拳道选手山姆·葛列柯和前职业拳击选手马克·卡尔文森特。卡尔文森特还是一位非常专业的巴西柔术教练，他曾经在FBI洛杉矶分局执教多年。

勾拳和上钩拳

勾拳和上钩拳是很有效的击打技术。虽然传统的招数通常要求攥紧拳头，但是这个动作也可以用张开的手掌来完成，如果这样做，最后的发力点则相应地由拳面移至手掌根部。勾拳和上钩拳的出招轨迹表面上看是弯曲的，实际上却仍然要保持在一条直线上。勾拳只是要求上臂弯曲并平行于地面，但下臂、拳头和打击目标却仍然要保持一条直线。上钩拳也同样如此，不同之处是以对手暴露出的下巴或头部为击打目标。除此之外，勾拳还可以呈向上45度角攻击对手的肋部，如果力量足够大，打击效果也会非常明显。无论你使用哪种招数，手部运动的轨迹一定要保持成直线，否则就可能使力量分散。

使用勾拳时，胯部的转动会表现得更加明显。它将呼应拳头运行的方向大幅度转动，就好像你是用身体把拳头直接扔向对手一样（如图11.8）。

上钩拳的角度不能单靠降低手臂获得，而是要采用曲膝、下蹲的姿势来降低重心。在这个过程中，双手保持防御姿势，然后腿发力，全身使劲，向上挥拳，充分发挥体重优势（如图11.9和图11.10）。

图11.8　用勾拳击打头
部的正确姿势。

图11.9　上勾拳的错误姿势，千万不要放低手臂。

图11.10　正确的上勾拳准备姿势，
弯曲膝部，降低重心。

●踢●

回旋踢

踢的招数有上百种，但由于法规政策的限制，在这里我只能教你三种。首先是回旋踢。它是一种非常有效的招数，当以对方腿部为攻击目标的时候，命中率很高。回旋踢的最理想目标是对手的膝盖部位，或是靠下一些的腓骨神经部位，最终效果则取决于你腿和脚上的功夫。这也正是问题的关键所在。如果没有大量的训练，很少有人能真正掌握这个动作，甚至一些久经沙场的战士也是如此。在这里，我主要介绍一些关于回旋踢的基本原理和技巧。

下面是提高回旋踢伤害效果的三个诀窍：

1. 任何踢腿动作的前提，都是要抬起准备踢出的那条腿，并弯曲膝盖上举。大多数人踢腿的时候，腿几乎是直的，所以他们无法使出足够的力度。踢腿动作的第一要素是抬起并弯曲攻击腿的膝盖。这是条非常有用的原则，韩国著名合气道大师韩凤洙如是说。我曾经有幸得到过大师的一对一指导。也许是机缘巧合，他很喜欢我，私下里向我单独传授了很多窍门。值得注意的是，即便已经年过七旬，他依然拥有强大的踢打能力（如图11.11）。

2. 让你起支撑作用的那只脚转动180度，用脚后跟指向你要攻击的目标。我敢打赌，99%的人使用回旋踢的时候，都不能充分转动自己的脚。特别是那些初学者，他们会用自己的脚尖指向攻击目标，然后勉为其难地踢出去。说到这里，你必须明白，如果不能通过转动脚部的方式为胯部转动提供充足的空间，你的身体就会互相较劲，从而无法充分发力。

   由此，我想到了另外一条防御策略准则，我把它称为"别扭准则"：如果你在完成某项动作的时候，感觉很别扭，那就肯定做得不对。同样的

图11.11 弯曲并上提膝盖是所有踢法的准备动作。　图11.12 支撑脚的完全转动。

道理，当你使用回旋踢的时候，如果没能充分转动脚部，你做起动作来就会觉得很别扭。不要这么做！如果你的同事看到了这种蹩脚招数，也会对你失去信心，因而不愿意和你一起执行任务。

要真正做好这个动作十分困难，甚至一些富有经验的人也无法做到完美。不过，我在这里还要再次强调，我们需要面对的不是靠花架子得分的竞技比赛，而是你死我活的实战。所以你必须尽全力把所有动作做到位，以最大的力度打击对手（如图11.12）。

3. 使用回旋踢的最佳方式是向下45度角猛踢对手的腿部。这个角度能够让你充分发挥体重和速度优势，甚至可以一击就把对手的腿踢断。

总而言之，要掌握回旋踢的技术其实并不容易，对于那些普遍缺乏训练的警务人员来说更是如此。随意使用往往只会破坏自己的平衡，并为对手制造出进攻机会。

前 踢

最简单有效的踢法就是前踢。它更自然，也更符合人的运动习惯，并且通过少量练习就可以充分掌握。和其他所有踢法一样，前踢要求首先弯曲并上抬膝盖，将它置于身体前侧（如图11.13）。

图11.13　正确的前踢准备姿势。

正如前面介绍过的手部攻击招数一样，在踢腿的过程中，你也必须充分发挥体重和速度优势。作为执法人员，你一定不要踢向对方腰带以上的部位。不过你也不必像专业比赛那么畏首畏脚、点到为止，既然踢，就要竭尽全力。

在进行前踢的时候，你应该用脚的哪个部位击打对手呢？标准教科书要求使用脚掌。但是这种规定实际上只适用于比赛或者训练的时候，因为在那种情况下打斗双方都是光着脚的，使用脚掌可以在踢打过程中避免脚部受伤。然而在实战中，你几乎总是穿着鞋子。你的脚趾都被很硬的鞋面保护着，在踢打对手的时候很少会受到伤害。所以，你完全可以用脚尖而不是脚掌踢打对手。根据物理学原理，接触面积越小，力量越集中，单位面积上的受力就越大。用脚尖而不是脚掌踢打对手，显然可以起到更好的打击效果。

蹬 踹

最后介绍的这个动作是最有效，也最容易学会的。虽然这个动作也是一种踢法，但我还是更习惯称之为"蹬踹"。到目前为止，我们介绍过的各种踢法都包含比较复杂的力量控制内容，比较难于掌握，蹬踹则与之相反，你只需要保证自己的体重按照一定角度下压就可以了。不过由于蹬踹要求用整个脚掌接触对手，所以它的打击力度也较弱。

蹬踹通常适用于你已经抓住并且初步控制对方的时候，比较理想的目标是腹股沟。在蹬踹过程中，只要注意利用体重趋向目标，并且适当下压就可以了。除此之外，对手的腿部也是蹬踹的理想攻击目标，特别是膝盖部位，轻微用力就可将对手放倒在地。

在你踢腿的时候，你的手又应该做点什么呢？这个问题具有一定欺骗性，因为它根本就没有答案。与防御姿态不同，踢腿属于进攻，手臂派不上任何用场。很多没有经验的人习惯在踢的时候挥动手臂，可这么做不仅看起来很别扭，还会为对手提供进攻破绽。正确的方法应该是，你的上半身和手臂，在踢腿的过程中，应该处于松弛状态，并保持警惕就可以了，基本上用不着做什么。

●头部撞击●

头部撞击是一种非常有效的击打技术，但是如果你不够小心的话，也很有可能伤害到自己。实话实说，我们的头部天生就不是干这个用的。就我个人而言，我并不鼓励以头部作为武器攻击对手。但是在某些紧急情况下，它也不失为一种可行的选择。如果你不得不使用这个招数，有两点需要注意。第一，如果你是向前撞击，着力点应该在发际线、也就是脑门的位置，因为那个地方的骨头最厚。第二，如果你是向后撞击，不要直接使用后脑勺，因为那里有颅骨裂缝，很容易受伤。作为折中的办法，可以稍稍向左或向右偏移头部，然后再向后撞击。与此同时，你选择的攻击目标也应该是对手身上比较柔软的部位，例如鼻子就是比较理想的选择。

●最有效的徒手攻击方法！●

最好的总是被放在最后。这是我最喜欢的徒手攻击方法，它对任何人都有效，不论他们的身形大小或是力量强弱。但这种方法常常被人忽视，因为它在任何专业搏击运动中都是违规的，这个方法就是戳眼睛。当你完全处于下风的时候，它是你唯一的选择。

这听起来很恐怖，不过有时候你却不得不那么做。戳眼睛是最简单、最有效的技术，不需要大量练习，就可以获得很好的效果。作为执法人员，这种方法也可能是你的"救命稻草"，帮助你在最危急的时刻摆脱对手，跑到安全的位置，并掏出武器。

戳眼睛很简单，但也有一些技巧需要注意。为了提高戳中的几率，不要只用一根或两根手指戳，而是要用上所有的手指，整个戳过去。通常来说，你可以将中指瞄准对手的两眉之间。这样一来，你的食指和无名指就自然而然戳进对方的眼睛。两只都戳中当然最好，就算只戳中一只，那也够对手喝一壶的了（如图11.14）。

蒂姆·韦伯和我之间始终保持着一种特殊的默契，因为我们一起在1980年晋级为黑带级别。我非常喜欢蒂姆，尽管他是个有些狡猾的、花花公子式的人物，而我更像是个天生的搏击运动员。这个家伙的确很狡猾，我们周末的时候经常聚在一起切磋技艺，在一次较量中，他要了个花招，让人觉得他打出的拳既没力

图11.14　正确的戳眼睛方法。

量，又没速度。作为回应，我慢慢调转身体，用右手击打他的身体左侧。这时，他突然张开手指，像个耙子一样戳向我的眼睛。我被击中了，眼睛立刻开始流泪，什么也看不清。气急败坏的我疯了一样向蒂姆大叫，他却站在一旁嘲笑我的迂腐。

在那次较量中，其实既没有裁判，也没有规则。我们尽可以用一些比较出格的方法，只不过我自己头脑里的条框限制了我的选择，所以我真的不能像正规比赛那样大叫犯规，只能自认倒霉。在我们以后的练习中，我也不止一次被蒂姆骗到。每次他都会得意地大笑，我也会大笑，但要比他晚得多。蒂姆的狡猾为我敲响了警钟，一个看似不起眼的花招，不仅破坏了我的进攻，还极大削弱了我的攻击能力。从那以后，我就开始对手指戳击技术十分警惕。

在这里我还要提醒你的是，徒手攻击只是最后不得已的选择，如果你还有其他选择，比如电击枪、辣椒喷雾或者警棍，尽可以去使用这些更好的选择。他们不仅对你更安全，对嫌犯也更安全。如果你不得已使用徒手攻击，就要记住，你不是在参加正规比赛，而是面对你死我活的战斗，你可以使用一切有效的办法或手段制服对手。最后，我还要提醒你，不要忘记戳眼睛，它真是个又酷又有效的攻击方式。

●训练方案●

1. 按照本章提到的方法，让你的身体学会放松，从而提高反应和击打速度。训练要点是采取应对姿势站立，全身放松，调动全身的力量，练习各种不同的手部击打和踢腿动作。

2. 第二种训练是"击打沙袋"训练。这在本章中也有比较详尽的论述，你可以使用沙袋，也可以和同伴配合练习。在充分领悟如何利用人体力学原理调动全身力量、发挥体重优势之后，通过练习提高击打速度。练习中注意将精力集中在击打上。

3. 使用橡胶模型练习手指戳击技术。当然，你也可以选择与带着安全护目镜的同伴配合练习。在练习过程中，你可以设定实战中可能遇到的各种情况，然后有目的地进行练习。

4. 重点练习你最喜欢的徒手攻击方法。一定要注意放松，只有在放松的状态下，你才可能将全身力量充分释放出来。

5. 接下来，重点训练转动身体，尤其是胯部的技术，需要特别注意胯部转动与击打方向的配合。

6. 最后，将身体放松、击打训练和转动训练结合起来，不要忘记始终保持移动。

第12章
倒地后的应对策略

执法部门中的很多人可能会对这个话题提出异议。的确，代表正义的警务人员怎么可能会被罪犯放倒在地呢。让我们不要对此问题过于敏感，因为这样的情况的确会发生。如果你希望在倒地之后还能幸存下来，最好的办法就是不要倒在地上！警务人员应该尽量避免倒在地上进行打斗，无论是主动的，还是被迫的，因为那是一种很危险的情况。在那种情况下，你很难观察到对手的手部动作，而且你的武器也很容易被夺走。在这之后，很多糟糕的事情就会接连发生。任何法官都会赞同这样一种观点，即警务人员被打倒在地是一种极度危险的情况，因而可以采取最极端的方法保护自身安全。实事求是的说，作为警务人员把对手放倒在地，与被对手放倒在地并扭打成一团的感觉是完全不同的。

多数倒地搏斗领域的专家都认为，无论何种形式的打斗最终都应该以倒地打斗的方式收场。然而在那些拥有丰富实战经验的人看来，事实却并非如此。他们总是凭借自己的技巧把对手打倒在地，同时尽量避免自己被对手放倒，更不会主动倒在地上和对手扭打。在我年轻的时候，也曾参与过一些不太光彩的街头打斗，但从未采取过倒地姿势。后来，当我通过训练，成为水平更高的搏击专家后，也仍然认为保持站立姿势打斗是最安全的。

我曾经就某些专家所谓的"无论何种形式的打斗最终都应该以倒地打斗的方式收场"的观点，咨询过我的格斗启蒙老师基思·泰勒。大学时代的基思是校园里罕见的空手道黑带3级（他现在是黑带10级），业余时间还在一家环境不怎么好的俱乐部兼职负责保镖工作，以此赚取自己的学费。基思说，因为工作使然，那时候的自己一个晚上和别人发生几次打斗是很平常的事情。我进一步追问他的那些打斗有多少次是以倒地方式进行的，得到的回答是一次也没有。对此，他这样解释道："我把别人打倒在地，然后将他们拖出俱乐部，但我从不会和任何人倒在地上扭打。"对于基思来说，要做到这点并不难，因为他的水平相当高，并且始终掌控着打斗的节奏。

在《黑带杂志》一篇署名巴卡里·阿基勒二世的文章中，作者分类统计了他通过网络收集到的各种打斗方面的资料，并由此得出结论：42%左右的打斗是以双人倒地的方式结束的，52%的打斗则是以单人倒地的方式结束。巴卡里经过仔细研究，进一步得出结论：57%的倒地情况是被抛、绊或者拽倒的，只有7%的人是被推倒在地的。在巴卡里收集到的所有资料里，35%的倒地者是被拳头击倒的，只有一个案例是被对手踢倒的。巴卡里同时还认为，如果一个人被放倒在地，他就会丧失59%的得胜机会。在所有倒地打斗的案例中，33%左右的结果是两败俱伤。

这里需要说明的是：巴卡里提供的材料中包括了那些从未受过专业训练的普通打斗者的案例，以及因为没能控制好平衡，或腿部功夫不到家，自己主动倒地的案例。单就获得街头实战经验的方面来说，巴卡里的研究仍然是值得警务人员认真借鉴的。尽管在我看来，只要掌握好平衡并且正确移动（正如第6章所说的那样），就可以在最大程度上减少倒地的几率，但这并不是我们忽视倒地后应对策略训练的理由。

接下来我要告诉你的都是一些非常具有实战意义，并且非常有效的方法和技巧。这些都是每名搏击人士必备的技能，掌握了它们，就可以令你事半功倍，其效果胜过跟着一个循规蹈矩的普通教练练上几年。这些方法和技巧对任何防御训练都是有价值的补充。从专业执法人员的角度来说，我们不应该同任何对手陷入倒地扭打的窘境，因为我们身上配备了许多武器（例如手枪、匕首、辣椒喷雾等等），在倒地打斗的过程中，它们很容易落到坏人手里。警校的学习训练已经让我们明确意识到，必须竭力避免这些武器落到坏人手里，从而使他们有机会利用这些武器对付我们自己。如果能明白这一点，还会有人通过倒地的方式，主动为对方提供这样的机会吗？而且，当我们倒地和罪犯扭打成一团的时候，很难观察到对方双手的动作，这也很容易为对方提供伤害我们的机会。除此之外，如果旁边还有对手的其他同伙怎么办？他可以趁我们倒地扭打的时候，打伤甚至杀死我们。

所以说，应对倒地打斗的最好办法就是尽量避免倒在地上。要做到这点其实并不难，正如第6章已经讲过的那样，控制好自己的平衡，提高警惕，并持续移动，始终保持在对手的袭击范围以外。如果对手根本碰不到你，也就不可能把你摔在地上。

话虽如此，但在实战中总会有意外情况发生。因此，我们就必须掌握相应的技巧，宁可不用，也不能不会。如果有人问练习地面击打是在浪费时间吗？答案显然是否定的。

作为一名警务人员，我们应该尽力避免被对手放倒在地上。如果很不幸你被对手抓住，并且有可能被放倒，又该如何应对呢？首先需要调整好心态，选择一个合适的防护姿势，控制好自己的平衡。如果对手抓住你，并试图把你摔倒在地（例如使用绊腿的方法），最好的应对措施就是保持移动，不要让他得逞。如果袭击者已经把你紧紧抱住，你也可以使用第10章介绍过的跨步方法来摆脱窘境。（如图12.1）。

图12.1（A） 袭击者环抱住警务人员，想依靠体重将其摔倒。

图12.1（B） 警务人员顺着袭击者的发力方向，向旁迈出一步。 图12.1（C） 袭击者很容易便被抛摔出去。

　　如果你真的不幸被推倒、拉倒或是绊倒在地，首先应该做的就是避免在倒下的过程中伤到自己。我曾经看过一本很不错的书，里面介绍了一些关于这方面的有效方法，这里给大家简单介绍一下。如果你即将倒地，一定不要向地面伸出手臂，试图支撑自己的身体。因为你本身的体重再加上下落的速度会对手臂造成很大的冲击，甚至导致骨折。对你来说，这将导致灾难性的后果，因为你将无法拔出武器保护自己。

　　除此之外，按照物理学的原理，下落距离越长，加速的过程也就越长，着地时对身体造成的冲击就越大（如图12.2），如果可能的话，你应该尽可能减少自己的下落距离，降低身体受伤的风险。这个目标可以通过在下落前尽量压低身体重心来实现。也就是说，在身体撞击地面之前，你要大幅度弯曲膝盖，并使臀部尽可能靠近地面。这样就可以让身体最终受到的冲击力减少到最小。

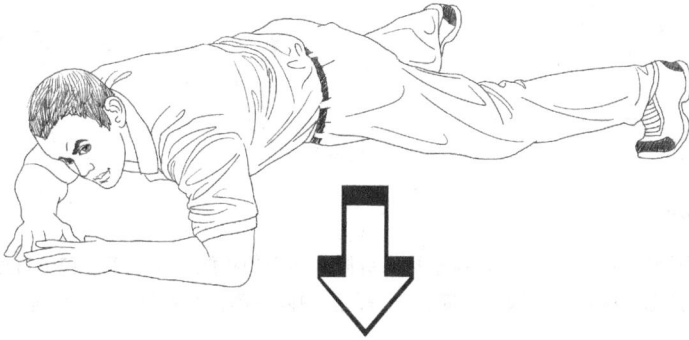

图12.2　摔倒时施加向地面的冲力。

　　相比普通的倒地方式，翻滚倒地也可以有效降低倒地对身体的冲击，因为翻滚可以增大身体与地面的接触面积，从而分散冲击力（如图12.3）。如果你倒地时没有翻滚的余地，起码也要在下落过程中伸展开手掌、前臂，以及脚部（注意不要只用你的手），增大身体与地面的接触面积，分散冲击力，减少受伤的几率。在平时练习的时候，你可以采取循序渐进的方式，先从最简单的坐或跪的姿势练起，然后是蹲，最后是站（如图12.4到图12.6）。

图12.3　通过翻滚抵消冲力。

◄ 161 ►

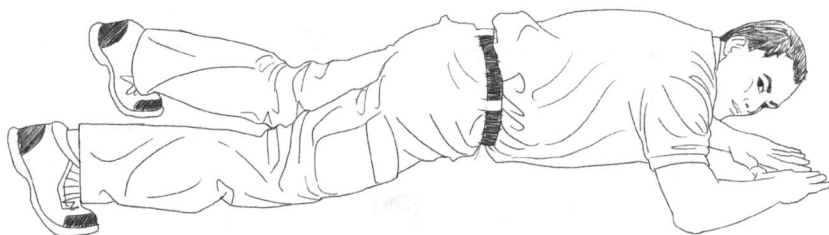

图12.4 俯身倒地时的正确姿势，尽量扩大身体与地面的接触面积，手掌和小臂形成稳固的三角形，确保腹股沟不会受到冲击，脸扭向一侧，避免鼻子撞击地面。

图12.5 后仰倒地的正确姿势。将冲击力分散到肩胛骨区，同时抬高头部，避免后脑撞击地面。

图12.6 侧身倒地的正确姿势。用身体一侧的腰、腿着地，保护脊柱和头部。

第12章
倒地后的应对策略

除此之外，无论你采用什么姿势倒地，都必须确保头部不会撞到地面。头部受伤是打斗中最糟糕的情况，因此任何时候都要保护好自己的头部，尤其是在倒地的时候。

如果你已经倒地，就必须尽快想办法安全地站起来。在这种情况下，存在着三种可能发生的状况：（1）对手骑到你身上，和你扭打纠缠在一起；（2）对手保持站立的姿势逼近你，并发起袭击；（3）对手站在原地不动，等着你太太平平地爬起来。

让我们分别讨论一下这三种可能性以及相应的对策：

1．对手骑到你身上，和你扭打纠缠在一起。

这是最坏的一种情况。对手骑在你身上的姿势可能多种多样，你的应对措施却只有一个，那就是摆脱对方，重新站起来，移动到安全位置，掏出武器制服对方。

在所有情况里最坏的一种就是你脸朝下趴着，对手岔开双腿跨坐在你的后背上，不断用拳头猛击你的头部和脊椎。这种姿势也被称为"乌龟姿势"。然而不幸的是，"乌龟姿势"对人类没有好处，因为我们的背上没有坚硬的外壳，也不能把头和四肢缩进壳里躲避攻击。如果你是以这种姿势被对手骑着，那真的可以说是没救了。也许有人会说，在专业比赛中利用这种机会继续攻击对手是违背规则的。不过请注意，你所处的环境是街头，而不是专业比赛，你的对手也不会被那些愚蠢的规则限制住。

有鉴于此，如果你不幸倒地，一定要尽力避免沦落到"乌龟姿势"的悲惨境地。那种姿势只会让你死得更快，一旦你把自己的后背转交给对手，也就意味着你已经彻底放弃反抗，任由对方为所欲为。如果在动物王国中采用这个代表"顺从"的姿势，对手没准儿会放过你，但是我不能肯定它对坏人也同样适用。记住，永远要面朝对手。如果你已经处于"乌龟姿势"，不要试图使用蛮力掀翻骑在背上的对手。这种办法只有在对手比较瘦小的情况下才会起作用。相反，你应该尝试着制造出足够的空间，以便让自己能把身体翻转过来，面朝袭击者。这个姿势也不怎么样，但起码比"乌龟姿势"强点。

仰面被对手骑在身上的情况虽然同样很不利，但你至少可以用手臂保护自己。而且如果对手是以这样的姿势骑着你，你就有机会破坏他的平衡，把他从你身上掀下来。要做到这一点需要很大的力气，如果你比对手更强壮、更有力，那就省事多了，也用不着再采用其他技巧。但我总是习惯于做最坏的打算，也就是说如果对手比你更年轻、更强壮、更有力气，那又该怎么办呢？在这种情况下，你不但无法摆脱，对手还会利用自己的优势，向你连续发动袭击，而你则毫无还手之力。为了解决这个问题，我们仍然需要使用本书多次谈到的一个原则，不和对手硬碰硬，"四两拨千斤"，通过力量的转移、平衡的控制，以及有效的移动来摆脱对方。

打个比方，你可以把骑在自己身上的敌人想象成一张四条腿的桌子，他目前正处于一种比较稳固的四点平衡状态。对手状态良好，而你却很糟糕，这对你来说确实是个非常艰难的时刻。对手的力量和体重不断向下施压，把你牢牢钉在地上。处于这种尴尬境地的你，本能的反应就是将向下的压力不断向上推开（力量对抗力量），但是除非你超级强壮，或者对手难以想象的弱小（如果是这种情况，你怎么会倒在地上让人骑着呢？），这种办法几乎是无效的。那么你如何才能破坏对手的平衡？如何才能改变下压力量的方向？在这种情况下，有一件事是对手不能阻止你的，那就是将手臂滑向地面。你可以试试，让伙伴骑在你的身上，把你的手臂按向地面，你会发现此时无论是将双手向上滑到头部，还是向下伸到腰部都很容易做到。相对而言，把手臂伸到头部，形成一种跳水姿势要更加容易。当你这么做的时候，多数对手会本能地试图抓住你的手腕。这样一来，他的身体就会被拉长，平衡也会随之破坏。尤其是当你的双手靠拢在一起，放在头顶上方的时候，抓住你的手腕就会使对方变成三条腿的桌子。接下来，向左侧或右侧扭动身体，便可以将骑在身上的对手掀翻。这个招数只需要很小的力量，但必须抓住时机尽快完成，尤其是当对手正试图击打或扼杀你的时候（如图12.7）。

接下来再让我们看看对手骑坐在你的胸部，并试图击打你的头部时的情况。破解这个困境的基本原理和前面是一样的，同样是要把四条腿的桌子变成三条腿。当对手快速出拳击打你的头部时，你应该努力将头部向反方向偏离开。注意

图12.7（A）　袭击者将警员按在地上，形成稳固的四点平衡。

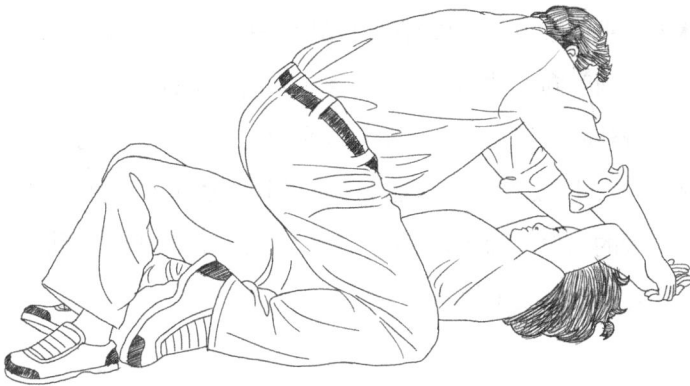

图12.7（B）　警员将双手滑向头顶并拢，破坏袭击者的平衡。

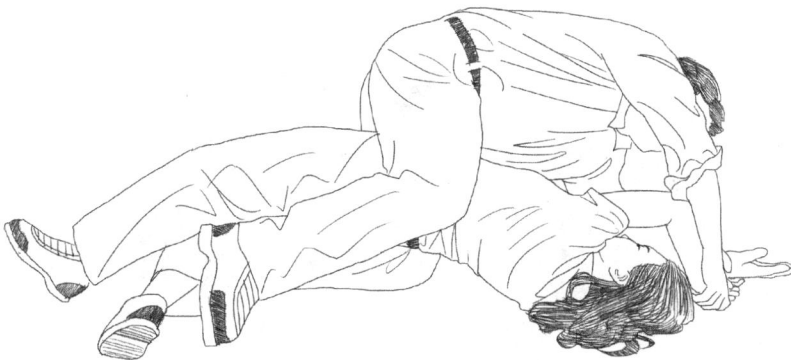

图12.7（C）　警员向一侧翻身，致使袭击者失去平衡。

图12.7（D） 袭击者被掀翻，警员得以逃脱。

不要只移动头部，而是移动整个身体。如果对手的力量很大，你只能移动身体的上半部分，但这就足够了。当你移动身体的时候，手臂也要同时向上伸展，紧靠在对手的身体上。举例来说，如果对手试图用右手向下出拳击打你的头部，你就要向左移动身体，同时向上伸出右臂靠在袭击者右肩附近。这时候，你的右臂开始向右侧发力，身体配合扭动，这样就可以利用对手向下挥拳的冲力破坏他的平衡，将其掀翻。这个招数的关键就是不要徒劳地将袭击者抬起，或是把身体向上推。这需要很大的力气，而且几乎毫无效果。你只需简单地转动身体，手臂发力，就可以破坏对手的平衡（如图12.8）。

图12.8（A） 当袭击者出拳击向头部时，将头部向异侧移开，同时伸出手臂，靠近袭击者肩部。

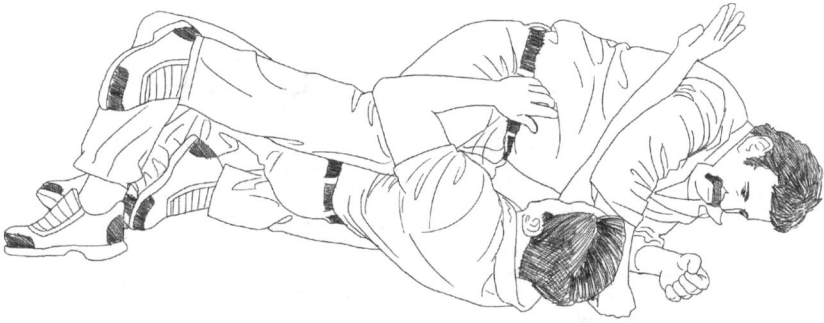

图12.8（B）　顺着袭击者发力的方向转动身体，破坏对方的平衡。

还有一种可能是对手骑在你身上，并试图用双手掐住你的脖子，让你窒息。对付这种情况很简单，因为当对手用双手掐住你脖子的时候，他本身就已经变成三条腿的桌子了。你可以用一只手臂抓住他的手腕，另一只手抓住同一条手臂的肘部，然后调动全身的力量，以及手臂的推力，就可以掀翻对手。这个招数并不需要很大的力量，只要手臂和身体配合好就可以了（如图12.9 ）。

图12.9（A）　警员被掐住脖子。

167

图12.9（B）　同时握住袭击者一条手臂的腕部和肘部。

图12.9（C）　用力将身体转向一侧，破坏袭击者的平衡。

图12.9（D） 掀翻袭击者，成功逃脱。

　　如果对手半趴在你身上，你又应该怎么处理呢？对你来说，这种情况要比被对手骑在身上有利一些，一些高手即便是处于这种状态照样可以有效击打对手，不过那需要接受比较专业的训练。作为一名执法人员，你恐怕也不愿意就这么躺在地上，让坏人压着吧。你需要做的就是尽快重新站起来，移动到安全位置，并掏出武器。在这种情况下，你可以双臂分别抓住他的手臂，两条腿缠绕住袭击者的腰部，利用腰部和腿部的力量将对手尽可能拉近你（如图12.10），然后再猛地把他向后弹开（如图12.11）。当对手试图击打你的时候，你也可以利用这个办法暂时把他从自己身边推开，让他够不着你。不过这仍然只是权宜之计。

图12.10 警官控制住袭击者的手臂，然后将其拉向自己。

图12.11　袭击者会试图远离你，以免受到伤害。此时警员可以利用腰部的力量，顺势推开袭击者。

　　就像第9章介绍过的防御姿势1和防御姿势2一样，这只是暂时的办法。如果你满足于保持这种相持状态，最终仍可能受到伤害，甚至丢掉性命。更糟的是，在这种状态下，你和对手挨得实在太近，他有的是机会拿到你身上的武器，反过来伤害你。因此，在弹开对手之后，你应该尽快利用膝盖在自己和对手之间制造出足够的空间，再用另一条腿踢打对手，然后两条腿交替踢打，直到你获得足够的空间，可以采用地面防御姿势为止（相关内容将在下文介绍）。达到目的之后，你应该尽快掏出武器，站起来，移动到安全位置。

　　另外一种制造空间的方法，是通过使用徒手攻击破坏对手的平衡。千万别忘了第11章介绍过的各种徒手攻击方法。如果你的一只手是自由的，最简单的办法就是戳对手的眼睛，那将很可能破坏对手的平衡，为你创造出足够的空间，并使你最终摆脱出来。另一种办法也是正规比赛不允许的，就是把一根手指戳进袭击者的眼窝。这样一来，你不但可以轻易挣脱对手，还能制服他。

　　如果你的摆脱招数无效，与对手陷入僵持状态，又该怎么办呢？要是正规比赛的话倒也无所谓，大不了最后被判个平局，反正运动员也不用担心对手会从自己身上夺取武器，攻击自己。但实战中的你却一分钟也不能犹豫，双手护住头部，然后将腿伸到对手的两腿之间，用膝盖从后面全力撞击他的尾巴骨，同时将手肘放于袭击者膝盖内侧，通过翻身破坏对方的平衡。如果对手的两条腿无法掰开也不要使用蛮力，只要利用体重就可以达成效果。一旦他的控制被打破，立刻挣脱并站起来，猛踢他能够活动的那条腿，防止他反过来踢你。

当然，在这种情况下，你同样可以选择用手指戳对手的眼睛，为你的挣脱赢得时间和空间。除此之外，你还可以选择击打对手的腹股沟，如果此时对手的腹股沟完全暴露，你将很容易得手。正如第11章已经谈到的那样，对腹股沟最有效的袭击方法不是击打，而是抓、攥和拧。被对手压在身下倒地搏击对你来说是最危险的处境，所以你也用不着讲什么规则，必须使用一切办法尽快挣脱，并掏出武器，移动到安全位置。

2. 对手保持站立的姿势逼近你，并发起袭击。

在这种情况下，你应该立即采用倒地防御姿势，让身体三点着地。这三个点分别为支撑手、支撑前臂，以及同侧的臀部和腰部位置。双脚始终朝向对手，弯曲膝盖，随时准备踢出。如果对方向一侧移动，你可以以支撑手为中心随之旋转。除此之外，你还应该将另一只手抬高保护头部和上身，并伺机掏出武器（如图12.12）。在这个过程中，你可以用脚踢对方的膝盖、小腿和脚部，迫使他无法靠近，让你能够安全地站起来，并取出武器。如果你确定对方有可能威胁你的生命，那就拔出手枪。

图12.12 正确的倒地防御姿势，如果有可能，你还可以掏出武器。

为了尽快站起来，你必须在自己和对手之间制造出足够的空间。有两种方法可以达到这个目的。如果你两手空空，就用一只手扒住地面，另一只手放在靠近臀部的位置。然后双腿后蹬，扒在地上的那只手同时用力，尽快拉开与对手的距离。注意在移动的过程中，身体要保持蜷缩姿势，防备对手的袭击。

如果你手里有武器，就可以采用第二种方法。基本姿势和前面一样，一只手扒地，双腿蹬动。唯一不同的就是原先靠近臀部的那只手，此时应该拿出武器，对准对手。除此之外，你还可以利用武器逼迫对手远离，由躺转坐，再慢慢站起来。

3. 对手站在原地不动，等着你太太平平地爬起来。

遇到这种情况，需要做的第一件事同样是马上站起来，并且拿出武器，确保这种情况不会再次发生。至于站起来的具体方法，你可以参考上文。

如果情况正好掉过来，你保持站立姿势，对手被摔倒在地。那你又该怎么做呢？是立刻骑到对手身上和他扭打吗？不，如果你骑到对手身上，他也可能用前面提到的那些招数对付你，而且你还可能会主动把自己身上的武器送到对方手里，他的同伙也可能趁机袭击你。对于警察来说，最好的处理方式不是骑在对手身上，而是与对手拉开距离，选择适当的武器，充分观察周围的环境，并向对手发出相应的命令。一旦你确定完全控制了局面，就可以慢慢靠近，制服对手。标准的方法是，空手靠近对方，用你的膝盖分别压住对方的臀部和肩部，保持这个姿势给嫌犯带上手铐，同时留意观察周围情况（如图12.13）。

图12.13　正确的制服倒地者的姿势。注意保持上身直立，以便观察周围潜在的危险，空手靠
近，用膝盖将倒地者的臀部和肩部压在地上。

总的来说，倒地后应对的基本原则是：

1. 尽可能不要倒在地上。
2. 如果你已经倒地，就要尽可能快地站起来。
3. 如果你能够做出倒地防御姿势，就试着用腿踢袭击者，或者用其他武器
   与对手拉开距离，然后站起来。
4. 不要纠缠于倒地打斗，寻找机会站起来，向安全地带移动，并尽快掏出
   武器。
5. 正如本书反复提及的那样，最好的防御就是保持移动。

●训练方案●

尽管下面这些训练方案是分条列出的，但你还是应该在训练过程中尝试着把它们串联成一个整体，从而更逼真地模拟实战环境。你可以用倒地动作和翻滚动作进行热身，然后和同伴配合进行倒地战术训练。练习时，要注意经常交换各自扮演的角色，从而获得更深刻的感性体验。一定要注意度的把握，只要扮演警务人员的同伴控制住了局面，就要及时喊停。

1. 出于安全考虑，练习倒地动作时要使用软垫。首先从最低的难度开始，然后由浅入深。

2. 练习向前和向后翻滚。

3. 练习三点触地的倒地防御姿势。

4. 练习从倒地防御姿势快速站起来。

5. 采用"乌龟姿势"，让同伴骑在你身上，练习本章介绍的摆脱方法。

6. 仰面躺到，让同伴骑在你身上，对你进行拳打、扼颈等攻击，练习使用本章介绍的方法摆脱出来。

7. 在同伴的配合下，采取倒地防御姿势，练习与对手拉开距离，并重新站立的技巧。

8. 与同伴配合练习本章介绍的用膝盖从后部攻击对手尾巴骨，并摆脱重新站立的方法。

9. 让同伴躺在地上，自己保持站立，练习用膝盖固定对方臀部和肩部，并带上手铐的方法。

第 13 章
颈部两侧血管扼制

我很荣幸接到约翰·帕伊博士的邀请，成为其审议小组中的一员。这个小组专门研究执法人员使用锁喉术的影响，以及锁喉术的战术应用。约翰·帕伊博士不仅是一名资深的急诊室医生，还在加利福尼亚大学洛杉矶分校的医学院教学。除此之外，他还是一位联邦调查局的特工。他协调并主持了一个由医生和医务人员组成的审议小组。这个小组中的绝大多数人都是志愿者，为南加利福尼亚地区的反恐特警组提供后勤保障。我是该小组中唯一一位非医学背景的成员，我的任务是为防身术的技术应用提供建议。

这个专家小组认为，绝大部分执法人员都误解了致使锁喉术生效的生理原因。之所以会这样，是因为执法人员大多沿袭工具性思维，这种思维的表现是，只要它有效，就不会考虑为什么有效。但是现实的情况却是，只有了解了它为什么有效，警务人员才能更好地运用它；只有它得到了更好的运用，才会在实际工作中表现得更加有效。同时，如果警务人员误解了锁喉术之所以有效的生理原因，还会导致使用不当，给对方带来意想不到的伤害。我们都清楚这些意想不到的伤害会带来什么样的后果，这其中就包括：法庭诉讼、行政调查等等。

鉴于警务人员对锁喉术的生理原因存在疑惑，以及社会上存在一些关于这方面的负面报道，专家小组修正了锁喉术的技术操作方式，对其做了更加准确的解释，并在此基础上给锁喉术一个新的学术定义。他们采用了一个能够更加准确描述锁喉术的术语，即颈部两侧血管扼制（Bilateral Vascular Restraint）。专家组的目的不仅是为了让执法部门了解两侧血管扼制的实际生理原因，更是为了通过发展一项可实际操作的安全防身术，让执法人员从中获益，增加他们的安全系数。就像第1章所提到的那样，专家认为涉及到颈动脉的各类防身术是使用武力时更加安全的选择，因为这些技术给警务人员和对手带来的伤害更少。因此，专家将锁喉术重新命名为颈部两侧血管扼制，他们的目标是鼓励所有执法部门将这一技术纳入到防身术训练之中。

需要澄清的是，锁喉的意图并不是为了让人窒息。只有当对方的呼吸系统受到限制时，他们才会产生窒息，这最终可能导致受害者气管破裂甚至死亡。除非你有使用致命攻击的充分理由，不然的话，将会造成很严重的后果。当然，如果警务人员可以使用致命攻击的话，他们也没必要扼住对方的喉咙，因为他们可以根据当时情况利用可找到的任何工具，例如汽车、瓶子、下水道井盖等。这些都是较为极端的情况，毕竟各执法部门都做了不少规定，来限制使用武力，所以警务人员在使用致命攻击之前，首先要想到本部门的规定。

现存的问题是，一些警务人员没有接受过运用锁喉术的训练。因此在激烈的格斗中，他们会对嫌犯的脖子前方而不是侧面施加力量。这样做经常会造成受害者死亡，从而导致法庭诉讼，甚至需要支付巨额的赔偿金。错误使用锁喉术的的事件屡有发生，最终导致法庭限制甚至禁止警务人员继续使用该技术，而它本来是警务人员用来对付积极反抗者的一种有效手段。为了防止锁喉术被大范围禁用，我们用颈部两侧血管扼制这一术语来代替锁喉术。颈部两侧血管扼制的基本方法是警务人员一边向反抗者的颈部施加越来越大的压力，一边要求对方停止反抗。

颈部两侧血管扼制（以下简称扼颈）对于逐步恢复锁喉术来说是一项值得称道的尝试，但它也存在一些问题。比如，我认为它给警务人员和反抗者增加了潜在的风险。首先，当警务人员使用这一技术时，不管从法律上来说是否具备充分的理由，其效力与使用枪械、警棍、电击枪，或者徒手攻击的效力差不多，都可能造成对反抗者的人身伤害。不过很多时候，警务人员因为形势所迫，不得不使用某种武力工具或手段。如果是为了保证自身和他人安全的需要，只要法律允许，就应该毫不犹豫地使用。因此，为什么还要在是否使用锁喉术上耿耿于怀呢？如果警务人员断定存在直接威胁（如对方是一名积极反抗者），那么警务人员使用扼颈就得到了法律上的许可。在这种情况下，他们应该毫不犹豫地使用扼颈。

如果警务人员在使用扼颈时逐渐增加力度，可能会有两件坏事情发生。首先，警务人员的意图会因此暴露无遗，清楚意识到自己处境的反抗者会激发出强烈的反抗意识。同时，由于警官在使用扼颈时始终让对方站着，就无法向反抗者施加全部力量，也不能让反抗者完全失去平衡，反抗者因而可以采取许多对抗手段，给警务人员和周围的人带来危险。其次，由于警务人员无法立即向反抗者脖子两侧施加最大的力量，这给反抗者留下了扭动身体的余地。即使警务人员在最开始扼制对方颈部时的姿势是正确的，也很有可能随着对方的摆动，而演变成压迫对方气管的致命窒息。因此，正确施加最大的力量，尽可能快速地打破反抗者的身体平衡，做到这两点不仅可以让反抗者更快丧失行为能力（这增加了警务人员的安全系数），还可以最大限度地降低反抗者窒息死亡的风险（这增加了反抗者的安全系数）。在操作正确的情况下，扼颈是能够迫使积极反抗者配合执法的有效手段。

那么，在帕伊博士的专家小组进行独创性研究之前，大部分警务人员所认为的让锁喉术生效的原因是什么呢？绝大部分人相信，锁喉术能达到预期效果(即昏厥)的最主要因素是颈动脉受到压迫。当颈动脉堵塞，含氧血液无法流入大脑，最终导致缺氧。他们许多人都是这么认为的，别人也是这样告诉他们的。这种说法有一定道理，但却并不全对。

专家小组认为扼颈之所以奏效是有多种原因的。正确操作扼颈，会自然导致短暂性昏厥。昏厥的产生是由于三个因素同时发生作用造成的，即颈动脉阻塞、颈静脉阻塞和迷走神经的自发反应。专家小组研究发现，阻塞动脉导致昏厥需要使用11磅的力量，相比之下，阻塞静脉所需要使用的力量则小得多（大约为5磅）。颈静脉是一个低压系统，其内壁更容易受到压迫；而颈动脉属于高压系统，内壁更为强韧，因此更能抵抗外力。即使颈静脉只是部分受阻，头部血液流动也会缓慢下来，从而引起头部血液拥塞。所以，在大脑血液流动变缓的过程中，劲静脉受压发挥了更大的作用，而不是颈动脉。

小组同时还认为，迷走神经受到刺激是导致昏厥的主要原因。迷走神经控制了人体的非自愿功能，如呼吸、心跳等。在实战中，警务人员和反抗者都可能由于战斗体验，导致心跳加快、血压增高。由于操作扼颈时警务人员是对反抗者的脖子中间部位施加力量，反抗者的颈内动脉窦感觉到压力增大，并向迷走神经发出信号，迷走神经通过减慢心跳、降低血压来对身体受到的这一威胁做出反应。当迷走神经做出过度反应时，人体实际上已经昏厥了。对于警务人员而言，这是求之不得的好事。

从实战角度来看，这一发现意味着，有效操作扼颈并不要求警务人员的块头或者力量有多大，只要对反抗者脖子的正确部位施加仅仅5磅的力量，就足以阻塞对方的颈静脉，刺激迷走神经，最终促使反抗者昏厥。

还有一点也很重要，值得警务人员注意，那就是在正确操作扼颈时，没有必要去抬高反抗者的下巴。在受训时，许多警务人员学到的是，在进行锁喉术时必须抬高对方的下巴。但根据专家小组的调查，以及警务人员的个人经验，这样做是完全没有必要。只有在想造成窒息的情况下才需要抬高对方的下巴，但是几乎所有部门都禁止警务人员做出让别人窒息的行为——除非法律授权可以使用致命攻击。既然警务人员对反抗者脖子两侧施加压力就可达到扼颈的预期效果，反抗者是否抬起下巴，也就无关紧要了。人们在面临窒息危险时会本能地压低下巴，这是一个很好的求生反应。但是，压低下巴一点都不会阻碍扼颈的效果。低下头，让下巴紧紧靠近胸口，只会给反抗者一种心理上的安全感——尽管这种安全感是虚假的。

我在第5章和第6章中谈到了平衡、安全距离和移动的正确方法以及步法。所有这些指导方针同样适用于扼颈的操作。在实际操作中，还有另外一些原则需要遵守，这也正是它区别于其他锁喉术的原因。警务人员在使用扼颈时若遵守这些战术要点，便可以最大限度地保证扼颈的安全系数和有效性。

要想成功使用扼颈，警务人员就必须在使对方失去平衡且颈部暴露的时候，始终保持自身的平衡，只有这样才能真正实现有效使用。警务人员通常使用配枪一侧的身体配合双臂实施扼颈，然而这种方法并不是总能奏效，所以警务人员应该学会使用身体任意一侧实施扼颈。如果可能的话，可以从对方的背后实施有效打击。当然，从对方背后实施扼颈的前提，是首先破坏对方的身体平衡。

为了在施展扼颈前使对方失去平衡，警务人员可以将对手的头发、衣领、衣服或者前额向后拉。如果对手身材更高，就将脚放在对方膝后，轻轻向前一踢，让对方腿部弯曲，降低身体的重心。这样做的时候要小心对方压在自己的脚或者腿上，那样会对膝盖造成伤害。用自己的另一只脚挡住对方，防止对手通过后退恢复平衡，这样做也会让你更安全。当警务人员用手臂环住对手脖子准备实施扼颈，并迫使对手背部后弯失去平衡时，警务人员还可以用手或臀部向对方的下身（尾骨区域）施力（如图13.1至13.3）。

图13.1　通过腰部发力使对方失去平衡。　　　图13.2　通过手部发力使对方失去平衡。

图13.3　通对踩踹对方膝盖使其失去平衡。

　　如果警务人员能从对方的背后实施扼颈，以上方法都会很奏效，但很多时候警务人员都无法移动到身后位置，这就需要警务人员想办法做出调整。如果警务人员一开始便和嫌犯面对面对峙，应怎样绕到他后方来实施扼颈呢？我认为有以下几种办法，这些办法中都包含一个共同的要素：首先做出防御姿势，身体弯曲，两手抬至面前，摆出一副让对方冷静的样子。其实这是一种很棒的攻击姿势，因为警务人员的肘部是弯曲的，可以保护自己的身体，上举的双手看上去毫无威胁，却可以快速发动进攻。

　　第一种办法是，从一个侧面的角度快速冲向对方（永远不要正面冲向对方），一只手击打对方肩部，同时用另一只手抓住对方的另一个肩膀，或拉或推，使其背对自己。在此过程中你可以将对方想象成一个旋转45度或者180度的大球。不要只是转动对手的身体，还要让他的背部弯曲，使其进一步失去平衡。

本书第5章就曾讨论过使对手失去平衡的基本原则，这些步骤正和那部分内容一致。

第二种办法与前一种有些相近，从一个侧面的角度冲向对方，将一只手置于对方下颌部位，同时另一只手抓住对方的肩膀或后脑。当警务人员一只手扳动对方肩膀时，另一只手相应地向上向外转动对方的下颌。这与前面讲的锁颈技术有些相似，唯一不同的是，前者是为了将对方按倒在地，后者是为了将反抗者转动至实施扼颈所需的位置。

如果对方试图攻击警务人员，或者已经处于侧面朝向警务人员的位置，这时要绕到对方手臂的外侧，朝他身后移动，同时推开对方伸出的手臂。所有这些动作都要顺畅、连续地完成（如图13.4）。

图13.4　侧向移动闪避攻击，同时绕到袭击者身后。

通过使用上述两种方法，警务人员基本上可以完成实施扼颈所需的准备工作。在这之后，我们将要用到两个技术术语：环绕臂和辅助臂。环绕臂是指环绕反抗者颈部并向其施力的手臂，辅助臂则是置于反抗者头后方的手臂，同时辅助臂也可以用来防止对方用头部撞击警务人员。

这套方法是为了能够使警务人员用身体一侧撞击或者用力挤压反抗者的背

部。对方背部向后弯曲，身体平衡就被打破。与此同时，警务人员的身体重心要低于反抗者，以防止对方进行还击。

实施扼颈时，要迅速锁住对方颈侧并施加最大力量，要防止在搏斗中出现环绕臂摆放位置不正确，或因疏忽而压迫到反抗者气管等情况的发生，这样才能最大限度降低给反抗者带来的损伤。如前文所述，没有必要将环绕臂置于反抗者下颌的下方。扼颈之所以有效，是由于对方的颈侧受到了压迫，而不是颈前方。在实施扼颈时不能逐渐增加力量，而要一次到位，放倒对手。如果警务人员犹豫不决，使用的力量比实现有效扼颈所要求的力量小，那实施扼颈就显得毫无意义。还需要注意的是，一旦环绕臂位置有所变动，力量就有可能被施加到反抗者的颈前区域。在这种情况下，除非警务人员有充分的理由使用致命攻击，否则就要立即停止施力（如图13.5）。

图13.5　错误的扼颈方法。前壁置于对方颈前，很容易造成窒息，千万不要这样做。

为确保环绕臂放对位置，警务人员必须让环绕臂那一侧的身体与反抗者的背部紧贴，同时保持大约90度角。这一点很关键，如果警务人员和反抗者面对同一个方向，或者警务人员的身体和反抗者背部之间存在一点缝隙，那么环绕臂就很可能会放错位置，致使力量被错误地施加到对方的气管上。扼颈的实施要求确保警务人员的肘部放在反抗者喉部的正前方。只有将肘部放在这个位置，才可以保证不会挤压到对手的气管，从而毫无顾忌地向对方颈侧施加压力。接下来，抬高辅助臂，直到环绕臂的那只手可以触到辅助臂的肱二头肌，将辅助手放在对方脑后，紧紧困住对手（如图13.6）。

图13.6（A） 环绕臂的正确位置，注意肘部正好位于对方喉部正前方，这是为了防止气管受伤。

图13.6（B） 正确扼颈姿势的侧面图。

　　如果警务人员已经用扼颈牢牢困住了对手，就要立刻将其摔倒在地，从而进一步破坏对方的身体平衡，最大限度地减少对方还击的可能性。只要对方仍然保持站立姿势，就有机会还击，这很容易让扼颈失效。当警务人员将对方摔至地面时，要让自己保持适当的平衡，并维持正确的姿势，同时确保对手无法用头部撞击自己。

如果你们同时倒地，你有两个选择。我喜欢直接摔倒在地上，让与环绕臂同侧的臀部（如右侧环绕臂和右臀）坐在地上，双腿以骑自行车的姿势放低，尽可能增大身体的着地面积（如图13.7）。这样做的话，不管对手是多高多重的坏蛋，都无法使我失去平衡，或者摆脱扼颈。

图13.7　正确的倒地扼颈姿势，重心放低，双腿以骑自行车的姿势着地，
可以有效保持自身平衡。

如果警务人员认为倒地扼颈存在危险，还有另一个办法。上身直立，两膝分开跪地，最大限度维持身体稳定。双膝跪地，是为了让膝部行成一个宽三角，给自身建立一个低矮但却稳固的重心（如图13.8）。

图13.8　正确的跪地扼颈姿势，直立的身体可以扩大视野，警惕周围潜在的危险。

倒地后，一旦警务人员处于正确的姿势，就可通过以下做法来增加扼颈时的力道：肘部向下收紧，后背弯曲，扩张胸部。

在实施扼颈时，我们还可以使用另一个辅助手段，来进一步限制反抗者的行动能力。这个手段主要是通过将手指插入对方的耳道来限制其头部的运动能力（如图13.9）。这个方法听起来似乎很蠢，但如果你与搭档一试，就会发现这个办法能取得惊人的效果，并使反抗者产生恐慌情绪。它不仅有助于固定对方的头部，而且手指插入耳道的痛感能够分散对方对扼颈的注意力。我可以为这个方法打包票，它确实十分有效。它的灵感源自于鲍勃·沃尔的电影《龙争虎斗》。据鲍勃说，他的灵感来自"柔道大师"吉恩·勒贝拉(他的女儿正好是一位FBI探员)，这个人总是会使用各种手段来增大锁喉的威力。

图13.9 使用扼颈时手部的辅助动作。

正如前面反复强调过的那样，施力时要保持身体放松。警务人员在使用扼颈时，应当放松自己的身体，并降低重心，收紧肘部，弯曲后背，扩张胸部。这样做的话警务人员至少能多产生5磅的力量，这个力度足以阻塞静脉，刺激迷走神经。持续使用扼颈，直到对手自己配合戴上手铐，或者失去意识而被戴上手铐。

一旦警务人员制服了对方，要立即为其戴上手铐，并进行搜身。实施扼颈后，有些预防措施值得注意。首先，一旦对方失去意识，不要继续延长使用扼颈的时间。如果你这样做，可能会导致对方永久性损伤甚至死亡。我知道接下来你会想什么，"如果他假装昏迷，那怎么办？我会一直给这流氓用扼颈，直到确定他真的倒下。"相信我，你可以分辨出对方什么时候真的昏迷了。如果你只想再多用扼颈几秒钟来确保效果，那没关系，但要记得千万别超过这几秒。对了，实施扼颈会有一些事后反应，对方可能会呕吐、大小便失禁。知道这些也很有用，如果对方真出现这些反应，那可是一个用同伴的巡逻车来转移伤者的好时机，特别是在你想搞些恶作具的情况下。

扼颈有很多还击方法。警务人员只有对其有所了解，才能在正确操作扼颈时，避免被对手击伤。下面将讨论其中一些很常见的还击方法，以及相应的预防措施。

其中一种还击方法是对手可能使用背摔。但只有当对方以平衡姿势站立时，他才能完成这一动作。对方的重心必须低于警务人员，并且向前弯腰，才能借助腰部力量把警务人员扔出去。如果警务人员从后面让对方失去平衡，使其身体后倾，这种情况就不可能发生。因此，实战时要千方百计使对方失去平衡，不让对方有保持站立姿势的机会。

对方还有另一个还击方法，那就是用脚绕过警务人员的腿，给警务人员来一个扫腿的动作。即使警务人员已从后面使对方失去平衡，可只要对方还站着，他就能够用一只脚进行还击。一旦他这样做了，只需要再转下身体就可以扫到警务人员的腿。为防止这种情况出现，就不能使对方保持站立姿势，或让对方恢复身体平衡。在使用扼颈的时候要尽快将对方制服于地面。

任何时候，如果对方能够顺利脱身，并转过身来面对警务人员，那么问题就变得很严重了。这时，我们可以采取第6章提到的移动策略，首先脱离对方的攻击范围。如果你缺乏明显的战略优势，那就千万小心。对手到目前为止一直成功挫败了警务人员的控制，因此你理应马上夺回战略优势，从侧面移开，与对方保持距离，然后取出武器阻止对方的进攻。

让我们再回到约翰·帕伊博士的研究上来。他和专家小组对实施扼颈有什么建议呢？首先，在实施扼颈时，警务人员应只使用手臂来施力。如果还使用了其他工具（如警棍、手电筒、绳索等），那就不是扼颈了。如果通过警棍绳索等工具施力，我不知道该怎么称呼这种方法，但这绝不是扼颈。

其次，如果对方感受到强烈的痛感或出现气管损伤的症状，应将其带往医院进行检查。大部分需要使用扼颈来对付的坏人，很可能是在酒后犯案，他们也许会出现潜在的并发症。如果警官怀疑对方出现这种情况，那最好的办法是让医务人员对其进行确认。不管在什么时候使用了扼颈，警务人员都需要监控对方。若对方出现昏迷症状，就不能让他处于直立的姿势，因为这种姿势可能导致脑供血不足。同样，警务人员也不能让对方脸朝下伏地，或者将对方的四肢绑起来。

总之，扼颈是很有用的手段，唯一的问题在于，若操作不当可能会导致意想不到的伤害或死亡。但如果操作得当，并且遵守相关安全守则，执法部门就会发现扼颈是多么有价值的工具了。

●训练方案●

1. 找一个搭档双膝跪在你前方。使用扼颈，并逐渐增加力量，直到对方认输为止。注意，你逐渐增加力量，是为了让搭档在感到不适或头晕时有机会提出认输。在实际操作扼颈时，则必须立即向对方使用最大力度。

2. 练习从前方、后方、侧面接近搭档，实施扼颈。

3. 练习在扼颈时从后面将搭档直接放倒的技巧。

4. 当你和搭档处于倒地扼颈姿势时，让其尝试采取一些企图使你失去平衡的动作，而你则想办法应对。另外还有一点需要强调，尽量避免出现倒地情况，站立时适当打开双腿并降低重心可以为你带来更大的稳定性。

第**14**章

警 棍

本章将讨论以下问题：怎样正确使用警棍、正确的打击部位、不同的警棍类型、使用警棍时怎样发力，以及其战术考量。

什么时候可以使用警棍呢？很明显，在对方不抵抗的情况下，对其使用警棍就很不合时宜。事实上，只要使用了警棍，几乎可以肯定的一点是，对方一定会受伤。根据"反抗–反应"动态模式的基本原则，以及相关法律政策的规定，警棍只能对积极反抗者，或者被断定为对别人构成直接威胁的人使用。这种直接威胁一旦消失，就必须马上停止对对方的击打。

警棍可以用于击打哪些人体部位呢？警务人员要搞清楚部门政策在这方面有哪些规定，并确保自己能够遵守，但通常情况下，除了头、颈、生殖器、脊柱和脊柱中线等部位外都可以击打。当然，在被迫使用致命攻击的情况下，就没有什么限制了。在使用的时候攻击脂肪少的部位（如手、肘部、前臂、胫部等），比起攻击身体软组织如胃部、臀部，可能会更有效果。在使用警棍时，不能一边对对方进行连续击打，一边指望对方知道警务人员想让其投降的意图，而是要在击打的同时向其发出明确的口头命令，如趴下、停止反抗等。一旦对方服从了这类命令或者不再对警务人员构成威胁，就必须马上停止击打，并且对其进行逮捕。

通常，警务人员需要将警棍放在勤务腰带上、惯用手能够拿到的地方，很少有警务人员能用非惯用手来有效使用警棍。但是，警务人员也要认识到惯用手的局限性，并对另外一只手进行适当练习，做到有备无患。如果警务人员看到对方持有刀或者手枪，就可以使用致命攻击了，在这种情形下，由于产生了可以使用致命攻击的条件，用警棍击打对方头部将是合理的行为。当然，要是对方突然从积极反抗转变为拼死反抗，警务人员的最佳选择应该是立即放下警棍，拔出手枪。如果是我的话，我肯定会选择最快、最有效的那种方式。

是否有一些近战武器要优于警棍呢？当然有，我总是偏爱操作简单的武器系统，因为它们容易上手，并且十分有效。根据这一点，我们先来看看最近比较流行的武器。T型拐就是一种很棒的武器，它有多种使用方法，这一点是单体防暴棍（直棍）做不到的。使用T型拐的时候，可以配合一些比较有用的侧移和控制技巧。但问题在于，警务人员很少能够有效运用这些技巧，因为这些技巧都要经过长时间的训练才能被熟练使用。而对警务人员来说，训练时间是稀缺的。那么，大部分警务人员都会怎么使用T型拐呢？T型拐本来可以多面使用，但警务人员的使用方法却十分单一，就跟使用短棍一样。这也不一定是坏事，只是这样做的话，还不如直接使用单体防暴棍。那样会更简单，威力也更大。

许多年前，我在一个地方警察学院做完特警培训后，准备吃午饭。这时，学员正在一片大空地上练习使用单体防暴棍、伸缩警棍，以及T型拐。他们反复用这三种武器击打沙袋。当时我是背对着他们的，尽管我看不见，但也很容易从声音上听出来他们是不是在用T型拐打沙袋。当学员使用单体防暴棍或者伸缩警棍时，很难让人去区分这两者从沙袋上发出的撞击声，因为都是"嘭嘭嘭"的声音，但我一听到"哒哒哒"的声响，就知道他们是在使用T型拐了。然后我会观察这些学生，看他们怎样化解使用T型拐的尴尬。

他们能够慢慢学会有效使用它吗？在大量练习之后，答案是肯定的，但使用单体防暴棍和伸缩警棍的话会立刻看到效果，因为使用这两种武器的击打方式都很自然，按本能发挥即可。如果由我来指挥，我会让警务人员只使用单体防暴棍和伸缩警棍，以确保他们能够有效打击对手。另外，T型拐只是冲绳人武术用具T拐的修改版。冲绳人之所以拿这个作为武器，是因为在美国占领日本时，日本人被禁止使用真正武器。T拐最初是用来充当转动磨盘的把手，可以说它只是一个被开发为警用武器的农业工具。

第14章
警 棍

　　说到这里，我可能要接到制造商和T型拐粉丝的抱怨信了。话虽如此，不妨再增加一些讨厌我的人吧，说说警用双节棍。所谓双节棍，在古代其实是用于打谷的农业用具。双节棍能被有效使用吗？绝对可以。多年来我自己一直喜欢使用双节棍。但是，使用双节棍时如果警务人员不知道自己在干什么，很可能会让自己而不是对手受伤。此外，双节棍有无数种使用技巧，这些对执法人员来说都会很有用，但必须花费大量的时间进行训练，才能学会这些专业技巧。

　　说了这么多，你可不要以为我是一个满腹牢骚的家伙，讨厌执法人员使用的所有工具，相反，我十分支持当今流行的近战武器。许多武器被设计出来的目的，是为了保障警务人员的人身安全，也在无形中增加了罪犯的安全系数。这些武器意在减少由于缺乏经验可能带来的伤害，并为警务人员在避免双方受伤的情况下抓捕罪犯提供帮助。这个使命很崇高，我对那些制造出类似工具的公司表示赞赏。据我了解，这些工具包括辣椒喷雾、甩棍，以及电击枪。我还可以将单体防暴棍（直棍）纳入其行列，但我不知道它的发明应归功于谁，或许是要感谢第一个使用棍子的穴居人吧。

　　单体防暴棍是不错的武器，唯一的缺点在于它的大小，警务人员在开车时无法将其随身携带，而是必须把它放在车门的塑料口袋或者其他能拿到的地方，这样警务人员在下车时就可将其带走。但问题在于，警务人员勤务腰带上的东西本来就够多了，现在又要多加一件武器，他们宁愿不把它带走。

　　为解决这一问题，制造商开发并生产了高质量、可信赖的甩棍，将警棍的标准长度由26英寸降为9.5英寸。这样一来，警务人员就更加便于携带了。不管什么武器，只有在随身携带的时候，才能体现该武器的价值。

　　让我们再回到如何对付积极反抗者上来。当警务人员认识到对方的威胁，并已经拿出警棍时，应做出什么姿势呢？降低身体重心，身体弯曲45度，面向袭击者，双手以防御姿势上举，肘部护住肋骨。与徒手防御姿势唯一的不同之处是，现在警务人员举起的手中还持有警棍。

　　还记得第11章中谈到的关于如何发力的技巧吗？如果对方是积极反抗者，从法律上来讲警务人员就具备了使用警棍的充分理由，相比起虚弱且毫无威力的多次击打，警务人员最好一次性发力，让对方受伤，防止其继续反抗。如果警务人员有充分的理由使用致命攻击，那就不要犹豫，尽最大努力消除威胁。

几年前曾有位警官参加我们的防御策略训练课程，他告诉我他在使用警棍对付积极反抗者时发生的一次事故。在那场格斗中（对警官而言确实是一场生死搏斗），他成功地将反抗者的手臂打断，使对方遭到了复合性骨折，呈90度角断裂。出乎意料的是，对方尽管被打倒在地，却还想用残肢撑起身体（很明显对方的手臂已经失去痛感了）。那位警官将其描述为可怕的事件，他意识到在该事件中，对方伤害他的意图十分强烈。幸运的是，这位警官能够有效使用警棍，并最终制服了对方。

怎样才能让警棍发挥出最大的威力呢？我们可以想一想网球运动。专业网球选手在发球时能使出惊人的力量，最厉害的选手能让小小的黄色网球达到140英里/小时以上的速度，我猜他们若使用警棍也能造成惊人的破坏力。那么打网球和使用警棍有哪些相似之处呢？在操作无误的情况下，就人体力学而言，这两者几乎一致。

ASP甩棍是目前最流行的伸缩警棍，许多警务人员都对ASP很熟悉，因此在这里我就以它为例谈谈。在使用ASP进行击打时，通常以身体惯用的那一侧配合手臂发力，抡起来击打对手。这和打网球差不多，但是和打网球不同的是，ASP也常常被用来进行直线击打，也就是说将警棍尖端直接向对方戳去。据我了解，多数警务人员在如此使用警棍时，都出现过警棍断裂的情况。结果通常是这样的，警务人员会"啊"的大叫一声，因为警棍裂开时刺痛了手部和手指的皮肤。这种击打方式其实更适用于坚固的警棍，特别是单体防暴棍，因此我不推荐使用伸缩棍进行这种击打。

为了继续将警棍与网球进行类比，也为了更加通俗易懂，我不准备使用警察的专业术语，而是用正手击打和反手击打来代替。首先来看正手击打，以右利手的警务人员为例，他们会用右手抓住警棍上举，身体发力，并从右往左挥动。警务人员可能会认为使用警棍进行击打的原理与徒手攻击一样，两者都是通过转动胯部来完成的。但这存在两个问题。第一，这不是徒手攻击，而是在用棍子。两者所需要运用的身体力学是不同的，其区别就像单纯用右手横传球和棒球击球所使用的身体力学之间的区别。第二，使用警棍进行击打的主要优势在于警棍能提供一个伸展长度，离对手的距离越远，自身就越安全。

　　你可以试着这样做，采用防御姿势，不拿警棍，胯部用力转动，看看自己的右手能挥出多远。在这之后，再用右手拿起警棍做同样的动作，当惯用脚在身体后方时，挥动警棍，测算自己得到了多少附加距离。答案是很少。现在惯用脚向前，伸出警棍，击打距离又是多远呢？你会发现前后两种方式的差别是相当明显的。

　　有鉴于此，为了完全利用警棍的延伸距离，我建议在正手击打时，要么惯用脚向前，要么非惯用脚后退，选择哪一种要取决于警务人员是在躲避他人进攻，还是从侧面攻击反抗者。不管哪种方式，击打时惯用脚都是处于身体前方，这样就可以大大扩展自己的伸展距离。这样做从战术上来讲也是合理的，因为警务人员的身体是在移动，这样就不会成为静止的被攻击目标了（如图14.1和图14.2）。

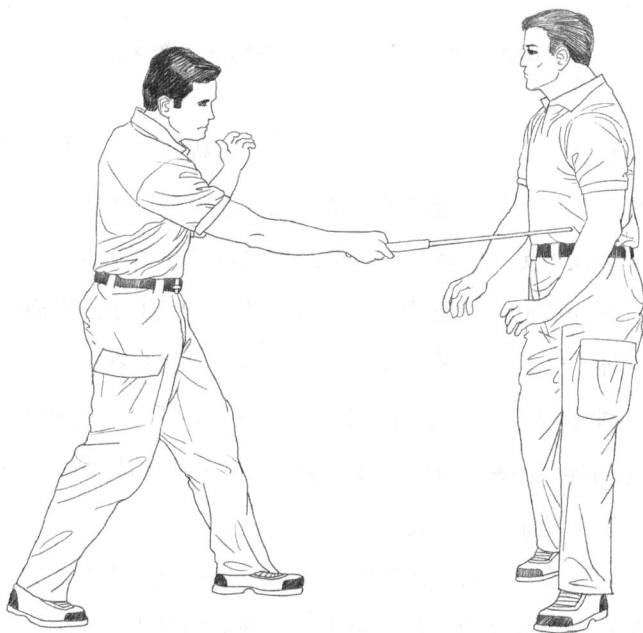

图14.1　惯用脚向后时击打距离会受到限制。

图14.2　惯用脚向前时击打距离会增加很多。

　　击打时惯用脚要向前的一个原因在于，这个过程让警务人员能够从更远的地方伸出警棍击打对方，这样就增加了安全系数。还有一个原因也很重要，那就是使用这种方法能够发挥更大的威力。我曾经试过这两种方法并从中发现，相比传统的打击方式，惯用脚向前，正手打击时的攻击力要大16%。在研究中，我使用了运动威力指示器，并对一组警务人员进行了测试，让其在惯用脚向前的情况下分别用正反手两种姿势击打沙袋。结果表明，不仅正手击打的威力多了16%，反手击打的威力也增加了17%。当然，我的大部分测试对象都是防身术教练，十分擅长运用身体力学来发挥最大的威力。

　　除此之外，我还发现，对于那些既不是教练也不是特别专业的人来说，采用这种方法的效果更加引人注目。经过培训的大部分警务人员都能认识到传统击打方式的局限性，并开始使用上面介绍的姿势进行击打。

第14章
警　棍

　　从常识来讲，这种方法也行之有效。纵览专业网球选手，过去几十年来正手击打的方式已经发生了很大改变，在20世纪中叶，网球选手这样进行正手击打：非惯用肩正对球网，球拍向后，绕着身体挥拍（如图14.3）。而现代网球选手则发明了弹道式的挥拍方式。通过这种方式，他们便可以用一种开放式的姿势将球拍从惯用脚方向挥出去。这种姿势有利于充分转动胯部，并在击球时产生更大的爆发力（如图14.4）。这个道理同样适用于警棍击打（如图14.5），传统的警棍使用方法无法让胯部自由摆动，而现代网球式的正手击打方法则有利于充分发挥胯部和自身体重的作用。

　　再回到传统的警棍击打方法上来，通常警务人员都被教导，第一次击打后要马上进行"复位击打"，好将警棍恢复到初始的准备姿势。这个办法很好，但是由于"复位击打"时身体的弱侧在前，警务人员会发现自己无法转动胯部来发

图14.3　旧式的正手挥拍动作。

图14.4 现代网球挥拍动作，可以更好地
利用胯部和自身体重。

图14.5 正确的挥棍动作。

力，结果击打时只用到了手臂的力量，其击打威力非常有限。在向学员讲清这个原理之后，我发现很快就没人使用这种击打方法了，因为警务人员都认为这样做是无效的。他们会先用正手击打，然后重新竖起警棍进行第二次击打。这样做不坏，只是会花费更多的时间，也会让袭击者看出警务人员想做什么，而且两次攻击间隔的时间足够让对方找机会进攻反击。

与之相比，继续使用打网球的技巧是更好的办法。如果警务人员完成正手击打时，惯用脚位于身体前方，那么这时就处在进行反手击打的完美姿势，此刻胯部不会与警务人员作对，反而有利于再来一次强有力的回击。这时与其为了让警棍回到初始姿势进行一次无力的"复位击打"，还不如选择跟前面正手击打威力差不多、甚至更大的反手击打。

运动威力指示器显示，在运用方法正确的情况下，反手击打要比正手击打威力更大。这一点也符合逻辑，因为反手击打时，胯部的扭动更剧烈，更有爆发力（如图14.6和图14.7）。

图14.6　反手击打的正确姿势。

图14.7　反手击打的完成姿势，胯部恢复初始位置，以便再次进行正手击打。

　　警棍击打的路径呈弧线形状，想一想从这个弧线的哪一点击打对手能产生最大的威力。如果你亲手挥动一下警棍，就很容易发现，当警棍顶端离惯用脚的距离最近时，击打的威力最大。若从弱侧脚附近挥动警棍，结果就会变成要么正手击打的威力产生得太晚，要么反手击打的威力产生得太早。

　　为了增加威力，不仅要运用前文提到的防御策略，还要使用警棍顶端击打。物理学可以解释其中的道理，任何物体做弧线运动时都会产生离心力，在一条绳子的尾部系上石头，双手甩动绳索，石头的运动速度就会比手上的绳子更快。这是因为尽管石头和绳索都在旋转，但石头运动的距离更远，离心力也就更大。对警棍来说也是如此，警棍顶端的运动速度要比棍柄的速度快，因此用警棍顶端击打能发挥最大的威力。

　　下面将介绍一个可以增加警棍击打威力的训练。使用防御策略（身体弱侧在前），身体与沙袋保持适当距离。首先，用手腕的力量挥动警棍打击沙袋。然后以肘部带动上臂再次实施击打，你可以明显感觉到击打力量的增加。接下来，转动肩部，用整条手臂的力量进行击打。最后，采用我们之前学到的方法，警棍呈预备姿势，惯用脚向前迈，用力转动胯部和肩膀，让手部、腰部都参与到击打过程中来。这样做会发现，每个阶段的威力都比前一个阶段有了很大的提高。你还可以通过使用身体力学来获得更大的击打威力，正如11章谈到的那样，肌肉紧张会让速度变慢，从而降低击打威力，这个道理也适用于此。要特别注意警棍的抓握方式，抓握警棍的时候既要松弛又要用力，这样才能为击打提供充分支持。

既然我们已经了解了何时使用警棍（在对付积极反抗者时），也了解了怎样做才能让警棍发挥出最大的威力（使用正确的防御策略，并转动胯部），现在让我们来讨论一下这种武器的其他战术应用。如果反抗者对警务人员发起攻击，警务人员要做的第一件事就是躲开对方的攻击。正如第6章所言，首先身体向侧面迈步躲过攻击。这样做的话，警务人员就能在攻击者靠近自己的同时攻击对方。

如果警务人员靠近反抗者，请记住永远不要从正面靠近，而是从侧面选取一个角度。这个角度既能绕过对方的攻击范围，又能向其发起可行的攻击。若对方的手臂伸出来了，这就是一个合适的攻击目标，可从远距离对其发动有效攻击。腿部也是理想的目标区域，因为大部分人都很难避开对腿部的攻击。一旦发动进攻，就要继续移动身体并持续攻击，直到取得控制权并给对方戴上手铐。如果你使用警棍对付罪犯，就别让罪犯离开警棍的击打范围。这是一场战争，必须将对方逮捕，而不能让对方说一句"好吧，你赢了"就跑掉，甚至更糟，让对方说一句"好吧，你赢了，不过我马上要去车上拿枪，等我回来吧！"。

如果警务人员与袭击者距离过近，也可以使用伸缩警棍来摆脱困境。伸缩警棍即使处于收缩状态也十分有威力。收缩状态的伸缩棍与尺棍（yawara）和三尺棍（kubotan）差不多（日本武术中的手持短棍）。当你把伸缩棍握在手中时，可以用棍尾来击打对方，逼迫对方远离自己。伸缩棍在收缩状态时的使用与打开状态基本一样，警官可以进行正手击打或者反手击打，以及向下45度击打。这样做的主要目的是通过运用这些近距离的击打方法，来逼迫对方远离自己，从而创造出展开警棍或取出其他武器所需的空间。

正如第1章所言，警棍造成的伤害程度是最高的，这一点并不让人惊讶。但是，警棍也有自己的优点，你永远不用担心警棍会失去控制、掉在水里、与手枪搞混、在高温下爆炸、填充物掉落、或者超过有效期等情况发生。警棍是一种技术含量低的可靠武器，就这个方面而言，警棍实在值得赞扬。

●训练方案●

1. 如本章开头所言，测算惯用脚在不同位置时警棍的延展范围。

2. 手持警棍移动身体并击打沙袋。想象自己向侧面迈步，躲开对方的攻击，同时用警棍进行还击。练习用警棍击打时如何从一个侧面的角度靠近袭击者。

3. 练习本章介绍的技巧增加威力。

4. 练习用正确的脚部姿势来击打沙袋，以及正、反手击打，在击打时口号要清晰、响亮。

第15章
辣椒喷雾

本章我们将讨论辣椒喷雾和辣椒油树脂（两种东西性质相近，如无特殊说明，本书均以辣椒喷雾作为统称）的历史、操作目标、使用特点、使用效果、急救方法及其战术应用。

尽管执法部门使用辣椒喷雾的时间并不长（大约从1973年开始），但资料表明早在公元前2300年，战场上就已经使用胡椒喷雾了。中国人发明了一种"熏锅"——在煮沸的热油中烧胡椒（当时辣椒还未传入中国，译者注），制造刺激性的烟雾。在冷兵器时期，战场上会涉及很多面对面的对抗。因此，若风向和风速都有利，中国军队会在进攻前使用熏锅，影响敌人。据说，日本的武术和忍者会用纸包住细碎的胡椒粉，藏在衣服里。在需要的时候，他们会把胡椒粉洒向敌人的眼睛，分散注意力。

对于执法部门来说，辣椒喷雾无疑是一个好工具，因为无论什么浓度它都是安全的。辣椒喷雾是由红辣椒做成的，这些都是自然生长的有机化合物。因此不管使用了什么浓度的辣椒喷雾都不会有毒，影响也只是暂时的。辣椒喷雾还有一些附加的好处，比如价格相对较低，使用起来既简单又有效。

辣椒喷雾通常是暗红色的液体，一般是溶解在异丙醇里面的（也可以溶解于酒精），在医学上被归类为致炎因子（就其主要影响而言），其影响包括以下几个方面：泪液分泌（流泪）、睑痉挛（眼睛无法随意闭合）、喉管肿胀导致气管通道面积减小、喉部出现短暂麻痹、黏膜肿胀并发热引起过度分泌、皮肤红肿、肌肉协调能力短暂丧失（这主要是由于眼睛被迫闭合）。如果一个人被喷射了辣椒喷雾，最常见的反应就是弯下腰，试图把辣椒喷雾从眼睛里擦掉。

我曾经遭到过十几次辣椒喷雾的喷射，每一次我的感觉都不一样。表面上看起来，我皮肤白皙，似乎更容易受到皮肤红肿的影响，最终效果就像皮肤经历了严重的暴晒，但是这方面给我造成的影响却是微乎其微。和我正好相反，我妻子是黑皮肤，似乎不会产生多少皮肤红肿的不适感觉，然而她却告诉我她最主要的不适就来自皮肤的痛感（啊，是的，我自作主张，让别人也给她喷射了辣椒喷雾）。在我看来，辣椒喷雾的威力既可能大到让人立即倒下，也可能小到微乎其微。这种区别可以用环境差异来解释，或者仅仅是因为有些人的皮肤比其他人更具忍耐力。我跟妻子体验了相同的辣椒喷雾产品、相同的比重、相同的喷洒方式（在两三步之外直接喷射眼部）。所有这些都说明，没人能保证个体会对辣椒喷雾的喷射做出什么样的反应。

辣椒喷雾用在动物身上也会非常管用，特别是狗。但是，狗跟人一样，能在训练后抵抗住辣椒喷雾的影响并坚持作战。我曾成功使用辣椒喷雾来对付狗，只有一次除外。即使是那次失手，至少狗也停止了攻击，而是只能趴在地上，对着草擦拭眼睛。我敢说，辣椒喷雾的威力绝对不容小视（别问我是怎么知道这个的）。

实验证明，辣椒喷雾也能对酗酒人士和曾被喷射过辣椒喷雾或其他化合物的人士产生作用。辣椒喷雾之所以优于其他刺激喷雾，就在于辣椒喷雾既有生理上的影响，也有心理上的影响。在能够想到的最坏情况下，对方若被喷射了辣椒喷雾，至少很难看到你，因为张开眼睛时会很痛，他的内心也会因为无法观察周围的情况而感到恐惧。但请记住，没有一种化合物能对所有人都百分百起效。

辣椒喷雾的另一个优点是容易清除。相比之下，某些化学武器几乎不可能做到这点。在特警部队时，我们被告知，如果向房子喷射CS（邻氯苄叉缩丙二腈，刺激性化学催泪剂），就等于买了这栋房子，因为房主再无可能清除掉毛毯、窗帘和通风口上残留的CS痕迹。与之相比，清除辣椒喷雾就非常简单了，所需要的工具就是新鲜空气，以及一点肥皂和清水，按照正常方式来洗衣服就能将辣椒

第15章
辣椒喷雾

喷雾清除干净。

辣椒喷雾的急救方法也很简单，只要呼吸新鲜空气就能得到最好的治疗。被喷射过几次辣椒喷雾后，我终于发现，最快的恢复方法是打开空调，将风扇调到最高风速，手指撑开眼睑，将眼睛正对吹风口。流动的水源，如花园里的水管，同样能够创造奇迹。我曾见过一些部门在警务人员遭到辣椒喷雾喷射后，为他们拿水桶浸泡头部。这样做只对最先浸泡的警务人员有效，因为接下来泡在水里的人都会沾上辣椒喷雾。除此之外，也可以用婴儿沐浴露来清洗眼睛、脸部和头发。当你克服了这些影响后，我会告诉你接下来将发生什么。到目前为止一切都很不错，但等到晚上你洗澡时，根本没有意识到自己头发上还有辣椒喷雾的残留物，你像鸭子一样钻进水中，水流会将辣椒喷雾微粒延着脸部流回到你的眼睛里。噩梦又一次重现！为了避免这种情况的发生，记得洗澡时要背对水柱，这样水就会从你的头后流过，而不是面前。

清除辣椒喷雾时警务人员不能使用油质乳霜或者肥皂，使用这类物品会把辣椒喷雾颗粒阻拦在皮肤上。如果警务人员向嫌犯喷射了辣椒喷雾，决不要让他处在无人看管的状态。警务人员也有责任向他进行上述急救措施，前提是确保这样做不会产生危险。被辣椒喷雾喷射后戴上手铐的嫌犯应该安置在哪里，这一点需要注意。可以预期的是，嫌犯的呼吸受到了限制，因此要确保嫌犯处于呼吸顺畅的姿势。如果嫌犯出现呼吸困难的迹象，要立即为其寻求医疗救助。

不管嫌犯是被辣椒喷雾喷射还是被电击枪电击，或者仅仅是被警务人员来了一个友好的拥抱，他们都可能在监管过程中死亡。正如一名医生所说的，有些人可能由于吸毒或者自身身体状况而随时掉脑袋；有些人会在激烈打斗后死亡，这也并不意外，因为他们抗拒逮捕，引起自身血压、体温、多巴胺水平急剧升高。还有一些影响因素会让反抗者处于更高的风险中，例如，反抗者肥胖、有奇怪行为表现、有急性心脏或肺病，或者经过长时间扭打，导致反抗者身心俱疲等。

包含辣椒喷雾成分的个人防护设备有许多种类，如薄雾系列、水沫系列和泡沫系列等。我愿意向大部分执法人员推荐薄雾辣椒喷雾。它的覆盖范围广，因此使用的时候不需要精确瞄准，还可以在空中传播较长距离，加大了让对方被喷中的可能。薄雾扩散对视力和呼吸都有影响，即使对方佩戴眼镜，也毫无用处。

水沫系列的覆盖范围比薄雾还大，作用距离也更远，但是它对喷射准头的要求比较高，主要对视力产生影响。泡沫系列对准头的要求更高，使用范围仅仅限于医院和法庭。

现在我们来谈一谈辣椒喷雾的战术使用。最重要的问题是，警务人员在什么时候可以使用辣椒喷雾？"反抗-反应"动态模式概括了四种反抗者类型，可以对其中哪一类使用辣椒喷雾呢？俄勒冈州的洪堡县曾发生一起著名的诉讼案。在这起案件中，9位环保人士起诉了尤里卡市洪堡县警局及个别公职人员。原告声称，对非暴力反抗者使用辣椒喷雾是滥用武力，侵犯了宪法第四修正案所规定的权利。根据"反抗-反应"动态模式，反抗者的抗议行为应被归类为消极抵抗（通常不能对消极抵抗者使用辣椒喷雾）。

这起诉讼事件的背景是，原告一直抗议在海德沃特森林砍伐红杉的现象。几年来，抗议者采取了这样一种策略，即使用一种叫做"黑熊"的设备把他们的身体连在一起。这种设备是可以自卸的闭锁装置，能够将反抗者的手臂连接固定起来，防止手臂被分开。按照通常的做法，洪堡县的执法部门可以这样处理：利用手持电动磨床来磨断"黑熊"装置上面的圆筒，分开并控制反抗者。但是自1997年起，警务人员开始对反抗者使用辣椒喷雾，迫使他们自动解开"黑熊"装置。

法庭裁决的第一个相关案例是，7名反抗者在太平洋木材公司的总部里把自己用"黑熊"装置连起来。执法部门要求其解散，他们拒不服从。洪堡县副警长对反抗者做出警告，若再不解开"黑熊"装置，就要向他们使用辣椒喷雾。在遭到反抗者拒绝后，副警长将威胁付诸行动。在这之后，那些仍然拒绝解开"黑熊"装置的反抗者被逐一抬出建筑物，警务人员随后使用电动磨床，解开反抗者的闭锁装置。

法庭裁决的第二个案例是，反抗者又一次在太平洋木材公司外使用了"黑熊"装置。当反抗者拒绝离开后，警务人员再次用辣椒喷雾对付他们，甚至直接向反抗者的脸上喷射。与上次一样，一些反抗者仍然拒绝解开自己，然后警务人员便用电动磨床磨断反抗者的"黑熊"装置。

第三个案例是，有4名反抗者在国会议员办公室前将自己连起来，事件的经过与前两次都很相似，辣椒喷雾和电动磨床在事件中轮番上场。

法庭判定，警务人员在这三起事件中的行为属于滥用武力，违背了"格雷厄姆·康纳"判例的客观合理标准。法庭认为，武力的使用必须与客观的需要相一致，在该起案件中，很明显辣椒喷雾不是用来制服或者逮捕反抗者的，因为这一目的是后来通过电动磨床来实现的，并且其花费的时间要比使用辣椒喷雾少得多。法庭还强调，使用电动磨床解除"黑熊"装置的过程并不会给反抗者造成痛苦。

法庭还引用了尤里卡政府部门的相关政策，该政策指出辣椒喷雾可被用于对付积极反抗者。法庭接着给积极反抗下了定义，积极反抗指对方意图给警官造成痛苦或带来人身伤害的行为。这些情况显然都没在事件中出现。因此，任何一个理智的警务人员，在上述事件中，都不应该对非暴力型反抗者使用辣椒喷雾。法庭进一步强调，一旦对方已经受到控制，重复使用辣椒喷雾同样属于滥用武力。除此之外，一旦对方平静下来，若警务人员不设法减轻辣椒喷雾对对方造成的影响，也是不合理的。最后，法庭指出，大部分政府部门都承认使用辣椒喷雾对付非暴力型反抗者的行为属于滥用武力。

在当时的情况下，尽管警务人员事先对反抗者做出了警告，反抗者也明显触犯了法律，对商业活动造成影响，警务人员使用辣椒喷雾的时候也表现得专业和冷静。但是，法庭主要强调反抗者并没有给他人造成直接威胁。此后，许多法庭都断定，对消极反抗者使用辣椒喷雾（或者警棍、电击枪、徒手攻击）的行为都是不合理的。这些法庭判例还特别参照了"反抗—反应"动态模式的标准。

作为一名警务人员，若有人冒犯你，对着他的鼻子来一拳会让你感觉舒服吗？你觉得这种行为合理吗？我相信，没有人会认为当反抗者坐在教堂里唱圣歌时，走上前当面痛揍他们的行为是合适的。同样的道理，这时使用警棍、电击枪或辣椒喷雾对付反抗者也是不合理的。显然，法庭不赞成警务人员对消极反抗者，或者不能断定是否构成威胁的人使用辣椒喷雾。因此，警务人员可将"反抗—反应"动态模式视为行动指南，只有在对付积极反抗者时才可以使用辣椒喷雾。现在我们已经知道何时使用辣椒喷雾了，但我们应该怎么使用它呢？

FBI的政策规定，必须用非惯用手（不拿武器的那只手）取出、使用辣椒喷雾。其他部门也有不同的政策规定，但我更倾向于FBI的这条规定。之所以要求用非惯用手来拿辣椒喷雾，有如下几个理由。首先，如果用非惯用手拿出并使用辣椒喷雾，那么在必要的情况下依然可以用惯用手拔出手枪。其次，用非惯用手来拿辣椒喷雾，减少了警务人员在想使用辣椒喷雾时却拿错武器甚至开火的可能性。再次，当非惯用手拿着辣椒喷雾靠近对方时，持有武器的那一侧身体离对方的距离就会稍远一些，从理论上来讲，对方想解除警务人员武器的企图也就更加难以得逞。

在和其他警务人员合作的情况下，如果在向对方喷射辣椒喷雾前能对伙伴做出一些警告，让其往后退，他们会很感激的。"我要用辣椒喷雾了"或者"往后退，我要用辣椒喷雾"诸如此类的警告就足够了。如果行动时只有两个人，可以让一个人喷射辣椒喷雾，另一个为同伴作掩护，并做好在必要情况下使用致命攻击的准备。

当警务人员拿出辣椒喷雾并瞄准目标时，与反抗者的脸部之间至少要保持两到三英尺的安全距离。距离再近的话就会给自己带来危险（因为已经超过了必须保持的安全距离），也无法取得最佳的辣椒喷雾传播效果。在喷洒辣椒喷雾时与对方保持的这段距离，还能保证辣椒喷雾在传播时不会给反抗者的眼睛带来意想不到的伤害。在保证自身安全的前提下，警务人员在喷洒辣椒喷雾前和给对方戴上手铐时都要做出口头命令。

瞄准对方脸部的同时，要使用良好的防御策略。本书一直在强调的战术要点就是移动自己的身体。应当每喷洒1/2秒后，就立即移动到其他位置。经验表明，即使反抗者受到辣椒喷雾的影响已经很大，还是能够疯狂摆动身体，意图攻击警务人员。有鉴于此，警务人员必须始终保持身体移动。当警务人员移动身体时，要不停地使用辣椒喷雾进行短时间喷射，直到能够制服对方为止。正如法庭一再向我们强调的，一旦对方投降或警务人员取得控制权，就必须立即停止喷射辣椒喷雾，然后尽可能迅速地给对方戴上手铐并进行全面的现场搜查。对方被戴

第15章
辣椒喷雾

上手铐后，警务人员还需要将对方移到几英尺外的地方，以进行现场搜查，并让对方远离辣椒喷雾的影响。在向对方喷射辣椒喷雾时，应该始终让他保持在自己的视野范围内。

可以预计的是，警务人员自身也可能会受到辣椒喷雾的影响，喷雾可能导致咳嗽、喉咙发紧及流泪等症状。在使用辣椒喷雾前，警务人员要确定风向。吉姆·格罗斯曾在一首歌里唱道："我们不往风中吐唾沫。"同样，我们也不应迎着风喷射辣椒喷雾。这样做更可能伤害到自己，而不是对方。

鉴于警务人员在实际操作的过程中很可能会被喷射到部分辣椒喷雾，因此十分有必要在训练时就让他们亲身体验一下辣椒喷雾的威力。如果警务人员曾经历过辣椒喷雾的喷射，就会认识到这种武器并不致命，却会让人不舒服一段时间。这种训练能增加警务人员对使用辣椒喷雾的信心，有利于其了解辣椒喷雾的效果和局限性。如果对手持有类似武器，警务人员也有必要对其使用致命攻击。这里还要提醒一点，向警务人员喷射辣椒喷雾时，要记得事先除下警务人员的所有武器。因为在被喷射辣椒喷雾后，他们的反应会非常强烈，比如尖叫、诅咒、到处乱跑等。这种情况我至少见过不下两次，我发誓他们在被喷射了辣椒喷雾后，似乎更情愿开枪杀死自己或者杀死别人。

另外，不要把辣椒喷雾喷罐放在车里，尤其是靠近前车窗的地方，这样放置的话喷罐会严重发烫，甚至发生爆炸。想象一下在路上开车时，突然听到砰的一声，然后车里充满辣椒喷雾的情景吧。也许没有人愿意出现这种状况。同样，警务人员还要注意携带辣椒喷雾的位置。在一次行动中，我们组成车队开在路上。我偶然看了下后视镜，发现后面车辆里的两名警官都将头伸到车窗外面，大口呼吸着车边流过的新鲜空气，好像是小狗一样为开车之旅而兴奋不已。但事实上这两名警官可没那么开心，因为他们中有一个人坐在了辣椒喷雾喷罐的拉手上，把辣椒喷雾直接喷到了车箱里。这种愚蠢之极的事恐怕任何人经历之后都会终生难忘。

第16章
电击枪

首先要说明的是，我是电击枪的狂热粉丝。电击枪更准确的名称是电子休克设备（简称ECD），但由于我习惯使用电击枪这个称谓，且大部分警务人员也将各种ECD都统称为电击枪，因此在本章里我还是将ECD称为电击枪。我喜欢电击枪，因为它是一种可以远距离制服反抗者的武器。尽管我也喜欢警棍和辣椒喷雾，但我认为电击枪存在一些特有的优势。第一，警务人员能在距离较远的地方使用电击枪。第二，电击枪的威力更大，能够立即阻止反抗者的一切反抗行为。第三，警务人员无需掌握过多技巧即可有效使用电击枪。第四，被电击枪击中后，对方不会遭受后遗症的折磨。如今电击枪的应用日益广泛，这带来了什么结果呢？警务人员和嫌犯的受伤率大大降低。这同时也意味着因伤索赔的事件也随之减少，从而减轻了各部门的债务问题。

正如第1章中提到的，警务人员在使用电击枪对付积极反抗者时，创造了极佳的安全记录。就我个人而言，如果让我在被警棍打、被辣椒喷雾喷射、被一拳打在鼻子上或被电击枪电击等方式中选一个的话，我宁愿选择被电击。对反抗者使用警棍可能会造成永久性伤害。如果对我用警棍的人技巧熟练、力量充足，我的骨头甚至会断掉一两根。辣椒喷雾的作用在45分钟之内即可消退，但在这期间需要努力把眼睛扒开，这个过程会很痛苦。被人一拳打在鼻子上，不仅可能会被破相，还会遇到其他一些麻烦。我并不是说与其他武器比，被电击枪击中会比较有意思（事实可不是这样），但电击一旦结束，事情也就结束了。等电击效力退去后，你会发现自己完好无损。不妨问问自己这样一个问题。如果你有一个爱人，他正在遭受精神疾病的折磨，并对他人和自身都构成了威胁（包括家庭成员在内），你会希望警察怎样对待她呢？如果是我的话，我希望警察对他使用电击枪，因为我相信这是最佳选择。许多警察都告诉过我，他们是如何用电击枪阻击精神错乱者的疯狂行为的。

我参加电击枪训练课程时，拉梅萨警局的汉斯·沃伦警官告诉我，在一次逮捕行动中，他被辣椒喷雾和电击枪同时击中。这是我第一次听说有警务人员在同一事件中成为这两种武器的受害者。对我来讲这是很有趣的事情，不过我不确定汉斯是否也有这种感觉。当时汉斯与嫌犯扭打到一起，对方不断尝试抓住汉斯的勤务腰带。另一位在场的警务人员首先对反抗者喷射了一阵辣椒喷雾，汉斯也未能幸免。正当他俩继续搏斗时，第三位在场的警务人员使用了电击枪。不幸的是，电击枪的倒钩卡在了汉斯的腰带里。尽管汉斯仍然试图制服对方，但他此时已被辣椒喷雾迷住了眼睛，并且每次碰到电击枪的电击线时，都会发出一阵颤抖。比较电击枪和辣椒喷雾这两种武器，汉斯认为后一种更让人痛苦，但电击枪的威力则更大。

不管使用什么武器，首先必须了解的问题是何时可以使用这种武器。我在第1章中就回答了这个问题。电击枪和警棍、辣椒喷雾、徒手攻击一样，都只能被用于对付积极反抗者。警务人员只有在自身和他人人身安全受到威胁的情况下，才可以使用电击枪。与各部门政策不同的是，法院还认为，不能仅仅因为某人没有服从警务人员的命令就对其使用武器（如警官说请出示你的证件，对方说不）。正如上一章辣椒喷雾章节所言，警务人员可以通过一个简单的办法来断定是否可以使用电击枪，这个办法就是自问是否有充分的理由向对方射击。如果没有，我建议警务人员就别使用电击枪；如果有，使用电击枪会比赤手空拳上阵更安全。如果让我选择，我会先使用徒手攻击，因为警务人员总是在意想不到或者近距离的情况下遭到对方的攻击，在这种情况下很难从一开始就使用其他武器（如电击枪、辣椒喷雾或者警棍）。可一旦我与对方的距离足够远时，我就会立即改变战术，选择一种非致命武器。

第16章
电击枪

在2009年12月28日的一个判例中，法庭指出在使用电击枪之前，必须存在这样一种客观事实，即嫌犯对警务人员和公众构成了直接威胁。警务人员必须能证实这一直接威胁的存在，使之作为使用电击枪的充分理由。从表面上看，这是个合理的规定，并且该规定是建立在以前判例的基础上的。这也与民事法庭关于对消极反抗者使用电击枪的判例一致。在使用电击枪一事中，法庭的态度很明确：他们不喜欢警务人员对消极反抗者使用电击枪、辣椒喷雾、警棍或者其他徒手攻击。

阅读卷宗后，我对这些判例的唯一疑问在于，警务人员与法庭在判断危险的标准方面可能存在分歧。以格雷厄姆·康纳案件的判例为例。法庭首先会断定把警务人员和对方牵扯到一起的事件的性质。在该案件中，康纳由于安全带使用不当而被警察拦住，显然这是一起再普通不过的交通违规事件。但是别忘了，即便是一个小小的罚单也可能升级为一场致命对抗。

按照格雷厄姆·康纳案判例的指导原则，法庭还将判断对方是否有逃走或者躲避逮捕的企图。在该案件中，警察和对方都对这个问题做出了否定的回答。最后，法庭还将断定在此事件中是否存在直接威胁，如果不存在，那么警察就不能使用诸如电击枪、辣椒喷雾等武器。在这起案件的进展过程中，很快出现了两个可能会引起争论的不利因素。首先是警方命令对方留在车里，而对方却走了出来，这是个糟糕的迹象。任何不服从警务人员命令的行为都会激发他们的警觉细胞。对方不配合警务人员的命令，也就意味着可能会有麻烦。接下来的第二件事是警察看到司机身上只穿着拳击衬衫和鞋子。如果你看到一个人衣衫不整地走出车外，会怎么想？没错，这家伙可能酗酒了。根据训练和实战中积累的经验，也可以怀疑这家伙吸食了五氯苯酚（一种迷幻药），因为吸食了这种药物的人体温会非常高，在身体太热的情况下他们才会把衣服脱掉。

接下来，警察看到司机用拳头捶打自己的大腿，嘴里还骂着脏话。法庭将司机的这种行为描述为"非理性行为"。听到这个词你会想到什么呢？可能你会想到一个小孩在挥拳头。一个举止粗鲁的小孩当然称不上威胁，但司机的行为绝非此类，而是更具威胁的那一种，并且该行为也显示出司机处在严重麻醉和精神不稳定的状态中，我认为用这两个词定义其行为会更加合理。我还知道吸食了五氯苯酚的人会失去痛感，这就需要很多警务人员上阵才能把他制服。我不知道别人会怎么想，但如果我在这种情况下一定会感到不安，认为自己受到了威胁，我会呼叫后援和医疗队的协助。

据报道，当时警察和司机之间的距离保持在20～25公尺，法庭可能认为就安全系数而言这个距离很合适，但这是个错误的想法。每个成年人都能在1.5秒内跨过这段距离，身强力壮的年轻人用时会更短，因此现场情况不能给警察多少反应时间。综合分析所有这些因素，情况就已经很明显了，由于对方的这一行为，任何一个理智的警务人员都会认为自身受到了威胁，而这一威胁也确实存在。但法庭却做出了不同的判定，为什么会这样呢？

有时，法庭之所以得出这样的结论是因为警务人员的武力使用报告无法澄清直接威胁的存在。当警务人员牵涉到使用武力的事件中时，特别是在事件已造成伤害的情况下，一定要意识到法官、可能还有陪审团都将仔细评估自己的武力使用报告。因此，要让他们认识到威胁的性质，警务人员要特别注意这一点。法庭在判例中所写的："警务人员若在陈述中只简单描写其担心自身或他人安全，这是不够的，必须存在一些客观因素，来证明他的顾虑具备了充分的理由。"

法庭在判例中特别指出两点。首先，警务人员虽召集了后援，却等不及后援到来就使用电击枪。不容否认的是，警务人员在那时选择使用电击枪的理由一定很充分，但是在法庭陈述中却找不到相关的证据。其次，警务人员在没有事先对对方做出警告的情况下就使用电击枪。虽然在危害到自身安全的情况下，无需事先做出警告，但是法庭在警务人员的报告中也找不到任何东西来证明这一点。虽然积极反抗者听到警告后，不可能会说"哇，我以为你是开玩笑的，我会按你说的照办"。但法庭仍然认为，只要在对方没有危害到警务人员自身或他人人身安全的情况下，就必须事先向对方做出警告。我在第18章中也还会提到，仅仅掌握合理使用武力，这对警务人员来讲是不够的，他们还必须学会用文件来证明使用武力的正当理由。

在有充分理由的情况下，法庭赞成使用电击枪来对付业已构成直接威胁，或者打算逃跑的对象。我认为警务人员使用电击枪要优于徒手制服他们。若被电击枪击中，对方会全身动弹不得瘫倒在地。若徒手攻击，对方很有可能与警务人员扭打到一起，这就加大了受伤的可能性。如果警务人员受伤，自身携带的武器也可能会被对方抢走。若是使用电击枪，这些问题就都解决了。

生产厂家生产了几种不同型号的电击枪，都称得上是优质产品。这些型号包括X26、X3（能以手动或半自动模式发射三组倒钩）、XPEP（加长电机射弹，它由X12的发射底座和平桶枪组成）。如果M26仍在一些部门服役，我建议应对其进行升级。M26并非不好，只是X26的性能更加优越。我认识的警务人员都喜欢M26，但也都同意有时M26难以瞄准目标。对X26而言，只要按照说明进行检验，就不存在这种问题。除此之外，M26在1999年就问世了，任何物品都有保质期，对于M26来说，也到了该更新换代的时候了。

电击枪的有效作用区域是全身。不过背部和胸部以下的身体是首选的电击区域。之前，厂家将电击枪的优先目标区域从身体正前方改为胸部下方，这引起了很大争议。许多警务人员指责生产厂家屈服于某些团体的压力。这些团体都有自身的特殊目的，他们宣称若电击枪的倒钩击中胸部，可能会对心脏造成伤害，但目前尚没有权威医疗报告来支持这一说法。研究表明，因使用电击枪而导致心脏问题的可能性几乎为零。然而，厂家在这之前就已经建议警务人员不要将女性的胸部作为电击目标，因为移除电击枪射出的倒钩时可能会给对方的胸部组织留下疤痕。现在，无论对方是男性还是女性，优先目标区域都是相同的了。

此外，胸部虽然不是电击枪的优先目标区域，但并不是说它是一个强制禁止的电击区域。之所以在电击时要避开胸部，主要有两个原因。第一是因为对推荐目标区域射击能加大倒钩覆盖的范围。电击枪倒钩覆盖的范围越大，其威力就越大。而当电击枪的倒钩击中躯干下方，或者分别击中身体的两部分时（例如一个倒钩击中腰部以上，另一个击中腰部以下），电击枪能发挥更大的威力，这一点已经得到了证实。第二个原因是要尽量避开头部。在过去发生过警务人员用倒钩击中对方的面部或者眼睛的情况，后来受害者都成功起诉了警务人员。同时，头部也是警务人员禁止使用警棍击打的目标领域。

尽管用电击枪击中对方的胸部并不会出现太大的问题，但是事实证明，使用电击枪击中腰线附近时，它的威力会更大。2009年10月15日，生产厂家培训部副总裁瑞克·吉尔博在备忘录中写道："改变优先目标区域，是为了增强电击枪的威力，并降低使用风险。"我认为他的观点是很有道理的。

从常识来看，使用电击枪确实可能带来一定的风险，包括燃烧或者出现爆炸等。在使用电击枪时，千万不要把易燃物带进现场。许多年前曾发生了一起臭名昭著的案子，对方是一名负偶顽抗的罪犯，警方对其喷射了大量含酒精的辣椒喷雾。这个办法失效后，他们接着又对罪犯使用了一个型号比较旧的电击枪，结果并不让人意外，他们成功把罪犯点燃了。

使用电击枪的时候，其他一些会增加风险的情况包括：反抗者位置较高（站在椅子上或者处于桥边）、开车、骑自行车、游泳或者跑步等。人们可能会误解为什么不能对水里的人使用电击枪，这种情况其实并不存在触电的危险。事实上，有一个录像曾记录了该厂家的创始人站在池水中被电击枪击中的画面。问题在于，如果对水里的人使用电击枪，那个人可能等不及警务人员营救就被溺死了。

法庭同样不赞成对老弱病残孕人士使用电击枪。但是，只要警务人员能证明现场存在可见的直接威胁，就可以对他们使用电击枪，哪怕对方是一名体弱多病的90岁孕妇（真有这种情况的话我倒是愿意看看案例报告）。

电击枪跟其他武器一样，其携带和使用方法都必须始终不变。在训练的时候警务人员要以实战的标准要求自己。以配枪为例，如果这次把手枪别在胯部附近，下次把它放在侧配皮套里，再下次把它放在脚踝皮套里，最后又把它放在肩枪套里，这种做法显然是错误的。这个道理也适用于电击枪。各个部门可能已经制定了怎样佩戴电击枪的政策，警务人员要始终遵守这些规定。

在一次悲剧性事件中，一名来自海湾地区快速公交系统的警务人员射击并杀害了一名嫌犯，该嫌犯被怀疑参与了一场发生于2009年新年的火车斗殴案。警务人员以谋杀的罪名遭到起诉，包括我在内的很多人都认为该案件中，警务人员似乎把电击枪和手枪搞混了，一些目击者的证词支持了这一论断。他们证实，该警务人员声称自己试图电击对方，并在从枪套中取出手枪的过程中出现了明显的迟疑。警务人员开枪后立刻做出很震惊的反应，他抱住头，并反复说道：
"噢，天哪！"

警务人员将手枪和电击枪搞混的情况也在其他案件中出现过。当电击枪和手枪都被放置于腰际时，似乎迟早会出现这样的结果。在上面这个案例中，报道称警务人员在轮班时，电击枪或皮套的数量不匹配。另外还有报道称，警务人员使用了三种不同的皮套，分别放在惯用方、侧方和非惯用方，警务人员在轮班时会拿自己最顺手的皮套。如果真的是这样，那警官就违背了携带武器的一致性原则，一旦违背了该原则，那就是灾难的源头。

按照生产厂家的指导，我建议警务人员应对自身采取一些风险管理措施。电击枪的携带方式应与手枪有明显的区别。警务人员拿出和使用电击枪时，必须保证使用手枪和电击枪的肌肉记忆是完全不同的。我建议，电击枪应放在非惯用方的侧配枪套里。许多警务人员都跟我分享过那些将电击枪和手枪放在身体同一侧时所经历的惊险故事。之所以要将电击枪和手枪放在身体同侧，唯一的理由大概是可以简化警务人员的武器持有方式。我认为这个论断很无力。

生产厂家推荐使用能扩散四英寸的倒钩来增强电击枪的威力，为达到这个要求，警务人员与对手的距离不能太近。反抗者的背部是电击枪射击的最佳区域，因为背部的肌群更大，且背部的衣物更加贴近皮肤，这就减少了电击枪倒钩陷在宽松衣服里的可能。除此之外，在任何实战对抗中，站在对方身后总是最佳的选择。但我认为这个问题大部分时候并不是由警务人员来决定的。

按照第5章强调的一些基本原则，希望警务人员在使用电击枪时能够与对方保持合适的距离。按照建议，使用X26或X3时，双方应保持7～15英尺的距离。在实战中，即便使用电击枪，也要持续移动身体，始终保持这个距离。如果7～15英尺的安全区域被打破了，就继续移动身体，创造出足够的距离，从而成功使用电击枪。若这招未奏效，就使用电击枪的驱动昏迷模式来赶走攻击者。在使用其他武器时，警务人员都会尽力寻找可能的屏障和掩护，电击枪也不例外。如果和同伴一起行动，就要安排好专门的掩护者，做好在必要情况下使用致命攻击的准备。同时，正如一些法庭判例所建议的，在不危害自身安全的情况下，警务人员在使用电击枪前要事先向对方发出警告。

除此之外，还应该制定一个当电击枪失效时可以用得上的应急方案。电击枪失效的原因不止一种，任何电子设备都存在失效的可能。对方有可能衣服过厚，导致电击枪的倒钩无法穿透。或者在使用电击枪时，其中一个倒钩或者全部倒钩脱靶。若警务人员听到很响的噼啪声音，那可能就是电击枪没有连接好。只要有一个倒钩击中目标，就可以继续使用电击枪的电击致晕功能，以完成射击流程，取得掌控权。

如果枪的两个倒钩都脱靶，且找不出脱靶的原因，这种情况又该怎么办呢？如果是X3脱靶了，那么还有两发电击弹可以开火。如果是X26脱靶了，那么可以有以下三个选择：启动电击致晕模式；装上新的电击弹再次射击；与对方保持距离并寻找新的武器。在第6章中，我强调了谨慎应战的好处。我不喜欢在武器失效的情况下贸然闯进实战现场，特别是在不知道电击枪为什么失效的情况下。这一点尤其要注意，与其坐在原地研究电击枪的失效原因，不如立即改用应急计划。警务人员永远要准备一个应急计划，一个当事情没有如预期进展时需要用到的后备计划。

对于绝大部分警务人员来说，在这种情况下，最好是与对方保持安全距离，并重新评估形势，冒然行动很容易犯下致命错误。然而，如果警务人员能安全换上新的电击弹，并使用它的话，那就照做不误。要是警务人员不能与对方保持一个允许自己重新安装电击弹的安全距离，那就考虑使用电击致晕模式。警务人员只有在确保占据战略优势，并且主动权已掌握在自己手中时，才能使用驱动昏迷模式。记住，电击致晕不如倒钩有威力，倒钩能麻痹神经肌肉，会对人体的感觉和运动神经同时造成影响。而电击致晕的成功则有赖于对方屈从于痛感。生产厂家不鼓励一开始就使用电击致晕模式，因为电击致晕无法麻痹人体神经肌肉。在下列情况下使用电击致晕可能会有效，例如当疑犯的双腿挂在警车外面，使得警务人员无法关上车门，而警务人员想让对方移动身体的时候；或者当对方抓着一个物体不愿意松手的时候，都可以使用电击致晕模式。在使用这个功能的时候，人体会出现逃避痛感的自然反应。

警务人员可能脱靶的原因之一是，在瞄准时无法与对方保持在一个平面。对方站立时，电击枪的射击姿势应是上下垂直竖立，而不是与地面平行。电击枪教练伯尼·高娜的建议是，瞄准目标时，要伸出射击手的小拇指。因为在使用X26时，枪上的激光装置会显示上方倒钩的射击路径，而小手指的方向则是最下方倒钩的射击路径。

团队合作总是最安全的，警务人员越多，自身就越安全。一旦一名警务人员成功使用了电击枪，第二名警务人员就要在电击枪仍有效力的时候，制服对方并给对方戴上手铐。X26的循环射击时间是五秒，警务人员要在这五秒之内走上前并制服对方。如果是单独行动，就要想想在上前给对方戴上手铐时怎么处理电击枪。不能将枪扔在一边，因为你很可能会再次使用它。对于单手受伤的警务人员来说，有一个办法是，在跪下来给对方戴手铐时，可以将电击枪放在膝盖后面。通过这个办法，警务人员就将电击枪放在了触手可及的地方。当需要再次使用电击枪射击时，就可以在站起来远离对方时快速拿起电击枪。

我已经一再强调在面对进攻时移动身体的重要性。即使警务人员已经向对方使用了电击枪，也不能静止不动。保持移动，让电击线松开（这样电击枪的倒钩就不会跑出来，让枪失去威力），找到最有利的位置制服对方，并给对方戴上手铐。在使用电击枪后，跟其他身体对抗的事后处理一样，检查对方是否出现痛苦或者损伤，如有必要应呼叫医疗援助。

2010年1月，我与休斯顿特警队队员朱利安·科尔曼有过一次谈话。他对电击枪可是赞不绝口，并且声称休斯顿警局使用电击枪时几乎达到了百分百的成功率。从最开始的M26到现在的X26、X3以及"冲击波"（shockwave），电击枪已被该警局使用了18年。朱利安预计这些年来，电击枪产品的使用次数大约达到了25～30次。他自己就用过两次X26，因而对该产品的性能留下了深刻的印象。

其中一次是发生在朱利安下班后，他看到几个男人开着车在停车场查看地形。很明显，这是伙盗车贼。他看到车上下来了一个男人，似乎在寻找一个合适的目标。朱利安向他靠近，并与这位偷车贼展开面对面的对抗。对方开始四处寻找逃跑路线，朱利安警告他，如果敢逃跑，就会使用电击枪。不出意料对方开始逃跑，朱利安便使用了电击枪。偷车贼倒下了，朱利安将其顺利逮捕。在整个过程中，很满意自己不用与坏人搏斗，并且一直保持站立姿势。这样一来，就能继续搜寻偷车贼同伙，以及其他危险。

我发现一些法庭和政治家在维护法律时，似乎更关注罪犯而非警务人员的人身安全。这一点很有意思，也很让人疑惑。电击枪是一种性能优越的武器，能帮助我们在平安无事的情况下逮捕反抗者。请不要滥用电击枪，也不要对电击枪的使用制定出不利的政策，因为这样很可能会使我们失去一件有价值的武器。

第17章
枪支的保护与缴械

●手枪的保护●

单人抢夺手枪

根据FBI的调查，在那些因工殉职的警务人员中，大约10%是死于自己的枪下。警务人员在接近对方时被杀害，这不足为奇，但每年却有一半以上的殉职警员是死在与攻击者相距5英尺的地方。

我在其他部门讲授防御策略课程时，有一名教官跟我提到一位名叫雷蒙德的人。这个人臭名昭著，在该区司法界人尽皆知。那个雷蒙德听起来像个疯子，他为了自己的乐趣，定期打电话报案，要求警方出动，而他电话里详细形容的嫌犯却正是自己。他这样做是为了能与警方开玩笑，但他后来却把玩笑开大了。有一次，雷蒙德打电话声称自己在学校里，于是两名校警赶过来处理。当这两名校警向他靠近时，雷蒙德熟练而迅速地抢走两名校警的武器，并把武器扔在附近一座建筑物的屋顶上。然后他大笑着走开，却被随后赶到的警方逮捕。雷蒙德似乎很擅长解除警方的武器，并且也热衷于显示自己的能力。类似的事情发生了不止一次，最终导致事件升级，两名警务人员遭到他的枪击。雷蒙德给所有警务人员提了个醒，民间存在着非常擅于解除警方武器的人物。有一些监狱视频就曾记录下囚犯解除武器的不同技巧。

从统计数字上看，如果警务人员不幸被别人取走枪套里的手枪，那么面临死亡命运的可能性将是90%。如果真的有人试图抢夺警务人员的枪支，这就意味着警务人员将要做拼死一搏。对方抢走枪支绝不是为了看一眼，夸赞下手枪的做工，再把它还给警务人员。对于警务人员来说，每次行动都至少需要带上一种武器，因此，保护好自己的武器就显得尤为重要。

一个做工精致的安全皮套有助于保护武器不被别人抢走，但这不是最好的答案。正如本书所言，答案应该是：维持适当的距离，保持警惕，做好遭受攻击的准备。想要防止手枪被抢走，第一道防线是时刻意识到自己身上戴着一把枪。记得你第一次配枪的情景吗？那是一种飘飘然的感觉，不是吗？每隔几秒你都会拿手臂碰下枪，确保它还在身上。但随着时间的流逝，我们逐渐习惯了佩戴手枪，不再把它当回事。我们越来越难以意识到，手枪随时都有被别人抢走的危险。

有些视频记录了警务人员死于自己枪下的不幸事件。德克萨斯州的达维尔警官事件就是其中之一。达维尔警官是一个大块头的男人，他拥有能识别车辆是否装载了非法毒品的天赋。有一天晚上，他的直觉又一次发挥了作用，他拦下一辆车，车里有三名男子。在达维尔警官的要求下，其中一名男子打开后备箱，大量大麻赫然出现在眼前。达维尔警官弯下腰检查后备箱，这让已经下车的两名男子看见了他的武器。随后，达维尔警官转向其中一名男子，指着车里的大麻询问他："这是什么？"该男子用西班牙语对其中一名同伙说话。然后他们就把达维尔警官打倒在地，抢走他的执勤武器，并开枪打死了他。讲这个故事的目的不是为了说死人的坏话，而是为了从别人的过失中吸取教训，从而不再重复他们的错误。执法部门有时存在一个坏习惯，他们喜欢颂扬死者（确实应当颂扬），却忽视了死亡背后的原因（本不应该忽视）。这种灾难性事件能带来的唯一好处，就是可以从中吸取教训，防止其他警务人员重蹈覆辙。

另一个警务人员丧失警惕的例子发生在早期电视剧《警察》中。一名副警长在一个小型超市的停车场里拦下了一名嫌犯。在嫌犯声称车里没有毒品，也没有武器后，副警长要求嫌犯同意对他的车子进行搜查。嫌犯同意后，副警长将身体蜷缩进车里查看前座。可他这样做的时候就把自己的武器完全暴露给嫌犯了。副警长很快在车座下面找到一只左轮手枪。他把左轮手枪放在手掌上，拿到嫌犯面前，并问道，"这是什么？"嫌犯在那一刻本来可以夺回自己的手枪，或者也可以在副警长弯腰查看车座时抢走副警长的武器，但是这名副警长很幸运，嫌犯没有选择这样做。

警务人员应该永远记得自己身上携带着武器。如果身着制服，武器就等于暴露在全世界人面前。这让保护武器变得更具挑战性。即使武器被藏起来，别人只需使用一点点技巧就能轻易拿到武器。因此，警务人员要与对方保持距离，并提高警惕。如果别人真的打算抢走你的手枪，记住第6章所讲的移动技巧，移动到安全距离，拿出武器，制服对方。

现在来说说最坏的情况。不管出于什么原因，警务人员没能保持安全距离，也不够警惕（缺乏睡眠、疲倦，或被家庭事物烦心），因而被对方抢夺手枪。现在该怎么办呢？首先警务人员要认识到自己将面临一场生死搏斗，在出现危险的第一刻，我希望警务人员可以做出一种更低、更稳定的姿势来降低身体重心。快速伸出靠近武器的那只手（惯用手），并从下方抓住手枪，另一只手护住武器上方。不要试图远离袭击者，这正是对方巴不得警务人员出现的反应，远离袭击者的行为有助于对方抢走枪套里的枪。相反，你应该在靠近对方的同时，击打对方的肘部。想要靠近袭击者，警务人员必须做到几点。第一，行动必须出其不意。第二，降低重心，挤撞攻击者，迫使他失去平衡。第三，攻击肘关节，削弱袭击者抢夺武器的力气（如图17.1）。

图17.1　攻击对方手肘的正确姿势。

正确使用身体力学（如体重和动量），大步走近进攻者，并反复击打对方的肘部。一旦对方松手，立刻后退，保持距离，并拿出武器。如果第一次进攻没能使对方松手，继续击打，并移动身体。此外，别忘了用手指去戳袭击者的眼睛。若将手指戳到袭击者的双眼，对方自然会放开武器后退，以防止进一步受伤。

总之，当手枪还在枪套里时，保护手枪的步骤如下（设想是在警官没有遵循之前提到的安全距离的情况下）：护住枪套里的武器，靠近袭击者，击打对方肘部，一旦对方松手，立即拉开与对方之间的距离，并拿出武器。对于来自不同方向的袭击，警务人员都可以使用这一技巧。

当警务人员手持手枪时（枪不在枪套里），有人试图抢夺手枪，又该怎么办呢？这个情形更加可怕，因为这时在双方争抢手枪的过程中枪管会来回摆动。首先，维持正确的身体姿势，别让枪和手伸展开，要让所有东西尽可能靠近自己的身体。接下来就要运用技巧了，看着自己的手掌，对，就是这样。枪在手中时，转动手部让手掌正对自己的脸。同时降低身体重心，让持枪手的肘部与腰带持平（如图17.2）。这样做有几点好处：首先，如果袭击者仍在夺枪，其手腕会因为不自然的姿势而扭伤。如果警务人员继续该动作，对方要么松开手，要么就得扭伤自己的手腕。其次，警务人员在扭动手腕的同时改变并降低身体重心，这样能够迫使对方失去平衡。

图17.2　手掌冲向自己，同时降低身体重心。

多人抢夺手枪

有时，袭击者会以团队的形式来抢夺警务人员的武器，并将警务人员杀害。他们经常会一个人从前面吸引警务人员的注意力，而另一个人试图从后方抢走武器。有时会一个人抓住警务人员的手，让警务人员无法取枪，另一个同伙则从皮套里拿走警务人员的手枪。这些听起来可能很可怕，但如果运用上面提到的技巧，情况还是可以得到控制的。如果袭击者只有一到两名，上文所提到的办法还是管用的。

像以前一样，警务人员首先应该留意周围的环境，注意哪些人可能会威胁到自己的安全。确定这些威胁，并让这些威胁远离自己。如果没能做到这一点，还是有挽救的余地。让我们想象最坏的情形，一名袭击者已经抓住警务人员的手，而其同伙试图夺走手枪。还是跟从前一样，警务人员移动身体。因为已经被对方抓住了手，警务人员应本能地摆出低重心的平衡姿势，并且双手向上举起寻求保护，转动双手，让手掌冲向自己（该办法和第10章中介绍的如何应对一般攻击的方法一样）。警务人员要记得目视自己的掌心，这样做的话，就等于在扭动对方的手腕，迫使对方松手或者扭伤。同时，手往上抬，手肘紧紧贴在身体两边，肘部处于这一姿势，可以保护皮套里的手枪，加大对方夺枪的难度。最后，跟往常一样，要以平衡的方式利用所有体重来移动身体。这三点都必须同时完成——抬起双手的同时目视手掌，放低肘部保护武器，并利用体重移动身体。

●缴械手枪●

本章的第二个话题是缴械。我认为练习缴械技巧的主要目的在于能让警务人员强化这样一种认识：在离对方太近或者很粗心的情况下，武器很容易被人抢走。我在最初的武术训练、以及随后的执法训练中，先后用橡胶头的飞镖枪、油漆枪和气枪进行过练习，这些过程都十分有趣。从这个过程中大家了解到，只要经过一点点训练，就可以在伸手可及的距离内，轻易解除对方的武器。若超过这个距离，除非对方被枪杀，否则成功解除对方武器的可能性几乎为零。此后，我经常与FBI探员和其他执法部门的警务人员重复这种练习。这种练习强调保持适当的距离，更强调保持警觉并做好被攻击的准备。在和同伴练习缴械技巧时，这些经验都值得警务人员花时间去学习。

我原本以为，能实际运用缴械技巧的可能性微乎其微，但是我错了。我这辈子就用过两次，一次是对付自动手枪，另一次是对付左轮手枪。至少对我而言，那些练习都没有白费。

解除武器首先就是要相当确定对方有杀人的企图。这听起来有些可笑，但却十分有道理。即使你是缴械专家，1000次中能有999次成功缴械，问题在于若恰好遇到失败的那一次，该怎么办呢？显然这很倒霉。为了提高成功的机率，首先就要在事件发生前做好心理准备。能做到这一点吗？愿意做到这一点吗？做好改变当前局面并掌握主动权的准备了吗？警务人员在行动前应该完全做好心理准备，任何犹豫都将是致命的。

成功缴械的方法多种多样，哪种才是最佳方法呢？这里所说的最佳方法并不是指技术层面而言，因为那些精密的技术动作必然对警务人员的训练水平、身体素质、反应速度等条件有所要求，我知道有一系列复杂的动作在操作正确时都能发挥巨大的威力，但我也知道，很少有人能在激烈对抗下有效施行这些动作。我还见识过一些很浮夸的缴械技巧，例如抓住枪管往上举。想想这个动作，如果枪口本来是指向自己的胸部，这时候把枪举向空中，枪口会指向哪里呢？枪口会沿着身体来到头部，最终跃过头顶（如果运气够好的话）。这个策略违背了缴械的第一条原则，也是最重要的一条原则：不要让自己被枪打中！只要遵守了这条原则，其他一切都好说。遵守第一条原则的最佳办法是不让对方的枪追踪自己的身体。除非警务人员身体的宽度大于高度（如果真有这样的人，执法部门应该不会录用吧），有一个最快的办法能让枪口远离自己，那就是水平地而不是垂直地移动枪管。同时根据防御的基本原则，在移动枪管时自己的身体也要移动，远离枪口，直到偏离足够的距离，并对枪支取得控制权。

最佳战术是什么呢？所谓最佳战术，就是一直行之有效的那条战术。该战术必须尽可能快地让自身远离火线，还要操作简单，行之有效。为了成功缴械，手臂必须能够到武器。同时，警务人员还必须考虑对手武器的携带位置。

因此若警务人员处在双眼俯视枪管这种十分糟糕的情况时，要充分相信对方可能已经有了杀人意图，并做好心理准备。然后警务人员该怎么办呢？想一想罪犯遇到这种情况时的反应吧。当你命令罪犯举起双手时，他们真的这样做了吗？不！他们一般会将手臂弯成90度，双手举至头部。他们不会真的按照警务人员所要求的，完全伸出手臂。同样，警务人员也要这样做。肘部弯曲，将手举至手枪的高度，保持平衡，这样才能迅速移动身体。

这里还有一条重要的附加提示。我知道警务人员或多或少都有一些英雄情结，但现在不是充好汉的时候。当别人拿枪对着自己时，充好汉的行为等同于自杀。现在是示弱的好时机。警务人员可以说"你想干什么都行。我的钱包在这里，拿去吧。"我知道这很难，但一定要学会示弱。我发誓如果你这样做的话，过一会儿就能变回好汉。转移对方的注意力同样是很有用的手段，因为在对决中每一微秒都有重要的意义。如果能让对方与自己谈话，这就正是移动身体的最佳时机，因为人们在说话时会反应减慢。接下来，不要盯着枪看。如果警务人员拿枪指着坏人，而坏人一直盯着枪看，这样做只会让警务人员紧张（当然会紧张），因为这意味着他在考虑怎样从别人手中把枪夺过来。同样，如果换成是别人拿枪对着警务人员时，如果警务人员盯着枪看，他们也会紧张的。要记住，现在是示弱的时候。

最后，当有机会时，那就赶快移动吧！有些警务人员会缓慢地靠近持枪者来进行缴械，在我看来这很业余，因为这样做会把自己害死。一旦做了决定就赶快行动吧！

一些缴械战术的教练使用"GUN"作为抢夺武器（Grab）、解除武器（Undo）及使武器失效（Neutralize）三个动作的简略词。我认为这种称呼忽视了缴械中几个关键要素，那就是快闪开！别被枪打中！移动身体！只有完成这几个重要目标后，才可以着手解除他人武器。因此我将缴械过程简称为"MISS"，即移动身体（Move），固定枪支（Immobilize），解除武器（Strip），获得安全（Secure）四个步骤。我不想被枪击，所以我的首要目标是要在固定或者控制对方武器时将身体移开危险源，然后再着手缴械武器。

有些资料会告诉我们缴械之前的注意事项。例如，这是一把左轮手枪还是一把普通手枪呢？左轮手枪有双重作用吗？枪口是朝后吗？这都是英国人的理念，若真的身处那种情形，我才不会关心这些繁琐的细节。我们知道的是，在有压力的时候，人体会分泌大量肾上腺素，大的肌群都能很好地互相协作，因此人们能跑得更快，跳得更远，抬起更重的物体等等。但在有压力的时候，人体的那些依赖小肌群的灵巧运动则会丧失。你能用多快的速度跑完100码呢？如果有一只500磅的大灰熊在身后追你，你跑100码的速度又能达到多少呢？如果当灰熊正准备袭击你时，你正在往自家房门的锁眼里插钥匙，你认为这样做有多困难呢？因此，不要担心枪的型号，也不要担心枪管是否朝后，只要关心怎么避开危险即可。运用大的肌群侧过自己的身体，让那些重要器官远离火线，与此同时，侧向跨步，将枪管从身体附近推离。

身前缴械

应向哪个方向移动身体？是把枪推向持枪者的内侧（对着其身体中线），还是外侧？理论上，应移动到持枪者外侧，同时将武器推向对方的身体中线。这样做有几点原因。首先，参考第5章的基本原理，永远不要正对攻击者，而是应该占据持枪者手臂外侧或者身后那些安全位置（如图17.3）。其次，相比手臂被推到身体外侧，向内侧推会更容易一些。最后，将枪推至对方身体内侧，直到手腕弯曲，这意味着一旦手枪发生走火，挨了枪子儿的便会是对方，其他人则会幸免于难。

图17.3 面对手枪正确的偏移位置。

　　记得我一再重复的"理论上"吗？现在它就可以充当我们的讨论依据了。移动身体的方式应取决于哪个方向效果最好，并且成功率最大。如果不存在理论上所说的最佳方位，那就自己创造一个最佳方位。我们的底线是，不要让自己被枪击中。

　　好，事情到目前为止进展得比较成功。枪口已经离开了身体，现在怎么办呢？用抓棒球的方式抓住枪管或者整个枪身。我相信每个人差不多都挥舞过棒球棍，所以警务人员可以想象手拿棒球棍击球的情景。抓住枪管来一个本垒打的漂亮挥棒（如图17.4）。双手靠近身体重心（皮带扣处），肘部向内，利用身体的重量来转动胯部。在这个过程中，枪口应该始终避开自己，并尽可能对准对方。

图17.4　"挥棒"缴械的正确姿势。

　　需要担心的一个问题是，一旦将武器从对方手中拿走，对方便会本能地反扑，继续为争夺手枪而搏斗。因此必须在上述技巧中再加上一个步骤，以防止这种情况的发生。正如本书前面已经介绍过的那样，向身侧迈步，降低重心，身体转动45度，使对方失去平衡。一旦枪口对准对方，立即抢占对方身后45度角的位置。这跟第8章谈到的徒手制服，并使其失去平衡所使用的策略相同。其结果应该是这样：成功从对方身上缴下手枪，让对方躺倒在地，拿出武器获得控制权时，警务人员要持续移动身体，与对方保持安全距离。

还有一个非常相似的技巧，它被称为"穿越缴械法"。在这个技巧中，警务人员在保护武器时，使用全身的重量从45度角方位跑步穿过对方。"穿越"技巧同样也可以被应用于保护武器的方法中。

身后缴械

持枪者站在身后时的缴械方法和在身前时几乎一样，唯一的区别在于，警务人员首先要查看对方武器所在位置。单纯的转身无济于事，这样做最可能的结果是遭到枪击。正确方法应该是这样的。第一步，用随意而不带威胁的方式回头查看武器的位置（如图17.5）。回头看的时候加点谈话会有所帮助："嘿，伙计，别激动。"一旦看到武器，立刻转向袭击者，横向跨步，让对方武器偏离自己的身体（如图17.6和图17.7）。

图17.5　首先回头察看手枪的位置。

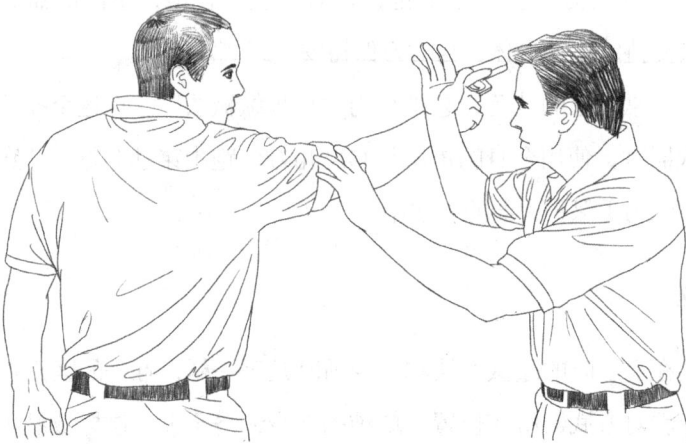

图17.6　迅速转身，横向跨步，从高位格挡持枪手臂，让枪口远离自己。

图17.7　迅速转身，横向跨步，从低位格挡持枪手臂，让枪口远离自己。

　　警务人员处于使对方手枪偏离且身体侧向的姿势之后，缴械的方法就和前面所说的身前缴械方法相同。

●长枪的保护●

各部门一般都对手枪的保护有所指导，但我发现很少有部门会提到如何保护长枪。如果该部门从未接触过长枪，这也情有可原。但我相信有不少警务人员会在某些时候携带长枪，特别是在诸如搜查房屋或其他建筑物等情况下，携带长枪的警务人员很可能就与坏人近在咫尺。跟手枪一样，保护长枪的第一条原则是永远不要让武器接近坏人能够触及的范围之内。让我们设想一种糟糕的情况，警务人员正拿着一把猎枪（以此为例），而坏人正在接近枪管。

在这种情况下，第一选择是使用已知的、最容易的武器保护方法。在讨论这条可靠方法前，我还有一些问题要问。第一个问题，警务人员在了解了上面那些信息后，会相信一旦自己的武器被抢夺，就将面临一场生死搏斗吗？相信是吧？那就棒极了。第二个问题，武器的枪口是在指着坏人吗？是？很好！好了，现在的办法是：等待，再等待，按下扳机！问题就解决了，向袭击者射击可能是最安全、也最简单的保护武器的方法。千万别忘记这个办法。

现在让我们假设这样一种情况，警务人员违背了第一条原则，坏人正在抢夺警务人员的长枪，并且对方也没有愚蠢到站在那里等着枪口瞄准他的身体，因此这个时候按下扳机显然是无效的。如果坏人试图让警务人员的枪管向上抬，那就随他去。如果他这样做了，警务人员就要做我们一直在谈论的一件事，那就是移动身体。当枪管上下移动时，要保持自己对武器的掌握，并走到对方的侧面。这样做的话，不可思议的事情就会发生了。对方的手臂会交叉起来，抓握武器的力量就会被削弱。同时，在枪口上下移动时走到对方身边，这样做同时也会让对方失去平衡。接下来的事情就很简单了，继续走到45度角的位置，从对方交叉的手臂中把武器拽出来。像从前一样，继续移动身体来应付对方接下来的攻击（如图17.8）。

图17.8（A） 袭击者抓住警务人员的长枪。

图17.8（B） 袭击者试图让枪口远离自己。

图17.8（C） 警务人员顺着袭击者用力的方向，移动到对方身侧，注意不要使用蛮力争夺枪支。

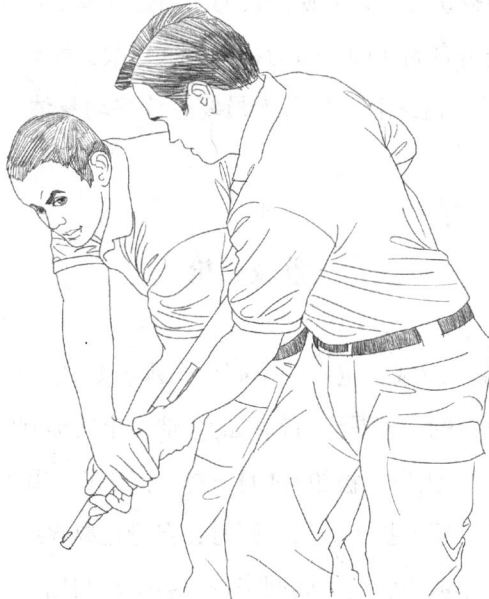

图17.8（D） 警务人员向身侧迈步，迫使袭击者交叉双臂。

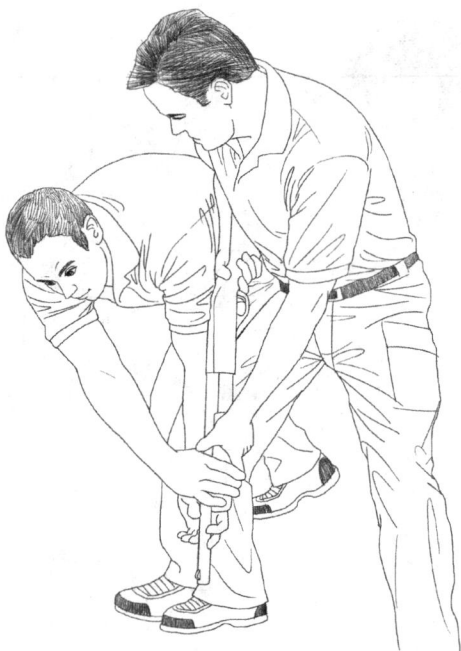

图17.8（E） 交叉双臂的袭击者会失去平衡，向前倾斜。

这一办法成功的秘诀在于不要使用蛮力，而是简单地让枪口顺着袭击者用力的方向使劲，走到袭击者的侧面，借力打力。这样做就能让袭击者的手臂交叉起来，迫使他失去平衡。这之后，警务人员要继续移动身体，直到重新取得对武器的控制权。

●缴械长枪●

和手枪一样，练习缴械长枪有一个好处，那就是让警务人员认识到如果双方距离很近，缴下对方的武器是十分简单的事情。上文提到的缴械时要使用的第一条原则是什么呢？别让自己被枪打中！这条原则在这里也适用，为了避免中枪，警务人员的手臂必须要抓牢枪管，同时让自身远离火线。一旦警务人员这样做了，必须确保对方不能再让枪口转回来进行射击。利用自身体重移动到长枪旁边，防止对方从背后扫射自己。

图17.9　利用体重下压枪管，注意手肘弯曲。

　　如图片17.9所示，如果身体处在正确的姿势，对方便只有克服警务人员的所有体重，才能让枪口朝着警务人员的方向。警务人员的这一姿势有个很大的优势，即使袭击者强壮到足以移动警务人员的地步，也只能朝着相同的方向移动枪口，因而无法开枪射击。只要警务人员在正确的姿势下弯曲手臂，对方能做的也就只有移动警务人员的身体了。

　　一旦警务人员处于该姿势并避免了被枪击的噩运，还应该持续移动身体。在这种情况下，可以这样移动：向对方靠近，用较近的那只手抓住枪托。这样一来，就等于从枪的支点处控制了武器，并掌握了最好的杠杆。 通过转动武器，来迫使攻击者双手交叉，使其松开武器。该方法的关键在于不要使用蛮力，而是利用自身体重。在开始转动武器时，要利用全身的重量，然后从45度角抽回武器（如图17.10）。

图17.10（A） 警务人员侧向靠近长枪（不要被枪击中）的正确姿势。

图17.10（B） 抓住枪托，迈步向前，利用体重转动长枪。

图17.10（C） 向后撤步，利用体重从对方手中抢下长枪。

总之，对方试图抢夺枪支时的最佳防守办法是保持合适的距离，提高警惕，移动身体。如果这些方案都失败了也不要紧张，像上文所说的那样利用自身体重来正确移动身体，并且不要放弃！

●训练方案●

1. 使用橡胶训练枪（或其他没有实际功能的枪），与搭档练习保护枪支的方法。当搭档抓住自己的配枪时，攻击他的肘部，破坏对方的抓握。注意让搭档从不同角度发起进攻，进行练习。

2. 手持训练枪，再让搭档抢夺武器。"向外向下（out and down）"迈步的同时摆出防御姿势，目视自己的手掌。跟上面的练习一样，从不同角度进行练习。

3. 与多名搭档练习多人抢夺武器。

4. 练习从不同角度解除武器的方法。

5. 练习保护长枪的方法。

6. 练习长枪的缴械。

第18章
致执法部门管理者和搏击教练

本章旨在探讨如何防止警务人员过度使用武力，并被起诉。我们将了解什么地方做得不对，原告律师会从哪些方面攻击你，以及你该如何为自己辩护。

凡事都有两面性，有利的一面是，国家司法研究机构的研究表明，警务人员很少使用武力。报告显示与警务人员接触的人中只有1%表示曾经被警务人员使用武力或以武力相威胁。国际警察首长协会也曾经根据数据得出结论，在警局派遣行动中，超出了口头命令而使用武力的情况比例不足50%。

不利的一面是，据报道有27%的警务人员曾经被起诉过。正如第1章所提到的，研究表明，警务人员通常在对付醉酒或者有精神疾病的人时使用武力。一旦使用武力，当事的警务人员及所在部门都会被调查、批评甚至起诉。不信你可以留意一下自己所在的部门。在过去的10年里，你的部门被起诉了几次？支付了多少费用（包括协议解决的费用和律师费在内）？如果都是零的话，那么恭喜你。即便如此，也请你看看统计数据，然后做一个成本效益分析，说不定什么时候就会轮到你了。通常，无论你的部门规模有多大，在什么地方，你迟早会有对簿公堂的那一天，这只是个时间问题。对于这种情况，法庭判决通常会处以高额的罚款。2001年5月25日的《洛杉矶时报》曾报道，仅在一年的时间里，洛杉矶警局因民事诉讼就支付了1.61亿美元的赔偿。

如果警务人员成功避免了被起诉的命运，那么这是因为他们事先制定了必要的预防措施（详见后文），还是因为比较走运呢？为了避免下属被起诉，警务管理者担负这样一种道德和信托上的责任，也就是向自己所在的社区、地方、部门以及下属的警务人员提供合法有效的防御策略训练。这种额外训练会让警务人员更加专业，且更加安全，同时减少一些法律责任，这样对大家都有好处。

举个例子来看看滥用武力会产生什么样的不良后果。在洛杉矶特警部队工作的人应该对"罗德尼·金事件"记忆犹新。罗德尼·金因持枪抢劫（后来他仅仅被描述为一名司机），并且醉酒驾车，遭到洛杉矶警方及加利福尼亚高速公路巡警的追捕。1991年3月3日，当警方追捕罗德尼·金时，他的车速已经超过每小时100英里。在警方逮捕他的时候，罗德尼·金以暴力拒捕，行为失常。警方用电击枪击中他两次，用警棍击打超过50次，导致罗德尼·金面部和腿部骨折，并且身上有多处撕裂伤口。

很多人已经忘记，或许根本没有人知道，当时罗德尼·金并不是一个人，在车上还有两名乘客。那么那两名乘客结局如何呢？他们安然无恙，因为他们没有拒捕。

罗德尼·金事件引起了巨大反响，洛杉矶和美国的其他城市都发生了暴乱，造成53死亡，2383人受伤，7000余处房屋失火，经济损失高达10亿美元。罗德尼·金获得380万美元的赔偿。随后，两名当事警察被判重罪，另外两名被判处30个月监禁。此次事件对罗德尼·金（撇开赔偿金来说）、警察、纳税人来讲都不是什么好事情。媒体和公众一边倒地认为警察有能力和责任正确使用武力，然而公众看到的却是15名警察使用警棍和电击枪殴打一个手无寸铁的普通人。然而，人们并没有意识到超速驾驶带来的严重后果，也没有注意到被"殴打"的壮汉不费吹灰之力就把15名警察打倒在地，更不知道电击枪对罗德尼·金毫无伤害（注：1991年使用的电击枪比现在使用的要低级很多），甚至没有意识到罗德尼·金在被警棍"殴打"多次后仍然拒捕。这次事件性质恶劣，使得整个洛杉矶都为此付出了代价。我相信没有哪名市长、城市管理者、公安局长或者地方司法长官愿意在自己的辖区发生这样的事情。

为什么会发生这种事情呢（除了违法行为和拒捕事件之外）？几个糟糕的因素导致了最后的惨剧。首先，根据洛杉矶特警队主管达瑞尔·盖茨和警官斯特西·孔恩（被定罪的警官之一）的描述，锁喉的禁用导致了警察过度使用武力。几乎所有参与此次事件的警察均表示，如果允许对罪犯使用锁喉的话，对决一开始他们就可以制服罪犯，之后就不会发生那些惨剧了。

这是一个关于训练和政策的问题。斯特西·孔恩警官在他的《假定有罪：罗德尼·金事件的悲剧》一书中提到，劳伦斯·鲍威尔警官曾被提醒使用警棍时应采取温和的方式。很显然，警棍的击打是很温和的，因为如果警官击打方式粗暴的话，就能够导致足够的伤害，让对方停止反抗。这是训练的问题，洛杉矶警察局的擒拿技术被证明是不起作用的。在整个事件中，罗德尼·金多次表现出自己已经不再构成威胁，他双手举起，膝盖跪下，身体动弹不了或者缓慢爬行。此时，警察命令罗德尼·金躺在地上不许动，但是罗德尼·金根本不理会这些命令。警察继续发号施令，偶尔击打他，但是却没有人走上前给他戴上手铐。这是关于训练，或许也是关于政策的问题。最后，当罗德尼·金被铐住后，有几分钟时间他是无人看管的，这也是关于训练和政策的问题。几乎在每个受害者成功起诉警务人员的案件中，都会发现有些关乎训练、政策或者二者兼而有之的问题。

正如第1章所讲的，过度使用武力的索赔案常常发生在警务人员近距离制服对方的情况下。对方一旦反抗，警务人员和反抗者都会不同程度的受伤。而一旦有人受伤，接下来便可能面临刑事诉讼。关于这一现象，我们在前面的章节已经讲解了武器的选择。如果警务人员可以很好地选择武器，并且能够娴熟使用这些武器，就不会惹上麻烦。了解武器知识并正确使用，就能够大大减少警务人员和执法部门的法律责任纠纷。能够合理并有效使用防御武器，这对警务人员来讲至关重要。

当警务人员使用了武力之后，进行后续处理也同样重要。原告律师会仔细研究关于武力事件的所有报告，所以那些报告要尽可能做到准确和详尽。一名警务人员在他的职业生涯中总会有使用武力的时候。可以预料的是，在发生武力事件后，特别是在事件中有人受伤的情况下，警务人员及其所属部门会被严密审查，甚至可能被起诉。

为了能够在刑事诉讼中胜诉，警务人员要做两件事情。第一件也是最重要的事是，警务人员必须正确使用武力。"格雷厄姆·康纳判例"中将正确定义为武力的使用必须是合理的。如果不能合理使用武力，那执法部门就打开钱包，准备为这个错误付出代价吧。其次，警务人员必须小心谨慎，清楚地说明为什么使用武力。报告中的任何遗漏和不准确都将被用来质疑警务人员的职业操守。

当警务人员描述现场情况时，着重在文件中描写自己对威胁的看法和自身的恐惧是很有必要的。如果没有感觉到威胁，警务人员就没有法定权利来使用高级别的武力。在没有感觉到威胁的情况下，警务人员只能使用一些消极措施。如第16章所述，仅仅是警务人员对威胁简单的描述，是远远不够的，必须有一个客观的判据来判定这样的威胁是否存在。只有在警务人员确定存在威胁时才能使用武力，所以对是否存在威胁的描述务必详尽。

警务人员必须意识到使用武力之后情况的严重性，并用充足的时间来准备一份使用武力的真实报告。上级和报告的审阅人要对警务人员和你的部门负责，保证所提供的报告在法庭上不会有严重的漏洞。报告中必须用文字证明以下几点：对方存在反抗行为，而警务人员的反应是为了控制对方并让其服从命令，警务人员的行为是合理、适当并且合法的。

另外一个我比较支持的策略是，警务人员对每次的逮捕或对决行动都要做详尽的记录。尽管这会增加文字工作量，但是通过这些日常报告可以真实反映出警务人员的武力使用情况及行为规律。当原告律师企图把警务人员描绘成恶棍流氓时，这些信息就显得无比珍贵。此外，警务部门也可以通过这些报告来证明，这个参与了多次行动的警察没有过度使用武力的不良记录。那么，稍微明白事理的人都会问这样的问题：这名嫌犯的行为举止和被起诉的警官接触过的数百位罪犯有什么不同呢？既然警务人员完全没有过度使用武力的不良记录，那么这名嫌犯又做了什么，致使警务人员对其使用武力呢？

我有幸参加了专门起诉警务部门的原告律师组织的研讨会。有些人可能会质疑我为什么要把辛苦挣来的钱付给这些专门起诉我们的律师，但是这的确是很有价值的投资。这就好比自己被请到敌人的阵营里，围坐在篝火旁边，倾听敌人讲解如何攻击自己。在接下来的研讨会里，我也听到辩护律师如何羞辱和诋毁我们的警务人员。这绝对是一次不可思议的体验，我十分敬佩那些律师愿意为执法部门提供这样的信息。

在我参加的第一个原告律师研讨会里，即使有FBI探员在场的情况下，有些律师的发言听起来仍然极不舒服并带有怀疑色彩。因为我支付了费用，所以我不认为他们会把我踢出去。我在上课前与一位报告人讨论了很久。他问我为什么会参加这个研讨会，期望从这里学到些什么。我告诉他我在FBI的工作是为探员和其他执法人员提供武器、防身术以及战术训练。因此，了解我们为何被起诉有利于调整我们的训练内容。我的目标就是为警务人员提供尽可能优质的训练内容，使他们能够更好地为大家服务（保护大家，服务大家）。我的这些回答似乎让他们很满意。

研讨会的主题是原告律师如何寻找执法训练中的漏洞。他们承认这些是为了追求财富。他们对控告个别警务人员没有兴趣，更愿意针对整个警务部门和市政部门的不当行为，并让法庭迫使警务部门接受训练、改正不足(当然也是为了高额的赔偿) 。原告律师经常要求法庭对警务部门施加一些强制的训练作为赔偿的一部分。从他们的角度来看，这是为了公共安全和提高执法人员的职业操守。我知道很多人听到这些会咬牙切齿，但是请仔细想想，我们想要的是什么呢？我们想要的就是接受最好的训练，这样我们才能更好地保护和服务社会。

那么，我学到了什么？他们的攻击策略是什么？当原告律师考虑打官司时，他们会查看事件性质，他们想找到一条途径来打击警务部门，从而履行代理人的责任，帮助他们获得财富的最好方法，就是找到一个违反政策、缺乏纪律监督，或者训练方法不当的行为，证明其明显违反了受联邦法律保护的人身权利。

原告律师必须证明某个警务人员存在一些违法行为，然后再把整个警务部门告上法庭。法庭也许会发现潜在的违宪行为，然后又让警务人员享受有条件豁免。若在有条件豁免后，法庭发现警务人员的违法行为是由政策和培训所导致的，警务部门仍要承担相应责任。所以，警务部门要保护自己，必须改善相关政策，提高培训水平，加大监管力度。

首先，我们来看看政策。如果部门政策过时了，或者不够理想，甚至与法庭的判决相违背，那可能就会出现问题。比如说，许多警务部门都有这样的规定，允许警务人员在必要的最低限度下使用必要的武力。首先，这就与"格雷厄姆·康奈判例"相矛盾。该判例明确规定，武力只有在合理的情况下才能使用，并非必要的最低限度。在另外一个案例中，法庭也特别指出，不允许警务人员使用不必要的、具有攻击性质的手段。可见，法庭唯一的检验标准就是警务人员的行为是否合理。原告律师很容易抓住使用"最低限度的武力也是使用武力"这一点对警务人员进行质疑。既然律师已经证明了是政策违法，那么下一步就是证明政策的违法是如何由人为的疏忽造成的。

举个例子，我们假设某警务人员训练有素，身高6尺，体重210磅；而对手却完全不是一个级别，大约5尺10寸高，175磅，且是一名积极反抗者。那么警官用锁喉或击倒的办法能制服对方吗？可能会，但这对警官来说并不是最安全的选择，因为对方身上很可能隐藏了武器。这时候警务人员应该使用辣椒喷雾、警棍或者电击枪来对付反抗者。那么这是合理使用武力吗？当然是了，但却不是使用最低限度的必要武力。无论警务人员使用了何种武力，原告律师都会强调，如果再多花5分钟时间，走到对方面前有礼貌地提出警告，对方就会服从了。但这会让警务人员处于非常被动的局面，并会危急到警务人员自身的安全（同时也危急到对方的安全）。

除了警务部门的政策与法庭的判决相违背外，原告律师还要寻找被警务人员忽视的政策。警务部门的文化或习惯也许与政策相矛盾，再好的政策如果得不到遵守，就没有任何意义。如果警务部门的习惯和文化与法律政策矛盾，那么就是领导的失误。

原告律师还会仔细审查培训内容。是不是缺少培训？是不是培训得不充分？是否将培训记录在案？让我们回到刚才的事例中，原告律师想知道警务人员上一次使用辣椒喷雾、警棍或者电击枪的培训是什么时候，这些培训是否记录在案？是否有进行测验或者采用某种手段表征他理解并掌握了培训内容？如果警务部门不能很好地对警务人员进行培训，那么他们就应该知道缺少培训将会导致违法行为，并有可能被成功起诉。

培训的失败可分为两种情况。第一种，在明显需要培训的领域缺乏培训。法庭已经规定，对于执法人员而言，关于使用武力的培训显然是不可或缺的。所以必须培训警务人员能够识别哪种武力是可以使用的，哪种是过度使用。第二种情况是，政策的制定者发现警务人员的行为与法律法规相违背，但是这些政策的制定者又不能及时调整培训内容。

当我还在大学的时候，曾在弗罗里达州的彭萨科拉市工作。该市市长因妙语连珠而出名，其中我最喜欢的一句是：一个口头协议是不值得写在纸上的。我在FBI的一位上司在审阅文件的时候也经常说："如果你不把它记录在案，就不要做这件事"。这对培训来说也是一样的。也许你已经拥有了世界上最好的培训内容，但是如果不能适当地记录在案，那就等于没有培训过。

我们知道糟糕的政策、不理想的培训、不充足的记录，以及没有合适的警务管理人员等因素会导致败诉。上述不利的证据给原告律师带来了胜诉的证据，那么现在我们来探讨一下该如何避免这些不利的证据。

派瑞·格拉格尔是德高望重的警察培训专家，他开发了一套6层责任保护体系来为执法人员提供指导。按照常理，格拉格尔先生认为责任保护的基础是合法政策的存在。一旦合法的政策建立起来，那些预期要遵守这些政策的警务人员就必须要经过训练，才能以与政策一致的方式来思考和行动。政策不仅仅需要探讨，更需要培训，以便警务人员能够充分理解和掌握。培训内容必须包括警务人员可能会经历的使用武力的场合，还要对警务人员在众多武力手段的选择进上行考核。

格拉格尔先生建议警务部门共同努力，雇佣最佳人员，定期评估警务人员的行为，并对训练和警务人员的行为负责。如果能雇佣到比较优秀的人，并给他们培训和反馈，那么就不用担心纪律问题了。然而，如果雇员有足够的工具和知识，却未能作出合法的选择，那么监管人员就必须及时公正地对其进行教育。

警察部门必须时时关注外部和内部信息，以确保警务人员的行为符合规定，避免可能出现的责任问题（即风险管理，政策制定者必须时刻关注与政策相关的各种变化）。

市政当局的代表律师必须关注那些能对执法部门产生影响的法律法规。此外，他们还要了解警务人员接受培训的内容，确保这些内容都符合法律。要做到这一点，最佳办法是查看课程计划，并实地考察各种培训的进行情况。这样做可能让一些教练不高兴，因为他们会认为有第三者侵犯了自己的领地。但警务部门的代理律师是将为针对警务部门的索赔案件做辩护的那个人，必须要让他熟悉警务人员培训时所学习的内容。部门律师和培训教练必须进行持续的沟通，互相了解并尊重对方的专业领域。这一点很重要，教练必须了解相关法律知识，律师也必须了解培训的进行情况；教练不应质疑某一特别法律的价值，律师也不应干涉某一武力手段的培训。但是，律师必须确保警务人员学习的内容符合法律，还必须确认警务人员学习的武力手段与最新法庭决议和部门责任领域相符合。

可以让教练评价警务人员的表现，然后让律师质询警务人员选择武力手段的决策过程，这种场景培训效果会更佳。例如，警务人员可能会被置于这样一种场景，需要使用警棍来制服单个对手的情况。首先由教练评价警务人员对警棍的使用方法和战术选择，然后律师会质询存在哪些客观因素，使得警务人员不得不以警棍应对威胁。警务人员越了解武力手段的使用和相关法律，就越不会在使用时表现得犹豫不决。

我知道有少数部门教导警务人员使用徒手攻击来对付消极反抗者，但这不会让法庭另眼相看。一旦法庭决议或通过的法案里明确制定了相关法律，执法部门就必须遵守它们。有多少部门的政策还允许对不构成威胁的消极反抗者使用电击枪？全美的民事法庭在碰到这类案件时都一边倒地倾向原告律师，因为2009年12月，法庭明确指出，除非存在直接威胁，否则不能使用电击枪。

杰克·瑞安既是一位退休警察，也是公共部门培训委员会值得尊敬的教练。他在2006年7月的武力使用会议上简要地总结了格拉格尔6层责任体系："有个免除责任的最有效方法，那就是培训内容必须正确、全面且记录在案。"

如果你的同事被指控过度使用武力，而你以部门负责人或教练的身份，被法庭传召出庭作证。原告律师抓住一项指控，严厉地盘问你：

"他上次接受关于使用辣椒喷雾的培训（或警棍、徒手攻击等）是什么时候？"

"在学校！你必须承认，警务人员从学校毕业已经有10年的时间了，不是吗？"

"你肯定认为周期性的重复练习既必要又合理，不是吗？"

"你了解防御策略教练所教授的全部内容吗？"

"课程计划有哪些内容？"

"什么！你们没有课程计划？"或者"你怎么知道你的学员遵守了这些课程计划呢？"

"你的培训内容是否符合法律要求？"

"你们有没有花名册来记录哪些警务人员上了课？"

"你怎么知道警务人员确实理解了培训内容？"

"你的学员了解使用武力的相关法律法规吗？"

"最重要的问题是，所有记录在哪里？有的话请出示给我。"

请想象以上这些场景，你遇到这种情况会怎么办呢？你在回答这些问题时会表现得从容自信吗？"

不管是作为警长、副警长、城市管理者还是其他长官，你都要认识到有些事情现在着手的话就能使责任最小化。主动采取应对措施，就能补充制定一部以法律为基础的良好政策。你可以对合法的训练内容进行补充，并要求所有警务人员严格遵守。培训课程必须包括定期的复练。警务人员在不同培训课题上的表现也必须记录在案。当出现了涉及使用武力的案件时，可以要求部门主管对该事件负责，要确保警务人员写出准确详细的武力使用报告，在报告中清楚陈述直接威胁存在的客观因素。最后，还要保证，接受过良好训练的警务人员若故意违反政策，会受到相应的惩罚。

你应该对本部门进行一次评估（现在不做的话以后就会吃亏）。那些注意事项都陈述清楚了吗？你对本部门关于武力使用的政策、培训以及文件记录放心吗？这些领域有没有一些让你头疼的问题存在？或者更糟糕的情况是，你知道哪些重要领域需要改进吗？

现在你已经了解如何增加警务人员的安全系数、如何让部门的责任最小化。但你也得承认，尤其是在经济不景气、预算紧张、训练时间有限的情况下，做到这些不是件容易的事。我们都在尽力把能做的事情做到最好，你所在部门的防御策略训练目前在哪方面有所欠缺？当你在斟酌武力培训的开支时，有没有想到这个开支不仅包括整体培训预算，还包括参加培训人员的工资？你考虑到警务人员为参加训练所花费的时间了吗？你考虑到让人记录上课率和分数的行政开销，以及场地费用了吗？在制定好实际预算后，还要确保武力培训是否按计划进行。你是不是已经为应付上文中原告律师的问题做好了周全的准备，能够在夜里安然入睡了呢？

怎样做才能让你以最小的预算开销，向警务人员提供最先进、合适，且有完备记录文件的武力培训呢？

"执法部门培训跟踪系统"（简称LETTS）正是该问题的解决之道。LETTS是将上级监管、强制训练、能力测验、使用武力后的记录文件等结合在一起的一种前瞻性系统。LETTS是基于网络的培训系统，特点在于它能提供目前最优化的防御策略培训项目。这种项目能自动向警务人员提供培训，测试他们对武力使用的理解程度，记录考察结果，并且以法庭喜好的形式记录相关数据。

我的公司（生存科学有限责任公司）与决策科学股份有限公司（简称DSI）合作，发明了LETTS这个系统。DSI在开发项目方面的专业程度得到了业界的广泛认可，因此我才选择DSI共同开发这个项目。DSI创立于1986年，是一个利用先进网络技术为办公场所提供高质划算的计算机应用信息技术公司。DSI的主要客户中就包括美国军队的所有分支机构。目前，DSI的产品为全球反恐提供技术支持。

执法部门培训警务人员的内容要囊括武力使用、定期训练、训练记录，以及检索使用相关文件。部门管理者必须让这些内容都符合法律要求，而LETTS能帮助他们实现这一点。LETTS能增加警务人员的专业程度和安全系数，减少部门债务，且其成本可能比当前部门使用的纸质系统更为低廉。

第18章
致执法部门管理者和搏击教练

LETTS是在网上使用的武力培训系统，它建立在本书提到的防御策略项目的基础上。LETTS的每个主题都以较短的视频片段方式呈现（大约10～15分钟），任何电脑只要联网就可以观看这些视频。警务人员看完一个培训视频后，就会在电脑上接受一个简单的测试，以便考察对该主题的熟练程度。测试结果会自动储存在LETTS的数据库里。

LETTS跟踪武力培训的使用情况，确保所有警务人员都在按要求进行训练。这可以防止部门由于管理疏漏忽略了某些推荐的训练项目。LETTS会在训练前通知警务人员及其上司。若警务人员在训练中犯错，LETTS会自动发出一系列的正确指令，让其改正。

LETTS是非常有价值的管理工具，功能十分全面。简便的彩色编码界面清晰地显示了警务人员的训练状态，管理者可随意进入查看。所有警务人员都有自己的个人界面，以跟踪自己的训练进程。LETTS称得上是一个智能系统，因为它不要求管理者主动插手。

当然，你不需要非得通过LETTS来遵守法律规定，但你必须让警官接受正确、及时、全面且记录在案的培训。疏于培训或没有培训，以及没能将警务人员的表现记录在案，是原告律师最爱攻击执法部门的几个地方。你必须确保本部门建立并且坚持进行了有效的培训课程，确保警务人员按要求接受了培训，确保培训被正确记录在案。你可以自行决定怎样做才能最好地实现这几点，但LETTS能在最短时间内增加培训量，以及警务人员的安全系数，提高他们的专业素质，减少部门的责任，以及降低部门的行政费用。LETTS可以说是一项服务于执法部门的前沿技术。

结　语

　　我相信本书为防御策略培训打下了一个较为全面的基础，这对任何部门来说都是有益的。但是，文字无法表达所有内容。我更愿意把本书的读者群限定为执法部门和军队，然而我不能控制那些事儿。为了照顾所有读者，我已经有意排除了一些非常有效，但却有潜在危险的方法。我还排除了那些正被执法部门普遍使用的攻击方法。如果你有任何疑问，请通过网络与我联系。我一直乐意与执法人员讨论防御策略。我希望读者在进行每章结尾的推荐练习后，都能从中有所收获，并一直保持战斗精神。

　　最后，我想分享"9·11"事件后的一点个人经验。在那段创伤时期，我跟所有FBI和其他执法人员一样，每天超负荷工作，休息时间屈指可数。每天汇报工作时，我心理上、生理上和精神上都感到极度疲惫。有一天，我正向停在家门口的车子走去，打算去汇报一次替班。我看到一位年长的邻居向我走过来，在这之前，我们除了打招呼几乎从未交谈过。正当我绕着车子走时，她脸色严厉，对我说："我有个问题要问你！"其实我真不想听她的问题，我已经遭受了恐怖袭击的轰炸，听够了对FBI和中央情报局无尽的指控，我已经筋疲力尽了，我不想再听任何负面东西了。不知为什么，我知道她就想让我不好受或者羞辱下FBI。但是鉴于她是我的邻居，而且年纪比我大，我觉得出于礼貌应该停下来听她说。她问道："你是在联邦调查局工作吧？"我感觉她在提问时，带着一种控诉的语气。我一直为自己能为FBI工作而自豪，我也希望回答她的时候能充分体现这一点。"是的，女士，我在联邦调查局工作。"我以为她下面肯定会来一番指控或阴谋论，可正当我为此做好心理准备时，她突然出乎意料地伸出手来拍拍我的肩膀，说道："谢谢你们，愿上帝保佑你们。"我被她的话大为感动，甚至有些惭愧。因为她的话，我重新振奋精神去工作，态度也更加端正了。我更加欣慰自己能有这样一个为社会做贡献的机会，哪怕这个贡献微不足道。

我知道你们所有人有时可能会泄气失望，甚至怀疑自己所做的牺牲是否值得。其实这非常值得，你们所做的事情，就像牧羊犬一样，对服务的民众而言是一份无价的礼物。其他同行也知道这一点，即使我们自己有时忘了这一点，大部分民众依然会认可我们所做的贡献。

最后请让我用邻居的话来结束本书："谢谢你们，愿上帝保佑你们。"

致 谢
ACKNOWLEDGMENTS

　　吉吉·乔伊纳，我的妻子。每当谈到她的时候，我总愿意把所有美好的形容词都放在她身上。她绝顶美丽、光彩照人、体格强健，并且是我见过的性情最好的人。她一直无怨无悔地支持着我的工作。每当我因为培训的原因不能回家的时候，她总能给予我充分的理解。在本书的撰写过程中，她帮助我克服了各种难以想象的困难，让我得以集中精力沿着正确的方向前进。除此之外，吉吉还扮演了本书中女性警务人员的原型（作为一名女性，这对她是一个合情合理的角色）。每当我设计出一种"反抗—反应"动态模式的时候，聪明的她总能及时设计出相应的示范图解。这是我妻子对本书所做的又一个巨大贡献。

　　科尔·乔伊纳，我的第一个、最后一个，也是唯一一个孩子，我的骄傲和快乐之源。他是激励我的爱的化身。在本书的撰写过程中，科尔对我的工作起到了及时而有效的"监督"作用。他对我的工作很感兴趣，因而喜欢坐在我的肩膀上，居高临下看我敲击键盘，很有一点"监工"的气派。我写这本书就是为了保护诸位读者的安全，希望你们也可以像我一样，每天下班之后回到温暖的家里，回到自己所爱的人身边，享受天伦之乐。

　　初见良昭博士，他是世界排名第34位的忍术搏击大师，也是世界上第13座武神馆道场的创建者。他坚定地认为警务执法是维护现代社会安全的最后屏障，因而乐于为本领域的从业者提供帮助，通过自己的努力让世界变得更安全。时至今日，他的教学理念已经被全世界所接受，也使本书的撰写受益良多。

帕·福特，我的导师。在师从帕·福特之前，我已经拥有超过30年的搏击经验，并且自认为已经掌握了关于武术搏击的所有知识和奥秘。诲人不倦的导师为我介绍了日本忍术搏击，让我得以从一个全新的角度来审视这门艺术。在此之前，我从未接触过任何一门丝毫不涉及竞技体育，完全为执法和警务安全量身打造的搏击技术。本书中提到的很多技巧都来自于帕·福特导师的教诲。

休·科尔曼，我的搭档。他曾和我在同一个重案组工作，并一同在洛杉矶反恐特警组（SWAT）度过了一段美好的时光。我们一起学习并掌握各种武器知识、防御策略、战术技巧，以及防化学武器知识。作为我十几年来不离不弃的搏击培训搭档，休也充当了书中模拟场景的角色扮演者原型。

汤姆·易。汤姆在我的培训项目开始之初就与我进行合作，提供必要的资金和指导，用自己积极向上的生活态度感染着我和我的团队。他为我们提供了自己位于加利福尼亚州圣摩尼卡市的综合武术工作室。

吉娜维夫·斯塔兹，汤姆的"另一半儿"。她曾经是一位来自澳大利亚的模特儿，在网页设计和艺术方面也颇具天赋。她不光为我设计了个人网站、品牌标志，还为本书设计了封面。所有这一切对我来说价值连城。除此之外，吉娜还亲自导演、拍摄和出品了本书的配套培训视频。

约翰·帕伊医生，他是一位FBI探员，同时也是从业医师，并在医学院担任教职。一直以来，约翰都对保障执法人员人身安全的课题充满热情和奉献精神，并为此组建了一个研究小组，致力于"颈动脉约束"相关内容的研究。他的最新研究成果：颈部两侧血管扼制理论（BVR），将在本书第13章中有所介绍。

基思·泰勒，我在武术搏击领域的启蒙老师。尽管在认识基思之前我就已经学习过武术搏击的相关内容，但我始终认为基斯才是我这方面的启蒙老师。我们相识于1979年，此后一直保持着牢固的友谊。基思是享誉美国的"刚柔流"黑带10段，并在佛罗里达州盖恩斯维尔市开办了自己的"刚柔流"尚武馆。

唐·施密特。唐的角色是为FBI设计法医职业计算机考试。他是一名计算机方面的"巫师"，同时也是极具天赋的艺术家，可以将那些原本粗糙的技术动作示范素描图制作成为精细美观的图解。读者在本书中将欣赏到他的作品。

致 谢

查德·巴斯勒。查德和我已经共事很多年了。我可以负责任地说，如果你遇到麻烦需要一个律师，他肯定是你的首选。在我发明了"反抗—反应"动态模式，并为此写出第一篇相关论文之后，查德为我提供了必要的法律审核和编辑等方面的帮助。

乔尔·努斯鲍姆。乔尔曾是FBI的一名摄影师，现在是居住在海滨，每天享受生命的"闲散人员"。我们都幻想着有一天可以像他一样过得舒适安逸。

迈克·康拉德。1987年，迈克和我一起进入FBI高等学院成为同学。他是一位受人尊敬的侦查员，也是一位才华横溢的防御策略教练。目前他供职于FBI菲尼克斯分局。迈克为本书的初稿做了一审，并且提出了许多宝贵建议。正是有了他的帮助，这本书才得以变得更加完善。

戴夫·弗雷洪。戴夫是我在FBI中的另一位好友，也是我在战略特警组时的战友。他心地善良，长相却很"坏蛋"。每当我需要一名长得像暴力摩托车手或者恶棍一样的模特儿时，首先想到的就是戴夫，而他也欣然接受了扮演"坏蛋"的任务。

FBI，美国联邦调查局。FBI给了我无穷无尽的训练机会，以及到世界各地访问、参观那些顶级警务执法部门的可能。现在回想起来，那些经历真是魔幻般的旅程。总之，正是这个世界上最专业的警务执法部门帮助我开创了自己最成功的事业。

卡洛琳·斯宾塞、戴维·福泽尔，以及所有CRC出版社的友人们。对于写书以及图书出版过程的愚昧无知，让曾经的我对本书的撰写充满了盲目的乐观，甚至差点导致本书的失败。以卡洛琳和戴维为代表的专业人士及时为我提供了专业而耐心的帮助，这真可以说是雪中送炭。

罗伯·罗伊。从中学时代开始，罗伯和我就是要好的朋友。在我们之间的一场讨论中，我向他描述了想要帮助执法人员的想法，并且向他阐述了自己关于如何整合现有资源，以及怎样为我们的执法人员提供必要的、有价值的、能救命的方案的想法。对此，他也给出了自己具有独创性的建议。正是在他的启发之下，我才创建了"执法资格培训及跟踪系统"。